新时代高校辅导员立德树人丛书

新时代大学生

思想政治教育理论与实践研究

杨化 等 编

吉林大学出版社
·长春·

图书在版编目（CIP）数据

新时代大学生思想政治教育理论与实践研究 / 杨化等编. —长春：吉林大学出版社，2021.11

ISBN 978-7-5692-9324-1

Ⅰ . ①新… Ⅱ . ①杨… Ⅲ . ①大学生—思想政治教育—研究—中国 Ⅳ . ① G641

中国版本图书馆 CIP 数据核字（2021）第 229264 号

书　　名	新时代大学生思想政治教育理论与实践研究 XINSHIDAI DAXUESHENG SIXIANG ZHENGZHI JIAOYU LILUN YU SHIJIAN YANJIU
作　　者	杨 化 等 编
策划编辑	李承章
责任编辑	周春梅
责任校对	陶 冉
装帧设计	中正书业
出版发行	吉林大学出版社
社　　址	长春市人民大街 4059 号
邮政编码	130021
发行电话	0431-89580028/29/21
网　　址	http://www.jlup.com.cn
电子邮箱	jldxcbs@sina.com
印　　刷	廊坊市海涛印刷有限公司
开　　本	787mm×1092mm 1/16
印　　张	15
字　　数	260 千字
版　　次	2022 年 3 月 第 1 版
印　　次	2022 年 3 月 第 1 次
书　　号	ISBN 978-7-5692-9324-1
定　　价	60.00 元

本书编委会名单

主　　编： 杨　化

副 主 编： 党　红　罗丽琳　周　鹏

编　　委： 冯　蝶　陈玮琦　黄　娥　贺小芮　马飞飞　景　静

出版说明

党的十八大以来，以习近平同志为核心的党中央高度重视教育事业在坚持和发展中国特色社会主义战略全局中的地位和作用，把教育摆在优先发展的战略位置，全面加强党对教育工作的领导，提出了一系列新理念、新思想、新观点，为做好新时代教育工作提供了根本遵循和行动指南。习近平总书记在全国教育大会上发表重要讲话，强调要坚持党对教育事业的全面领导，坚持把立德树人作为根本任务，坚持优先发展教育事业，坚持社会主义办学方向，坚持扎根中国大地办教育，坚持以人民为中心发展教育，坚持深化教育改革创新，坚持把服务中华民族伟大复兴作为教育的重要使命，坚持把教师队伍建设作为基础工作。

《普通高等学校辅导员队伍建设规定》（中华人民共和国教育部令第43号）指出，辅导员是开展大学生思想政治教育的骨干力量，是高等学校学生日常思想政治教育和管理工作的组织者、实施者、指导者。高等学校要坚持把立德树人作为中心环节，把辅导员队伍建设作为教师队伍和管理队伍建设的重要内容，不断提高队伍的专业水平和职业能力，保证辅导员工作有条件、干事有平台、待遇有保障、发展有空间。西南政法大学党委高度重视辅导员队伍建设工作，为推动辅导员职业素养以及科研能力的提升，于2019年5月在全国率先成立了辅导员教研中心。为提升辅导员工作的专业化和职业化水平，更好地促进学校立德树人工作，西南政法大学辅导员教研中心积极组织辅导员编写“新时代高校辅导员立德树人丛书”。本套丛书以满足大学生成长成才的需要为出发点和落脚点，内容涵盖大学生思想政治教育、爱国主义教育、志愿服务、高校辅导员工作实操等辅导员日常工作的方方面面，旨在探索辅导员工作的新方法、新路径，为落实立德树人的根本任务提供坚实基础和有力支撑。

“新时代高校辅导员立德树人丛书”编委会

2021年9月

目　录

第一章　新时代大学生思想政治教育的理论基础*

每个时代都有自己特有的精神与价值。但这些时代精神和价值都不是毫无缘由突然出现的，而是在前人研究成果基础上，结合当前时代特点和社会发展需求发展出来的。2021 年 7 月 1 日，习近平总书记在庆祝中国共产党成立 100 周年大会上指出："马克思主义是我们立党立国的根本指导思想，是我们党的灵魂和旗帜。"① 马克思主义中国化进程中涌现发展的有关教育的理论成果就是我们思想政治教育开展的理论基础。马克思主义教育思想的基本框架组成部分：一是提出教育的本质属性是社会性；二是明确教育的目的是促进人的自由和全面的发展;三是指出实现人全面发展的必由之路是教育与生产劳动相结合。而后几代领导人把握中国社会发展的具体实际情况，在实践中对马克思主义中国化进行探索，进一步丰富了马克思主义教育思想。

党的十八大以来，习近平总书记关于教育的重要观点、论断，把马克思主义的教育思想扩展出了新的疆域。这个过程中，他既坚持了原有的立场、观点、方法，而且对新的理论创新成果进行了吸收融合，科学地总结了中国特色社会主义教育发展的历史经验，并书写了马克思主义教育思想新时代华章。②

---

* 本章编者简介：冯蝶，女，讲师，法学硕士，西南政法大学经济学院辅导员、辅导员教研中心兼职研究员。担任一线专职辅导员 9 年，国家二级心理咨询师、国家二级职业指导师。主要研究方向为思想政治教育，曾参研省部级思政课题，曾主持校级思政类课题。

① 习近平. 习近平总书记在庆祝中国共产党成立 100 周年大会上的讲话 [EB/OL].（2021-07-02）[2021-08-02]. 央视网. http://news.cctv.com/2021/07/02/ARTI7lVnsytnW2zABU 75iRyE210702.shtml.

② 杨晓慧. 习近平总书记教育重要论述讲义 [M]. 北京：高等教育出版社，2020：14.

第一节　马克思主义基本理论

马克思主义基本理论是马克思主义与中国发展过程中具体实际相融合的理论体系。它以科学的世界观和方法论揭示了人类社会发展的一般规律。它是认识和改造世界的强大理论工具。自它诞生以来，中国共产党一直以马克思主义作为指导思想，在长期的实践中，毛泽东思想、邓小平理论、“三个代表”重要思想、科学发展观和习近平新时代中国特色社会主义思想逐步发展形成。本节将重点介绍马克思、恩格斯、列宁以及党的前三代领导人有关教育的重要观点及论述。

一、马克思主义人的全面发展理论

人的全面发展理论是马克思主义的核心理论，也是其研究归宿。它认为，应该从社会关系的角度，全面地认识人的本质，得出人具有社会性的结论，社会性是人与动物得以区分的本质属性。它以社会发展视角分析人的全面发展，并指出只有发展到生产力高度发达的“未来社会”，让人们劳动不再是为了谋生，才能使人的全面发展最终得以实现。人的全面发展包含四个层面：社会关系、个人需求、能力以及个性。

（一）形成过程

马克思主义诞生之前，思想家们已经开始围绕人的存在、本质和发展开始进行探讨，主要经历了古希腊时期、文艺复兴时期、启蒙运动时期和空想社会主义时期。这一阶段的探讨带有抽象性、自然性和历史观上的唯心主义等特点。①

古希腊时期就已经有“和谐发展的人”的表述，智者派的普罗泰戈拉（Protagoras）提出：“人是万物的尺度”②。待发展到文艺复兴时期，在人文主义倡导下，学者开始关注人的价值和尊严，提倡人在发展中个性的解放，更具浪漫色彩地提出了身体与精神的和谐发展。启蒙运动时期的“天赋人权”，旨在宣传人生而自由和人与人之间与生俱来的平等，鼓励人的独立，追求人的

① 韩蒙. 马克思人的发展理论及其中国化研究 [D]. 成都：电子科技大学，2016.

② 北京大学哲学系外国哲学史教研室编译. 西方哲学原著选读（上卷）[M]. 北京：商务印书馆，1981：54.

解放，提出通过重视教育、参与劳动和建立符合人性的制度，让人得到全面的发展，但此时关注的是作为个体的人的发展。发展到空想主义时期，人的全面发展不再局限于个人，而是以社会整体——多数的人为视角。“人的全面发展”这一表述，也在这一时期第一次被提出来，为后面马克思主义人的全面发展提供了理论来源。[①]

下面就来具体看看马克思主义关于人的全面发展理论经历了怎样一个不断成熟的过程。

萌芽期：1835 年，马克思在《青年在选择职业时的考虑》中认为，人的发展是以使全体人类和人类自身逐步趋于高尚为目标的，实现这一目标的路径是选择适合的职业。受黑格尔的影响，他在柏林大学读书时期撰写的博士论文论证了人的自由本质。1844 年他在《德法年鉴》中提出“人的解放思想”。1845 年恩格斯在爱北斐特的演说稿和 1845 年—1846 年与恩格斯共同撰写的《德意志意识形态》中最先使用了“人的全面发展”这一说法。1845 年，他在《关于费尔巴哈的提纲》中指出人具有自然和社会两方面的属性，人是一切社会关系的总和。

成熟期：1847 年的《哲学的贫困》（马克思著）和《共产主义原理》（恩格斯著）对人的全面发展问题进一步进行了阐释，也明确界定了人的全面发展是在各个领域都有能力的人，也就是精通整个生产系统的人。马克思在资本主义的大背景下分析它的社会基本矛盾，并试图结合人的全面发展探讨，寻找私有制对人发展的限制因素，探索人的全面发展得以实现的有效方案。先后系统地剖析了人的全面发展这一理论所涵盖的意蕴，并批评了资本主义企业的生产目的，进而提出在“未来社会”生产力将高度发达，此时社会的生产目的不再是为了发展生产力创造社会财富，而是为了促成人的全面发展，而究其原因就是在这样的社会里，人有自由的时间用来全面发展。1867 年—1894 年《资本论》三卷先后出版，人的全面发展理论进入成熟期。全面系统地揭示了资本主义社会的客观发展规律，剩余价值理论由此诞生。在进一步的研究中，以唯物史观为基础，确立了人的全面发展理论的理论体系与深刻内涵。

---

① 袁俊平，卜建华，胡玉宁．人的全面发展理论与高校思想政治教育创新发展研究[M]．成都：西南交通大学出版社，2017：01.

1875年马克思在《哥达纲领批判》中，把人的全面发展理论与讨论“未来社会”进行密切联系，指出“未来社会”发展进程中势必途经两个阶段：一是人所掌握的自由发展的时间已经大幅度增加，可是生产力的发展还不足够，人们依然是把劳动作为自己的谋生方式，因此在这个阶段人的发展也是受限的、不够充分的；二是生产力发展已经高度发达，劳动是人的一种自由生活的选择，人可以根据个人的需要自由地、全面地进行自身的发展，同时把自身的发展和社会的发展进行有机的结合，互相促进共产主义社会的发展。至此，马克思在对历史充分借鉴和吸收养分的基础上，创设了马克思主义人的全面发展理论。①

（二）基本内涵

人的全面发展中的“全面”应该是充分、整体、综合、全方位、形成规模的，这就意味着人的发展是要达到人的存在与发展、劳动与享受相互统一，天赋与潜能、兴趣与才能、个性与自由都能相互调和，这是以社会生产力发展到一定高度为前提的，这也体现出，人与社会的发展的程度一定是互相制约和协调一致的。②

这一理论揭示了人类社会发展的一般性规律，希望让劳动者通过了解这一规律后认清唯有建立公有制为基础的“未来社会”，方能实现个人的全面发展。马克思从人与社会的辩证关系入手，全面地分析人的本质，提出人的全面发展与社会生产力的发展互相制约，互相促进，社会若想得到发展需要尊重和保障人的权利与尊严。

因此，“人的全面发展”的基本内涵应包含以下四个方面的内容。

1．社会关系的全面发展

人身处于社会之中,不能脱离社会谈发展,人的发展受社会关系变化的影响。马克思认为：“社会关系实际上决定着一个人能够发展到什么程度。”③社会关系的全面发展有助于人更积极地参与到社会交往之中，并从中获取政治、经

① 袁俊平，卜建华，胡玉宁．人的全面发展理论与高校思想政治教育创新发展研究 [M]．成都：西南交通大学出版社，2017：10–23.

② 朱荣英．马克思人的全面发展理论及其中国表征 [M]．北京：中国社会科学出版社，2018：75–84.

③ 马克思，恩格斯．马克思恩格斯选集（第 1 卷）[M]．北京：人民出版社，1995：244.

济、文化各个领域的信息，丰富自身的阅历，更新原有旧的观念、开阔新的眼界，实现从片面到全面的发展。①

2. 个人需求的全面实现

个人需求的有效实现最终推动了人类社会向前发展，马克思指出："人的需要的丰富性，从而产生的某种新的方式和生产的某种新的对象在社会主义的前提下具有何等的意义：人的本质力量的新的显现和人的存在的新的充实。"②具体而言，"人的需要"有以下三个特征。

第一，多样性。个体情况的差异自然有不同的需要，而每个个体所处在丰富的社会关系中自然需要也是相应丰富的。多样性可以从主体和对象两个方面理解。对象多样性，即把人的需要划分为：与吃、穿、住、用、行等有关生存保障的自然性需要，和与交往、感情、文化等精神生活方面有关的社会性需要。主体多样性，即把人的需要划分为群体性需要和个体性需要。群体性需要得到满足可以实现社会的发展，而群体性需要的满足是以个体性需要的满足为条件的，社会进步又能为个体需要的满足创造有利条件。

第二，多层次性。恩格斯把人的需要分为三个层次：维持生命的生存性需要，获得精神满足的享受性需要，以及寻求自我实现的发展性需要。三层需要层层向上，下一级的需要被满足后自觉提升到上一级。随着社会生产力的进步，人的需要进一步被满足，致使人的需要逐步向高一层次上升，当人在追求最高层次发展的需要时，社会的物质与精神产品连带得到了丰富和充实。不断满足人的多层次需要的过程和人的全面发展是辩证统一的，在人类发展的历史长河中得到了统一。人的需要的多层次性根本上是丰富而繁杂的社会关系在人身上的综合呈现，同时也体现出人能够实现全面发展的复杂性。

第三，发展性。人的需要在社会的进步中不断发展。在生产力落后、物质匮乏的原始社会中，人的需要处于以生存为核心的最低层次。当社会进入到生产力快速发展，物质财富有了一定积累的资本主义社会时，人们的基本生存有了保障，开始追求物质层面的满足。而进入到马克思提到的生产力高度发达，

① 陈瑞三，杨飞雪，阚迪．马克思人的全面发展理论对高校思想政治教育工作的启示 [J]. 辽宁大学学报（哲学社会科学版），2018（01）.

② 马克思，恩格斯．马克思恩格斯全集 [M]．北京：人民出版社，1980：132.

物质财富与精神财富都非常充裕的“未来社会”时，人从追求物质富足发展为追求精神实现。

3. 个人能力的全面发展

个人能力是全面发展的核心，其前提条件是从意愿上可以自由选择，即可以自由选择想要发展的能力。个人能力一方面是指具有生物属性的体力，是人在完成劳动时付出的身体行为力量；另一方面是具有社会属性的智力，是人通过后天学习、实践、练习，得到的精神方面的生产力。[①]

4. 人的个性的全面发展

人的个性产生于社会生活和实践。马克思认为人全面发展的最高级别就是个性的全面发展。人的个性的全面发展包括个人独特性和主体性水平两个方面的全面发展。主体性水平包括认识自然和改造自然的自觉能动性、对现实的超越和突破的创造性以及自我体现与控制自主性在参与社会关系活动时的水平。个人全面发展必然会发展出不同个体的独特性，每个人根据自身不同的精神需要发展出区别于他人的个性，社会也将会更加丰富精彩。

（三）特征

1. 自然性与社会性的统一，社会性是人的根本属性

立足唯物史观，马克思主义谈人的全面发展是始终将人置于人类社会发展实践之中，将创造社会历史的主体与主体所处的环境及其之间的关系作为研究对象，依托社会发展历史过程，着眼于特定社会形态，研究人的本质，并得出人具有社会性的结论。与此同时，对人生而具有的自然属性，马克思也给予了肯定，他始终认为人从自然中来，人的生存和发展需要自然所提供的各种物质条件。他批判的是那种仅仅从自然属性来界定人的本质的观点。在马克思看来，社会属性才是人与其他动物得以区分的根本属性。人类社会形成后，与人有关的一切都打上了社会的印记。就像马克思所举的例子那样，人类使用工具吃熟肉，虽然与动物一样都是为了生存，但是将肉做熟，拿起刀叉插向肉的那一刻，就与动物撕咬着吃生肉完全不是一回事了。[②]

---

① 袁贵仁．论马克思人的全面发展观 [J]．高等师范教育研究，1992（03）．

② 马克思，恩格斯．马克思恩格斯文集（第 8 卷）[M]．北京：人民出版社，2009：16.

2．个体性与类本质的统一

马克思主义认为，人总是个体的人与作为类的人的统一，也就是人的个体性与类本质的统一。人的个体性是个体在参加具体的社会实践活动中塑造的具体个人的特性，它是具有个人色彩的，具体的、多样的，富有个性特征的表现。而类本质是抽象概括的人类作为一个区别于自然界其他物种的种族所共同具有的特征，是人类特有的，人的类本质普遍存在于个体的人身上。马克思主义人的全面发展理论，从个体的人和人类两个角度观察其发展趋势，得出结论——个体性与类本质的统一。

3．现实性与历史性的统一

每一个人都不是在某一历史节点孤立存在的，人的发展包含着对与之相关的具体历史阶段文明成果的继承，同时又受当下现实社会的动态发展的影响。历史性即体现在特定历史阶段的生产方式、民族属性、生存发展的时空环境等对当下现实社会的影响，也体现在人们世代从历史传承中获得的前人积累的文明成果。而现实性体现在人是生活在当下的，他们是具体而鲜活的个体，带有自己的烙印，也会对文明做出新的贡献并将之传给后世的人。马克思主义人的全面发展理论就是这样一个动态的演进过程，在这样的时间纵向顺序中不断前行。任何时代的具体个体，都是整个历史演进过程中的一个环节，因此是现实性与历史性的统一。

二、马克思主义教育理论

历史唯物主义和辩证法为科学地、系统地认识教育现象提供了思想武器。马克思主义在探寻人类社会发展进步的基础理论时，也全面地调查和剖析了有关教育的现象，提出了一系列的教育观点，有机组成了马克思主义教育理论，其中对教育本质的探究和人的全面发展的研究是最核心的内容。

（一）教育的本质属性是社会性

教育的本质属性是马克思主义教育理论首要解决的根本性问题，教育是一种社会现象。

首先，教育最初是因人类在劳动时传承劳动经验、生活经验发生的。人的自身发展和社会化触发了教育活动的产生，可以说教育的出现就是人类自身生存需要的生产与基于这些需要而产生的再生产得以延续的需要，也就是社会发展的需要。由此可见，教育活动是人类社会独有的现象，产生于人的自身发展和社会需要的辩证统一。

其次,教育是人类社会特有的。第一,教育需要意识参与,意识是人所特有的。人意识到人类传承和社会发展需要传递知识而自觉有意识地进行教育活动。第二，只有人类社会是通过教育进行经验传递。动物对于怎么适应环境使得种系繁衍发展主要是通过遗传基因进行代际传递的。而人类社会的繁衍发展虽然在遗传基因中也有所体现，但更多的是通过人类后天的教育和学习，使得经验和智力得以传承。

最后，教育在不同的社会形态中会呈现出不同的性质。回顾人类历史，社会主义教育是迄今为止最先进的教育，如在这一背景下提到的人民的教育、机会均等的教育、用共产主义思想教育学生、根除剥削阶级思想和宗教影响、主张平等、师生间平等协助等，都体现了其先进性。①

（二）通过实施全面教育促进人自由而全面的发展

马克思从不同角度探究人的本质和社会发展规律，通过解析生产力发展导致的全社会分工细化和私有制导致的人的异化，得出资本主义大工业制约人的全面发展的结论。提出实现人的全面发展的目的就要通过无产阶级革命理想、目标来完成。前文对人的全面发展理论的形成、内涵、特征已有过论述，在此不过多赘述，接下来从主要内容进行介绍。

1．分析资本主义工人的异化的原因，提出人的全面发展理论

资本主义社会的特点决定了生产实践会让工人的身心发展产生分裂，工人在劳动过程中出现的智力和体力的分离和对立是一种异化。而产生这种异化的原因是资本主义生产方式中的旧分工，分工使得工人们有局限的发展。马克思分析研判大工业发展的规律，指出新的大工业变革势必以人的全面发展为新的要求。

2．分析资本主义大工业的绝对矛盾

资本主义大工业的绝对矛盾是：个人全面发展推进了机器大工业，同时也

① 石佩臣．教育学基础理论 [M]．北京：教育科学出版社，2018：39.

丰富了物质条件基础，但是此时旧的分工方式让人实际上无法全面发展。马克思分析这一绝对矛盾的主要表现有：第一，大工业对生产技术进步的需求是以科学性和革命性为基础要求的，这就需要打破工人在工厂从事手工业中的旧式分工，只有打破这种旧的分工，才能让掌握生产技术的人解开束缚得到发展，实现生产技术的进步与突破，但事实上在实践中人的发展却恰好相反；第二，大工业下，技术的进步有效地缩短了劳动时间，机器对人工的代替也减轻了劳动者的劳动强度，但又因为资本主义大工业下资本家对利益的追求，却实际上造成了劳动时间的增加和强度的加大，限制劳动者无法自由发展；第三，资本主义大工业生产为劳动者脑力与体力两种劳动相结合创造了物质基础，然而资本主义的社会制度却造成了实际劳动过程中体力和智力更严重的相互割裂与排斥。①

3. 分析共产主义任务与个人全面发展的一致性

共产主义者真正向往并致力追求的人的全面发展是，在现实世界里，自己可以自由选择、驾驭的自身才能发展的方向，而不是因为理想或者职责。②因此，需要脱离资本主义的限制，在社会主义社会和共产主义社会中实现，具体说有以下三点原因：第一，共产主义的根本目的决定的；第二，共产主义社会是通过每个成员的全面发展来实现为所有成员提供充足的物质的；第三，消灭私有制和阶级的内在要求。③

4. 分析制约个人全面发展的社会条件

个人的发展受生产力和社会关系的共同制约。因此，如果要实现个人发展，首先要解决的就是改变社会旧的生产方式。资本主义社会大工业生产的分工方式造成了工人们的片面发展，消灭旧的分工，根本目的是为了让工人从机器的束缚中解放出来，结束周而复始的单一、机械、终身的动作，实现个人的全面发展。前文内容介绍过人的全面发展是需要有自由时间的，资本家们需要压榨工人的劳动时间得到更多利益，很难让工人有自由的时间进行个人发展，因此，实现人的全面发展要缩短劳动时间和减轻劳动强度。

---

① 石佩臣．教育学基础理论[M]．北京：教育科学出版社，2018：260–261.

② 马克思，恩格斯．马克思恩格斯全集（第3卷）[M]．北京：人民出版社，1960：330.

③ 石佩臣．教育学基础理论[M]．北京：教育科学出版社，2018：261–263.

（三）教育同生产劳动相结合是造就全面发展的人的唯一方法

教育与生产劳动相结合造就全面发展的人，并以此保障和促进社会生产力持续发展，是马克思对教育思想史非常重要的贡献之一。这一论断是建立在他对资本主义发展历史的全面分析的基础上的对教育形态的预见。他认为：人学习先进科学知识、进行现代生产劳动是符合现代生产的客观要求；现代生产促使生产力得到提高、社会财富增长又为人提供了空闲时间，这是人能够实现全面发展在物质上的基础条件。[①]

个人的全面发展指的是个人在智力和体力两方面的充分、整体、综合、全方位、形成规模的发展。实质上是在智力、体力得到发展后，实现脑力劳动与体力劳动的充分结合。实现这一目标就需要把教育同生产劳动有机结合在一起。[②]发展至今，这已经发展成为马克思主义教育的基本原则。它可以从两个角度进行理解：一是生产劳动同教育结合，这里要表达的意思是，呼吁工人们要为自己的后代争取能够接受教育的权利[③]；二是教育同生产劳动结合，这里所重点强调的意思是，在良好的社会制度下劳动者有条件在幼年、少年时期就接受教育[④]，但往往会出现教育与生产劳动剥离而独立存在的情况。近年来，劳动教育被党和国家愈加重视，也是对坚持这一教育基本原则的生动诠释。

三、毛泽东、邓小平、江泽民、胡锦涛关于高等教育的重要论述

马克思主义教育理论是马克思主义中国化的动态理论成果，是中国几代领导人结合中国教育事业的具体实践探索出来的中国特色社会主义教育理论体系。在新民主主义时期和中华人民共和国成立初期，毛泽东对马克思主义教育理论进行了符合中国具体国情的继承和发展，如提出教育具有政治教化功能；对人的全面发展进行具体阐释，提出德智体全面发展。在改革开放后社会主义建设

---

① 马克思，恩格斯，马克思恩格斯选集（第二卷）[M]，北京：人民出版社，1995：243.

② 石佩臣．教育学基础理论 [M]．北京：教育科学出版社，2018：151.

③ 马克思，恩格斯．马克思恩格斯全集（第十六卷）[M]．北京：人民出版社，1964：218.

④ 马克思，恩格斯．马克思恩格斯全集（第一卷）[M]．北京：人民出版社，1995：294.

新时期，邓小平结合此时中国的发展需要，提出教育的“三个面向”和号召全社会培育“四有新人”；江泽民在邓小平的“科技是第一生产力”后进一步提出科教兴国战略；胡锦涛提出教育的根本任务是立德树人，坚持以人为本推进教育事业。[①]

（一）毛泽东关于高等教育的重要论述——马克思主义教育理论的继承和发展

毛泽东的高等教育思想是马克思主义高等教育思想的进一步发展，他认为教育具有政治教化功能，并且根据当时的中国社会发展情况，提出了具有可操作性的实现教育与生产劳动相结合的设想，[②]也进一步发展了人的全面发展内涵，明确要德智体全面发展。[③]

1．教育的政治教化功能

毛泽东认为，构建社会主义制度并完善它，是一个长期的过程，意识形态领域和精神领域也会有一个长期的争夺过程，而这个争夺过程中主要的战场就是教育界，因此我国教育必须首先保证是为无产阶级服务这一大前提。1957 年 2 月，毛泽东在《关于正确处理人民内部矛盾的问题》一文中指出，知识分子和学生，都应该在专业知识和技能的学习之外，在思想上、政治上同样有所进步，因此就需要了解时事政治，学习马克思主义。[④]提出了要进行思想政治教育，也就是要通过政治教育，让广大知识分子和学生了解无产阶级的基本立场和社会主义的发展方向，充分发挥教育的政治教化功能。

2．实现教育与生产劳动相结合的一系列设想

读书是为了解决现实中的问题，不能把读书作为终点，使用是最终的目的。[⑤]

---

① 杨晓慧．习近平总书记教育重要论述讲义 [M]．北京：高等教育出版社，2020：14.

② 中共中央文献研究室编．毛泽东著作专题摘编（下）[M]．北京：中央文献出版社，2003：1639.

③ 毛泽东．毛泽东文集（第七卷）[M]．北京：人民出版社，1999：226.

④ 毛泽东．正确处理人民内部矛盾的问题 [EB/OL]．（1957–02–27）[2021–08–03]．马克思主义文库．https://www.marxists.org/ /chinese/maozedong/marxist.org–chinese–mao–19570227.htm.

⑤ 毛泽东．中国革命战争的战略问题 [EB/OL]．（1936–12–04）[2021–08–03]．马克思主义文库．https://www.marxists.org /chinese/maozedong/marxist.org–chinese–mao–193612.htm.

他在如何将教育与生产劳动相互结合上提出了一系列贴合实际、能够操作的设想，像校办两厂（场）；师生勤工俭学；开设生产劳动与技术课程；高中毕业先工作一段，在劳动中选拔学生等。可以说这些设想是对马克思主义教育理论中，教育与劳动相结合思想的进一步发展，力图从实践的角度探索可行性。

3. 受教育者的德、智、体全面发展

毛泽东首次明确了我们社会主义教育的目的，是培养德智体全面发展的社会主义建设者。他还进一步地阐释了德育、智育、体育三者之间的关系，强调了德育的统帅地位。基于马克思主义教育理论，社会主义制度的建立就是为了促进人的全面发展。毛泽东关于德智体全面发展的思想，已经是我们国家教育长期以来坚持的指导方针，在后世的完善下发展出五育并举，即德智体美劳全面发展。

（二）邓小平关于高等教育的重要论述——“三个面向”和“四有新人”

邓小平是我国高等教育思想的奠基人，也是我国高等教育体制改革的先行人，更是绘制我国现代高等教育蓝图的初代设计师。在他的指导、设计下，我国的高等教育开始向世界教育强国迈进。

邓小平高等教育思想中最核心的内容就是在继承前人教育思想基础上，结合国际与中国当时实际情况，建设性地提出了“教育要面向现代化，面向世界，面向未来”[①]和培养“有理想、有道德、有文化、有纪律”的社会主义新人，[②]也就是“三个面向”和“四有新人”重要理论。这一提法明确了在“文化大革命”之后我国的高等教育应该是什么样，要培养什么人，什么样的人是社会主义合格的建设者。邓小平在关注被教育者全面发展的同时，也非常关注被教育者精神层面的问题，致力在社会中营造有利于人才发展的氛围，发起“尊重知识和人才”的号召。此外，他深刻认识到，教师在教育中的主导作用，也非常关注教师的地位和教师队伍建设。可以说邓小平高等教育思想对提高国民的整体素质起到了非常重要的作用。

① 邓小平．邓小平文选（第三卷）[M]．北京：人民出版社．1993：35.

② 邓小平．邓小平文选（第三卷）[M]．北京：人民出版社．1993：110.

1．“三个面向”

“三个面向”是我国高等教育发展的基本方针。1983 年 10 月 1 日，为了纪念北京景山学校成立 20 周年，邓小平题写了“教育要面向现代化、面向世界、面向未来”。

教育要面向现代化，包括教育与人才都要面向四个现代化（工业现代化、农业现代化、国际现代化、科学技术现代化）。世界的技术革命正在迅猛发展，唯有积极迎战，主动求变，在挑战中摸索自身发展的道路，让教育自身的发展适应国际的变化，才能寻求到自己的发展契机。1984 年 9 月，邓小平在《经济参考报》上指出，“开发信息资源，服务四化建设”①，各国间科技的竞争就是科技人才的竞争，也就是现代化教育的竞争，人才在哪里，主动权在哪里。

教育要面向世界，即教育的对外开放，外面的先进技术经验、人才、专家请进来，我们的学者、人才走出去，积极地融入世界舞台。邓小平说：“不要怕花钱，关键要充分发挥他们的智力作用。”② 邓小平鼓励我们的大学要多与国外的先进技术进行学术交流，可以互派留学生，条件成熟甚至可以外聘国外的专家、学者承担我国教育事业改革的工作，实现高等教育事业的改革开放。③

面向未来的教育，就是教育要有发展眼光，培养的人才是符合未来发展需要的。世界科技发展日新月异，新产业、新知识不断涌现，高等教育培养的人才只有面向未来才能不被淘汰，要做引领发展的人才。邓小平曾指出：“在现代科学技术日新月异的今天，生产设备和工艺的更新，都非常迅速。”④ 面对着这种发展态势，只有教育学生面向未来，自我开放，接受新思想，积极创造，才能不被时代淘汰，成为未来国家合格的建设者和接班人，让祖国在青年一代的奋发创造中实现国家富强，民族复兴。

① 邓小平：开启中国信息革命征程 [EB/OL].（2019-12-06）[2021-08-04]. 人民网. https://people.com.cn/n1 2019/1206/c69113-31493967.html.

② 邓小平. 邓小平文选（第三卷）[M]. 北京：人民出版社. 1993：32.

③ 王唤. 邓小平高等教育理论研究 [D]. 贵阳：贵州师范大学. 2015：21.

④ 中华人民共和国教育部组编. 邓小平教育理论学习纲要 [M]. 北京：北京师范大学出版社. 1998：36.

2. “四有新人”

“四有新人”是邓小平高等教育理论的战略目标，告诉我们要朝着什么方向培养社会主义建设者。在改革开放持续深入的20世纪80年代，邓小平探索在社会主义建设新时期大学应该培养什么人。1985年3月，邓小平在全国科学工作会议上首次完整地明确了“四有新人”的内涵为“有理想、有道德、有文化、有纪律”[①]。至此确定了大学培养人的目标，也为高等教育发展指明了方向。

1. 理想教育

“有理想”是指具有坚定的社会主义和共产主义理想，通过理想教育，让社会主义建设者们知道努力的方向，也能够在面对困难时有坚持下去的力量，这是进行现代化建设的思想前提。邓小平曾言：“窗户打开了，新鲜空气进来了，苍蝇也可能进来。”[②]我们在因改革开放取得成绩的同时，也受到了来自国外不良思潮的冲击，比如拜金主义、享乐主义、极端个人自由主义、普世价值观等，让部分青年人迷失了信仰，更有甚者沉迷于物质享乐丢失了理想。正是在这样的背景下，邓小平清醒地认识到在进行人才培养时，除了对知识的传授，理想教育也是不能忽略的，这是一个民族、一个国家发展建设的精神保障。

2. 道德教育

“有道德”是指要崇德修身。邓小平认为要对青年人进行“五爱”教育，即爱祖国、人民、劳动、科学、社会主义，培养青年人弘扬传统美德，继承和发扬中华民族传统文化中优良道德部分，营造社会的良好道德风尚。同时，为应对改革开放后青少年出现的受不良西方思潮影响的状况，邓小平指出，“我们国家存在缺乏艰苦创业方面的教育”[③]，因此要进行“道德”教育，培养自强不息、艰苦奋斗、贵和尚中、和而不同等优秀传统精神，唯有如此，才能让我们培养的人才不迷失，让中国在快速发展中不迷失。

3. 文化教育

“有文化”是指培养出来的人才能够掌握文化知识和劳动技能，这些文化知识和劳动技能匹配我国在社会主义现代化建设过程中的需要。邓小平指出：“如

---

① 邓小平．邓小平文选（第三卷）[M]．北京：人民出版社，1993：110.

② 王唤．邓小平高等教育理论研究 [D]．贵阳：贵州师范大学，2015：12.

③ 王唤．邓小平高等教育理论研究 [D]．贵阳：贵州师范大学，2015：13.

果单单仅靠坚持社会主义道路，四个现代化是不可能实现的。无论在什么工作岗位上，都要具备相应的劳动技能。”“如果不能从难从严要求，没有经过严格的训练，就不可能达到目的。”① 所以文化教育包括两个方面，一方面是书本上知识的传授，另一方面是将知识运用起来的能力，只有把在书本上学习的知识在社会实践中进行大量的练习，才能把知识真正变成解决实际问题的方法。

4. 纪律教育

“有纪律”是指在一个团体或集体中所有人都可以自觉遵守团体内部有约束力的行为规范。邓小平指出：“理想只有在纪律的保证下才能实现，两者缺一不可。”② 无规矩不成方圆，只有在秩序的保障之下，才能够实现大多数人的自由。“有纪律”就要求培养的人才需要具有较高的规矩意识，有良好的职业操守和职业道德，能够自觉律己地投身于社会主义现代化建设，做出自己的贡献。

（三）江泽民关于高等教育的重要论述——“科教兴国”战略

1998 年 5 月 4 日，江泽民在庆祝北京大学建校一百周年大会上指出，“教育应与经济社会发展紧密结合，为现代化建设提供各类人才支持和知识贡献，这是面向 21 世纪高等教育改革和发展的方向”。这既是新的时期经济社会发展对高等教育提出的要求，同时也是高等教育自身发展的方向。论断中“各类人才支持和知识贡献”实际就是“科教兴国”战略的人才要求。

“科教兴国”战略，是以江泽民为核心的党的第三代领导集体在系统考察了国内外情势后，提出的重要论断。它涵盖了有关教育在国家发展中地位的论述、教育与综合国力的关系问题、什么是素质教育以及如何开展的问题、怎样贴合国家发展需要创新人才培养、我国教育改革的方向、构建终生教育体系的设想等。③

① 中华人民共和国教育部组编．邓小平教育理论学习纲要 [M]．北京：北京师范大学出版社，1998：45–48.

② 邓小平．邓小平文选（第三卷）[M]．北京：人民出版社，1993：111.

③ 何万宁．学习江泽民教育论述　深化高等教育改革 [J]．江西社会科学，2001（04）.

这一论断的提出是经过了一个长期的演进过程的。（详见下表[①]）

内容	时间与背景
“我们要实现现代化，关键是科学技术要能上去” “靠空讲不能实现现代化，必须有知识，有人才” “不抓科学、教育，四个现代化就没有希望，就成为一句空话”（明确了发展经济、实现现代化必须要发展科学、教育。）	1977 年 邓小平
“发展科学技术是全党的历史性任务”	1989 年 江泽民 全国科技奖励大会
“把经济建设转移到依靠科技进步和提高劳动者素质轨道上来”	1991 年 江泽民 全国科协第四次代表大会
《关于加速科学技术进步的决定》“科教兴国”战略被首次提出	1995 年 中共中央、国务院
“科教兴国，是指全面落实科学技术是第一生产力的思想，坚持教育为本，把科技和教育摆在经济社会发展的重要位置，增强国家的科技实力及向现实生产力转化的能力，提高全民族的科技文化素质，把经济建设转移到依靠科技进步和提高劳动者素质的轨道上来，加速实现国家繁荣强盛。”	1995 全国科学技术大会 江泽民
在今后的十五年直至 21 世纪，实施“科教兴国”战略是加速我国社会主义现代化建设的重要方针之一	1995 年 中共十四届五中全会
通过《国民经济和社会发展“九五”计划和 2010 年远景目标纲要》，“科教兴国”上升为国家意志	1996 年 第八届全国人大四次会议
明确“科教兴国”战略是我国经济发展的战略之一	1997 年 中国共产党第十五次全国代表大会

我国全面推行“科教兴国”战略，就是对“科学技术是第一生产力”的全面贯彻落实，从根本上保障了国民经济持续快速健康发展，是以江泽民为代表的中国第三代领导集体审时度势，结合具体国情所做出的符合我国发展大势的战略决策，同时也是江泽民同志关于高等教育论述的核心内容。

① 共和国足迹——1995 年：科教兴国战略 [EB/OL].（2009-09-29）[2021-08-05]. 中华人民共和国中央人民政府门户网站. http:// www.gov.cn/test/2009-09/29/content_1429943.htm.

（四）胡锦涛关于高等教育的重要论述——立德树人是教育的根本任务

以胡锦涛为代表的中国共产党第四代领导集体在科教兴国战略、人才强国战略背景下，在实践中形成了丰富的高等教育思想，其中最具代表性的论述有：明确了我国教育的根本任务是立德树人；推进教育事业发展要坚持以人为本等。

1．立德树人是教育的根本任务

2005年1月，胡锦涛在全国加强和改进大学生思想政治教育工作会议上指出："办好高校，首先要解决好培养什么人、如何培养人这个根本问题。"[①]2007年8月，胡锦涛在在全国优秀教师代表座谈会上指出："要坚持育人为本、德育为先，把立德树人作为教育的根本任务。"[②]德育为先，是胡锦涛关于高等教育的论述的核心内容，也是对邓小平"四有新人"理论的继承和发展，明确了教育的根本任务就是立德树人。"德者，本也。"德对社会、对个人都有基础性的意义，我国自古以来，对个人品德就是非常重视的，也非常重视教育的"教化"功能在德育中的发挥。社会主义荣辱观的提出，解读了在新的发展时期"德"所应该有的内涵。

2．以人为本的高等教育价值观

以人为本的高等教育价值观就是科学发展观在教育领域的生动诠释。2006年4月，在美国耶鲁大学演讲时胡锦涛曾指出，中华文明重视以民为本，在很早就有"民惟邦本，本固邦宁""天地之间，莫贵于人"的思想。强调了在国家兴衰过程中，人民的重要性。科学发展观的核心要义，就是阐明了人作为主体在国家发展中的作用，将发展的起点和目标归结于人的自身，同时将发展的手段和目的也归结于人自身的发展，最终指出国家、社会发展的目的就是人的自由全面和谐的发展，归根到底就是发展要"以人为本"。具体而言，坚持"以人为本"的要求，谋发展、促发展要以人民为中心，以人民群众的物质文化需要被满足，经济、政治和文化权益被保障为出发点，发展的成果最终也是由全

---

① 胡锦涛在全国加强和改进大学生思想政治教育工作会议上发表讲话（2005年）[EB/OL].（2012-02-12）[2021-11-30]. 中国文明网 .http://www.wenming.cn/ziliao/zhongyaolunshu/hujintao/201203/t20120312_550903.shtml.

② 胡锦涛在全国优秀教师代表座谈会上的讲话 [EB/OL].（2007-08-31）[2021-11-30]. 中国政府网 .http://www.gov.cn/ldhd/2007-08/31/content_733340.htm.

体人民享受，而社会是通过教育让人得以全面发展，从这个逻辑上说，“以人为本”就是我国教育的价值追求。

第二节　习近平关于大学生思想政治教育的重要论述

习近平总书记充分审视了当今国际发展的总体趋势，并且站在世界的宏观角度考察各国教育事业发展格局，立足我国目前所处的国际环境和内在发展要求，提出了一系列有关教育的重要观点和论断。系统地总结了中国教育改革过程中的经验和教训，致力解答我国现阶段以及未来发展中，有关教育的现实问题。聚焦教育的根本问题，紧密联系“两个一百年”和“中国梦”，精准回答了我国要培养什么人、怎样培养人、为谁培养人，最终得出结论——中国想要建设教育强国，让教育更好地服务于社会主义建设，服务于现阶段发展的新要求，就必须始终坚持走中国特色社会主义道路，致力于培养德智体美劳全面发展的社会主义建设者和接班人。①

一、为党育人、为国育才的教育核心任务

2018 年习近平总书记在北京大学师生座谈会上指出：“培养社会发展所需要的人，说具体了，就是培养社会发展、知识积累、文化传承、国家存续、制度运行所要求的人。”② 教育的首要问题是培养什么人的问题。古今中外，各个国家在培养人才这个问题上，都是从本国的政治需要出发的。通过深入洞察本国的发展需要，研究发展中的特点，分析自身优势和劣势，有针对性地培养符合本国政治、经济、文化建设发展需要的人才。我国也不例外，新中国成立初期，就明确了教育为无产阶级服务的立场。进入新时代，我国的教育依然初衷不改，以实现“为党育人，为国育才”为自身目的，培养针对我国的社会发展所需要的人。

我们国家的性质决定了“为党育人、为国育才”是教育的核心任务。国家发展教育目的是为党、为国培养人才，而能够称之为人才，首先他们思想上有符合我国社会主义性质基本要求的理想信念，其次他们所掌握的知识与技能也是符合我国发展建设的基本要求的。只有如此，人才的发展才能与国家、民族

① 杨晓慧．习近平总书记教育重要论述讲义 [M]．北京：高等教育出版社，2020：8.

② 习近平．在北京大学师生座谈会上的讲话 [N]．人民日报，2018-05-03（02）.

的发展协调一致，互相促进，实现国家的富强、民族的复兴、个人的全面发展。

中国共产党的历史使命决定了为“为党育人、为国育才”是教育的核心任务。我们党的历史任务是完成“中华民族千秋伟业”[①]，那这个千秋伟业又是什么呢，就是“为中国人民谋幸福，为中华民族谋复兴”。而实现这一目标就必须要有丰富的人才储备，有着同中国共产党相同价值追求和共同理想信念的人，齐心协力为这一事业奋斗。培养这些人才就是我们党在实现自身初心使命的必经之路，归结起来就是“为党育人、为国育才”。

教育是国之大计、党之大计，“为国育才”是教育作为“国之大计”的重要体现，“为党育人”是教育作为“党之大计”的重要体现。回顾中国近现代历史，每一次国家从困难中崛起，从低谷中迎来新的希望，无不是与人才有关，都是一批批有着共同理想的有志之士，脚踩黄土，风沙遮面，却仰望星空，奋斗在国家发展的第一线。从一代一代的，有着共产主义理想的革命前辈为新中国抛头颅洒热血；到“两弹一星”科学家们怀揣梦想、忍耐孤独，只为能看到中国可以昂头挺胸地站在国际舞台上；再到奔赴脱贫攻坚一线的社会主义建设者们，为实现告别绝对贫困这一中国几千年来的梦想所做的奉献，这些坚守最后之所以可以开出理想之花，都有着为社会主义建设奋斗终身的远大志向赖以支持，有着建设国家需要的科学文化知识作为行动的支撑，才能让他们有力量在黑夜中依然努力前行，最终到达理想的彼岸。

二、高等教育立德树人的中心思想

习近平总书记在党的重要会议上和思想政治工作相关会议上多次提到，教育的根本任务是立德树人，并且强调了要把这一根本任务落实到新时代党的各项工作中，为培养出可以担当民族复兴大任的青年一代，培养出德智体美劳全面发展的时代新人，培养出符合我国发展需要的社会主义建设者和接班人而不懈努力。总书记将目光放在我们新时代教育发展全局，深刻解答了立德树人在我们国家建设的新时期的内涵。

---

① 习近平．思政课是落实立德树人根本任务的关键课程 [EB/OL]．（2020-08-31）[2021-08-04]．求是网．http://www.qstheory.cn/dukan/qs/2020-08/31/c_1126430247.htm.

（一）立德树人在教育中的重大意义

1. 国无德不兴，人无德不立

在中国的教育历史中，一直有着对“德”孜孜不倦的追求和崇尚。“太上有立德，其次有功，其次有立言”，“立德”一说始于此，立德、立功、立言也成为一代代中国读书人发奋苦读所不懈追求的人生境界。一个国家能强盛发展，势必需要有万众一心的力量，而力量之源就是这个国家所有成员有共同价值追求，也就是国家、民族传承的核心价值观。因此，习近平总书记多次指出“立德”对我们国家的重要性，对人民个人的重要性，也把立德摆在了教育核心任务的重要位置，摆在了人民个人全面发展的首要位置。

习近平总书记纵观历史的发展，深刻地分析了“德”的内涵，指出德有大德、公德、私德三个层次。大德指的是国家人民层面，有大德才有大的格局和心胸，才能成就大业。具体就是个人要有报效祖国和服务人民的志愿，有将个人前途置于祖国和民族发展之中的意识，懂得只有国家强起来，其中的每一个成员才会在世界上有尊严，才能够自由地选择个人如何发展，懂得只有成员间乐于互相成就，每个成员才能更自在地追求个人的理想和价值。在“明大德”的同时也要严守私德，不以善小而不为，不以恶小而为之，守好自身的小节。只有在小事上都能严格要求自己，才能形成习惯，修养出自身的良好品性，才能在大是大非面前守住初心，不忘来路。崇德修身是做人做事的前提，人而无德，行之不远，如果一个人德行不好，就算有再丰富的知识和大的学问，大家也都不愿意与之为伍，同样因为没有良好的德行，做事情只从私利着眼，久而久之也只能是在蝇头小利中进行计较，很难成大器。[①]

青年人作为国之栋梁，只有“明大德”后将个人小我融入祖国建设的“大我”之中，才能实现国家和民族的共同进步，让青春理想在祖国的宏伟大业中放飞。

2. 教育是立德树人的事业

学校的立身之本在于立德树人，要把立德树人融入教育的各个领域，检验学校一切工作的根本标准就是立德树人工作的成效如何。党的十九大报告要求将“立德”放于“全面发展”之上，这是习近平总书记对人的全面发展的教育方针的重大发展，也是党教育理论创新的最新成果。

---

① 习近平．干在实处　走在前列 [M]．北京：中共中央党校出版社，2006：304.

如果我们问：“教育是做什么的？”大家当然会说：“是培养人。”那就又要问：“培养什么人呢？”培养国家、社会、民族需要的人，可以推动这个世界发展的人。前文已经论述过，“德”对国家，对个人的重要。一个人“严私德”，才可谈“明大德”，那教育首先就是要培养有德行的人，只有这样的人才才有可能成为对国家、社会、民族有用的人。而一个人有了良好的道德品质，自然会希望更好地发挥自身价值，实现自我，成就他人，贡献社会。因此教育首先要做好的就是“立德树人”，如果这个环节没有做好，学生懂了再多的知识，却没有好的德行以辅佐，那自然也无法成为对社会、国家有用的人，甚至在无“德”的情况下，“才”越高越会给社会带来大的灾难。

（二）“德”的新时代内涵——社会主义核心价值观

那么在我们肯定了“德”的重要意义后，就需要进一步领会我国走入新时代的今天，“德”的内涵为何。社会主义核心价值观集中体现了当代中国的精神内核，也凝结了全体中国人民、中华民族共同的价值追求，[①]是中华民族发展至今“德”的具体表现，充分具象了中国人的“大德”“公德”“私德”。

首先，“富强、民主、文明、和谐”，是我国的建设目标，是国家层面的价值要求，处于最高层次。其次，“自由、平等、公正、法治”，是人民对幸福美好的社会具体形象的描述，是一种社会层面价值要求，体现了中国特色社会主义社会所应该具备的基本属性，也是中国共产党不断努力长期向往和实践的方向。再次，“爱国、敬业、诚信、友善”，是我国社会对其成员自身所应该具备的品质的描述，是从公民层面的价值要求，它涵盖了社会生活有关个人的德行，是每个公民构建美好社会所应当共同遵守的道德规范，同样也是评价一个公民的行为是否符合道德要求的标准尺度[②]。社会主义核心价值观集中体现了我们对国家、社会、公民的所有价值目标，详实地回答了我国要建设的国家是什么样、社会是什么样、培养的公民是什么样。

习近平总书记指出，核心价值观承载一个民族、一个国家的精神追求，体

① 习近平．决胜全面建成小康社会　夺取新时代中国特色社会主义伟大胜利——在中国共产党第十九次全国代表大会上的报告[EB/OL]．（2017-10-27）[2021-08-04]．新华网．http://www.xinhuanet.com/2017-10/27/c_1121867529.htm.

② 吴潜涛．思想政治教育主阵地的守望与探究[M]．北京：人民出版社，2019：17-19.

现着一个社会评判是非曲直的价值标准。培养和弘扬社会主义核心价值观是为民族凝魄聚气、强基固本的基础工程。他明确提出："如果一个民族、一个国家没有共同的核心价值观，莫衷一是，行无依归，那这个民族、这个国家就无法前进。"① 一个国家、一个民族文化的力量，取决于这里的人民共同的核心价值观是否有生命力、凝聚力、感召力。

青年兴则国家兴，青年强则国家强，总书记用"扣扣子"的比喻，生动地讲解了在青年时期养成正确价值观的重要性，勉励广大青年勤学、修德、明辨、笃实。在培育和践行社会主义核心价值观的过程中，总书记也非常重视发挥广大师生的积极性、主动性、创造性。勉励广大师生坚守社会主义核心价值观，让自己成为其坚定的信仰者，进而在生活、教学的各个环节积极地传播它、模范地践行它②。

（三）"立德树人"榜样的力量

1. 心有大我，赤诚报国的黄大年

黄大年，战略科学家、地球物理科学家。2009 年他放弃了在英国的优渥待遇，毅然选择回国，回到自己的母校吉林大学，希望可以为我国的深地探测发展做出贡献。回国后，他承担了国家"深部探测关键仪器装备研制与实验项目"，让我们国家在相关领域突破了他国在技术上的封锁，取得了关键性的进步。回国八年，他培养了 13 名博士生，5 名硕士生，在教导学生的过程中，他花费大量心血研究学生，因材施教，挖掘学生潜力，引导学生自我成长成才。他是一个纯粹的人，面对一些不理解的声音，他会说"我没有敌人，也没有朋友，只有国家利益"。2017 年 1 月，他因为长期不规律的生活方式罹患癌症，后医治无效永远告别了他热爱的科研事业。黄大年用他赤诚报国的感人事迹，告诉新时代的青年什么是心有大我。

2. 用生命践行使命，用使命守护生命的张定宇

张定宇，武汉金银潭医院院长。2020 年初，一场席卷全球的新冠肺炎病毒肆虐而来，面对新冠肺炎疫情的爆发，他在医护第一线临危不乱，快速组建隔

① 习近平．青年要自觉践行社会主义核心价值观 [N]．人民日报，2014-05-05（02）．

② 习近平．习近平谈治国理政（第二卷）[M]．北京：外文出版社，2017：377.

离仓，组织院内600余名医务人员成立医护小组，率先开展病毒检测与救治工作。在他的带领下，全院工作者昼夜奋战救治患者2300余名，为打赢武汉保卫战做出了重大贡献。采访时他说，他的职业，是唯一一个可以陪伴人从生到死的职业，而他选择了这份职业是他的荣耀。张定宇在说这句时满怀对自己职业的敬重，也在用行动诠释这份敬重。在从医的33年里，他随国家医疗队参与阿尔及利亚、汶川、巴基斯坦等医疗援助工作，用行动向自己的职业致敬，危难时刻从未缺席。以张定宇为代表的广大医务人员在危难时刻舍生忘我，无私奉献，激励青年一代要牢记责任与担当！

3. 扎根脱贫攻坚一线的新时代“愚公”毛相林

毛相林，重庆市巫山县竹贤乡下庄村党支部书记。下庄村原处四面绝壁环山，进出只靠一条蜿蜒小路，几乎世代与外界隔离。毛相林凭借着带领村民走出去的信念，从1997年开始，花费整整七年的时间，带领村民在绝壁上开辟出了一条长达8千米的出山公路。在修路的过程中，没钱，他自己掏，不够，他出去借，没人，他自己上。路有了，他又有了新的梦想，带领全村一起富起来的梦想。他在柑橘上看到了实现梦想的契机，村民不理解，他就自己种，乡亲们不会种，他就手把手教。他用了15年的时间，在当地培育“三色经济”，带领村民走上脱贫致富之路。他说，只要勤快肯干，什么东西都可以变得起。毛相林用实际行动告诉青年人只要怀初心，有恒心，脚踏实地，再难也能有出路，也让青年人看到了心怀百姓、扎根一线的新时代基层干部的精神品格。

4. 创造“史诗级”迫降的英雄机长刘传健

刘传健，四川航空集团有限公司飞行员、A320机型B类教员。2018年5月14日，刘传健驾驶重庆飞往拉萨的3U8633号航班，在9800米的高空中，驾驶舱右侧挡风玻璃突然爆裂脱落。他在舱内失压、气流冲击与机内设施出现破坏的情况下，带领机组人员沉着冷静，启动应急预案，安全备降成都双流机场，成功保护了机上119名乘客和9名机组人员的生命安全。这次被称为“史诗级”的迫降案例中，离不开刘传健精湛的飞行技术和驾驶经验，在极限的考验中他以零失误的手动操作，与机组人员有序配合，面对生死，力挽狂澜。刘传健用“敬畏生命、敬畏规则、敬畏责任”的职业精神，告诉青年人读书期间要坚持对知识的敬畏，练就过硬的本领，在工作中要培养精益求精的工作态度和严肃谨慎的工作作风。

三、高等教育三全育人理念——三全育人是路径

习近平总书记指出，思想政治工作要贯穿教育教学全过程，实现这一目标，就要调动一切力量，推行三全育人，即实施全员育人、全程育人、全方位育人。

（一）高等教育三全育人理念的提出背景

我们党历来强调，思政工作是一个系统工程，需要齐抓共管。习近平总书记对思政工作的关注也从未放松，在他的指导下，党进一步明确了“三全育人”的内涵，并确立了坚持育人导向和问题导向的工作思路，并强调，要完善领导体制和工作机制，打造齐抓共管的良好工作态势，最终达到所有人员共同参与其中，形成思政工作大格局。

具体来看，高校三全育人理念包括五个层次的内容，一是党委的全面领导；二是坚持把思政工作放在首位；三是“大思政”的运行机制；四是占领课堂教学主阵地；五是工作方法的创新。①

“三全育人”理念是一个不断完善的过程。教育部“三全育人”综合改革工作的启动，充分体现了国家希望有效促进高校思政工作的决心，是对时代的响应。

（二）高校三全育人理念的内涵

“立德树人”是教育的根本任务，“三全育人”是实现途径。在广义上，“三全育人”的内涵并不局限于德育，而应该触及教学育人的每个环节；而狭义上，就仅仅是以德育为对象，从参与者、时间和空间三个角度对思政教育的开展机制进行探讨。

全员育人，即在高校范围内的所有工作人员都是育人的参与者，为了共同的育人目标，在自己的本职工作中，对学生进行教育。如：教师在上课过程中，通过传授知识对学生进行德育教育，学校的管理人员在为学生办事时或设计学生管理流程时考虑德育因素，学校的后勤工作人员在为学生提供服务的时候融入德育教育等。

① 岳修峰主编. 普通高等学校“三全育人”研究 [M]. 北京：社会科学文献出版社，2018：01–05.

全过程育人，即育人的时间范围，就是说要把德育融入学生读书期间的每个时间段。让学生从进入学校到毕业离开学校，都能受到符合所在成长阶段成长规律的德育教育。而思政工作者也需要把握学生的成长规律，有针对性地结合学生不同阶段特点，把握工作重点，提高德育工作开展的精准性。

全方位育人，即育人的空间范围，强调德育工作要在多个场域下进行，应当将育人过程中各方面、各环节有效衔接，拓宽德育工作开展的渠道。润物无声地将思政教育沉浸到学生学习生活的每个场域，不论是在教学环节，还是学生自我学习实践的环节，又或是在家庭、宿舍的生活环节，寓教于事，春风化雨，进而促进大学生成长成才。

德育工作是一项系统工程，需要教育领域的多方参与，形成合力。也就是需要把学校、家庭、社会紧密相连，有统一的领导，部门协同，共同打造工作开展机制，构建大思政格局。从德育工作的全局着眼，充分调动一切力量，最终实现从“思政课程”向“课程思政”的变革，形成德育工作新格局。

（三）高校三全育人理念实践探索

近年来，在党和国家的指导下，各大高校和专家、学者积极探索，其中比较有代表性的是岳修峰教授将大学生活分为入学时期、在读时期、毕业季三个阶段，然后根据这三个阶段学生的成长特点、存在的问题，提出有针对性的育人对策。①

1. 入学教育阶段

初入大学的学生往往存在期望过高引起失落心理、目标缺失、学习动力不足、生活不适应等特点，存在多元化的理想信念、价值取向功利化的主要问题。针对这一时期，应该利用好军训进行思想政治教育，开展形式多样的入学教育。具体来说比如在军训中培养学生吃苦耐劳、艰苦奋斗的精神，通过心理健康讲座、专业发展讲座、新生联谊晚会等活动帮助学生尽快了解和适应大学生活等。

2. 在读教育阶段

经过大一阶段的适应后，大学生对学校有了一定的了解，这一阶段的学生

① 岳修峰主编. 普通高等学校“三全育人”研究[M]. 北京：社会科学文献出版社，2018：156–183.

特点是有强烈的政治热情但缺乏辨别是非的能力、有远大理想但过分追求个人价值、对新事物产生好奇心理但困惑较多、积极参与竞争但存在投机取巧心理等。针对这一时期的特点，育人工作开展对策有以下几个方面：一是要拓展思想政治教育的内容，与时俱进，体现时代特点，加强人文教育，注重人的全面发展，结合大学生的实际需求；二是要显性教育与隐形教育相结合，既要直接给予学生道理，又要通过树立榜样，开展德育教育类的实践活动，在奖助评等过程中让同学体验到德育的精粹，让道理遇到学生后有一个内化于心的过程；三是要创新思政教育方法，传统的灌输式、说教式的教育方式已经不能满足和适应在信息时代成长起来的学生需求，这就给高校的思政教育提出了新的挑战，怎样用学生乐于且愿意接受的方式讲好思政课；四是要传承人文精神，应对功利主义挑战，我国发展需要的人才，对科学技术知识的掌握只是必要条件，但如果缺乏了对人文的基本关怀是无法做到报效祖国服务人民的，甚至无法做到尊重自己真实的发展需要；五是要传递核心价值观，应对多元化价值冲击，学生的思想是高校思政教育争夺的主要阵地，信息的爆炸发展为学生获取知识带来便利的同时，也带来了不良的思潮，社会主义核心价值观是经过我国历史积淀留给中国人的精神财富，也是让我们民族得以存续的精神力量，核心价值观的教育是我们德育工作开展的核心内容；六是加强高素质的高校思想政治教育队伍建设，育人者，传道立身，方能言传身教，让学生奉其教，听其言，信其道。

3. 离校教育阶段

毕业季学生多存在情绪不稳定但思想趋于成熟、学生外出实习管理难度增大、就业压力大感到迷茫等特点，育人工作普遍存在的问题有：有较强进取心和对成功的渴望但理想信念动摇及道德观念淡化；小事就容易造成心理情绪的波动；关注自我价值的实现，但缺乏足够的责任意识和纪律观念等。针对这一阶段的育人工作要注重理想信念教育隐形化；就业指导与思想教育结合；多形式开展职业道德教育；充分利用网络进行心理健康教育；利用毕业生离校活动开展情感教育。

四、当代大学生的时代责任

当代大学生生长在“两个一百年”的历史交汇期，肩负着实现中华民族伟大复兴的时代重任，是祖国的未来，即将奔赴祖国发展建设的各个领域。青年人要立大志、明大德、成大才、担大任。习近平总书记历来十分关心青年人的发展，他在庆祝中国共产党成立100周年大会上强调，新时代的中国青年要有志气、有骨气、有底气。

（一）当代大学生承担时代责任意义

2017年10月，习近平总书记在党的十九大报告中指出："青年一代有理想、有本领、有担当，国家就有前途，民族就有希望。"[①]2019年5月，他在纪念五四运动100周年的大会上深入阐释了青年人对时代的意义："青年是整个社会力量中最积极、最有生气的力量，国家的希望在青年，民族的未来在青年。新时代中国青年处在中华民族发展的最好时期，既面临着难得的建功立业的人生际遇，也面临着'天将降大任于斯人'的时代使命。新时代中国青年要继续发扬五四精神，以实现中华民族伟大复兴为己任，不辜负党的期望、人民期待、民族重托，不辜负我们这个伟大时代。"[②]2021年4月，他在清华大学考察时再次强调："广大青年要肩负历史使命，坚定前进信心，立大志、明大德、成大才、担大任，努力成为堪当民族复兴重任的时代新人，让青春在为祖国、为民族、为人民、为人类的不懈奋斗中绽放绚丽之花。"[③]

习近平总书记对广大的青年人寄予厚望，明确了一个社会、一个国家青年人的历史使命和前进道路，同时，这也是与青年人自身全面发展的内在要求相统一的，青年人的全面发展是必须在所处的时代语境下才能得到充分实现的。

当代青年人正处在"两个一百年"的历史交汇期，也处于"百年未有之大变局"之中，把自身置于时代的洪流，把个人的青春梦置于祖国的"中国梦"之中，就是这个时代赋予青年人的责任和使命。习近平总书记指出："中国梦是历史的、现实的，也是未来的；是我们这一代的，更是青年一代的。中华民族伟大

① 习近平．决胜全面建成小康社会　夺取新时代中国特色社会主义伟大胜利——在中国共产党第十九次全国代表大会上的报告[EB/OL]．（2017-10-27）[2021-08-04]．新华网．http://www.xinhuanet.com/2017-10/27/c_1121867529.htm.

② 习近平．在纪念五四运动100周年大会上的讲话[N]．人民日报，2019-05-01（2）．

③ 黄敬文，鞠鹏．习近平在清华大学考察时强调：坚持中国特色世界一流大学建设目标方向　为服务国家富强民族复兴人民幸福贡献力量[N]．人民日报，2020-04-20（1）．

复兴的中国梦终将在一代代青年的接力奋斗中变为现实。”① 总书记对广大青年提出了殷殷嘱托，他在中国共产党成立100周年的大会上，恳切地对青年人说：“未来属于青年，希望寄予青年。一百年前，一群新青年高举马克思主义思想火炬，在风雨如晦的中国苦苦探寻民族复兴的前途。”② 而在一百年后的今天，中国经历了艰难困苦但站了起来，未来的中国更要实现民族的复兴，让人民更好地在这片土地上安居乐业，幸福生活，而这个目标是需要当代的青年人来实现和奋斗的，踏着先辈们摸索出来的正确道路，坚定而又充满力量地前行，方能不负时代，不负韶华，不负党和人民的殷切期望。

（二）当代大学生时代责任的内涵

生活在每一个时代的青年，在具体的时代背景下，都有着与这个时代相匹配的责任与使命，也有他所承担的特定责任内涵。在新时代“两个一百年”和“中国梦”的历史背景下，青年们要深刻认识、理解和把握自身所面临的时代际遇，看清肩上的历史责任，让自己的青春在新时期绚丽地怒放。

1．树立远大理想，坚定自身信念的责任

理想可以指引人生前进的方向，信念是前进中的力量。青年人的理想信念与国家的未来紧密相关。大学生在读书期间要树立远大理想，立志投身国家和民族的发展，在时代中勇于奋进，敢于开拓，乐于奉献。而只有远大理想还是不够的，在奔赴理想的道路上需要坚定的信念，才能不偏航，不退缩，才能让自己度过众多艰难险阻。

2．崇德修身践行社会主义核心价值观的责任

习近平总书记指出，精神上的强大才是真正的强大、持久的强大。而青年人的道德水平决定了民族的文明情况。因此，大学生要自觉践行社会主义核心价值观，不断养成高尚品格，明大德、守公德、严私德。在世界变局中，有正确的是非观；在美好生活中，饮水思源。当代大学生应在成长和奋斗中锤炼自身品格，做凝聚和引领社会良好风气的先行者。

---

① 习近平．决胜全面建成小康社会　夺取新时代中国特色社会主义伟大胜利——在中国共产党第十九次全国代表大会上的报告[EB/OL].（2017-10-27）[2021-08-04]．新华网．http://www.xinhuanet.com/2017-10/27/c_1121867529.htm.

② 习近平．在庆祝中国共产党成立100周年大会上的讲话[N]．人民日报，2021-07-02（2）.

3．练就过硬本领，勇于实践创新的责任

过硬的本领是建设祖国的必要素质，大学生的本职工作是读书学习知识，在成长阶段上也正处于学习的黄金时期。习近平总书记指出，这个时期要把学习作为一种责任，并慢慢培养成一种生活方式，让学习最终成为人生永恒的主题。学习知识的同时，还要善于思考，关注创新能力的培养。大学生思维活跃开放，是最具有创造性潜力的群体之一，因此在大学学习过程中，一方面要勤思敏学，扎实专业知识，练就过硬本领，另一方面还需要有意识地培养自身创新思维，成为创新的主力军和践行者。

4．所学知识服务于国家、社会、人民的责任

习近平总书记强调勤于学习，并不是只专攻自身专业，还要博览群书，关怀世情，并在其中学会担当。比如通过积极参与志愿服务、开展创新创业实践，关注社会热点、帮助贫困地区的人们和弱势群体，领悟自己学了知识是为了什么，把握国家、社会、人民需要什么。面对2020年初爆发的新冠肺炎，广大青年一代勇担责任，奔赴前线，与病毒殊死搏斗，他们的表现让世界看到了中国的未来。总书记说，英雄从平凡人中诞生，这些在国家危难之中挺身而出的平凡青年人，就是中华民族的希望。

（三）当代大学生对时代责任的承担

大学生的时代责任和历史使命已经非常明确，为什么要承担的问题也很清晰，那如何承担，如何践行时代赋予大学生的责任呢？以下从三个方面来进行讨论。

1．坚定社会主义理想信念是思想基础

“中国梦”是中国在新的历史境遇下提出的奋斗目标，是中华民族符合自身发展自主自觉的梦，因此，只有通过走符合中国国情的社会主义道路，才能推动梦想的实现，这是中国梦的底色决定的。同时，实现中国梦也一定是在中国特色社会主义理论指导下的实践过程。因此，大学生作为实现中国梦的践行者，在思想认识、态度、观念上，要坚定社会主义理想信念，这是能够承担社会主义新时期语境下时代责任的思想基础。

2．坚持将个人“青年梦”与国家、民族“中国梦”有机统一是方向选择

大学生所处的人生阶段，正是对自己生活、工作抱有诸多期待的时期，对

自己的未来充满憧憬，他们的每个选择也关乎个人的前途命运，他们有自己的理想追求，这是个人的“青年梦”。每个大学生的“青年梦”集合起来，是推动国家、民族“中国梦”实现的基础和动力。同时，人的社会性决定了，大学生个人的“青年梦”也是不能脱离国家、民族的“中国梦”独立存在的。只有认识到，个人的“青年梦”要以国家、民族的“中国梦”作为根本追求和行动目标时，才是有意义的。大学生要承担起自己的时代责任，必须要胸怀大志，正确处理“青年梦”与“中国梦”的辩证关系，找准自身方向才能更好地释放出青春的力量。

3. 把握梦想实现的逻辑层次是有效途径

梦想实现是有其内在的逻辑层次的，从敢于有梦到勇于追梦，最后到善于圆梦是一个接连发生的过程，顺序是不能改变的。一个人有了远大的梦想，这是一个自我意识深刻觉醒的过程，经过了这个过程，他明确地了解到自己要去做什么、为什么要去做、希望能够从中得到什么。只有想清楚了这一系列的问题，一个人才会有持续的动力完成后续的勇于追梦。梦想实现的第二个层次是勇于追梦，也就是通过个人的努力、付出的过程，是把梦想具象为每个行动的过程。这个过程大学生是通过坚定的理想信念抵御不良影响，通过勤奋地学习知识、增长本领、创新创造获取圆梦的资源的。而圆梦对于大学生来说，不仅是个人“青年梦”的实现，更应该是“青年梦”向国家、民族“中国梦”的动态转化，只有通过履行青年的责任担当，推动国家梦、民族梦的实现才是真正意义上的圆梦。因此，梦想实现的三个逻辑层次是大学生承担时代责任的有效途径。

（四）对当代大学生的基本要求

习近平总书记先后在2018年全国教育大会和2021年庆祝中国共产党成立100周年大会上强调“六个下功夫”和“三个有”，指明了高校培养社会主义建设者和接班人的方向，也是对当代青年人提出的基本要求。

1. “六个下功夫”

2018年9月，习近平总书记在全国教育大会上要求各级各类教育要从以下六个方面下功夫：一是要在坚定理想信念上下功夫，培养可以担当民主复兴大任的青年人，筑牢理想信念这一精神之基最为重要；二是要在厚植爱国主义情怀上下功夫，广大青年热爱祖国，把自身理想与民族的前途命运联系起来，爱国是立大志的基础；三是要在加强品德修养上下功夫，要在大事上明大节也要在小事上守小节，修好品德，践行核心价值观；四是要在增长知识见识上下功夫，把学习放在首位，扎实学识，追求真知；五是要在培养奋斗精神上下功夫，当代的青年人生长在物质生活丰富的环境中，从小不愁吃穿，没有经历过前辈们的艰难岁月，特别需要锻造韧性，练就意志，培养责任感和艰苦奋斗的精神；六是要在增强综合素质上下功夫，高校教育要“五育并举”，培养学生综合能力，重视体育、美育、劳育，健康是基础，美是滋养人生保持孜孜不倦的力量源泉，劳动教育锻造人的意志。①

2. “三个有”

习近平总书记殷殷嘱托青年人“未来属于青年，希望寄予青年”，要有志气、有骨气、有底气。②可以说“三个有”是时代的呼唤，实现中国强起来的精神脊梁。面对风云诡谲的国际形势，在百年未有之大变局中，实现中华民族伟大复兴，需要青年人有大的志气，为世界和全人类做贡献的大志气；需要青年人有刚强不屈的骨气，在复杂多变的时局中坚持追求理想；需要青年人有硬起来的底气，依靠自己的硬实力，不惧诋毁与打压，坚持自己的道路不动摇。

五、高校教师的基本要求

习近平总书记系统回答了新时代需要什么样的教师队伍。他告诉广大教师要“学为人师，行为世范”，③要做“四有好老师”，同时，他还特别对思政课教师提出了殷切希望。

（一）“四有好老师”

2014 年教师节前夕，习近平总书记在同北京师范大学师生代表座谈时，提

① 习近平在全国教育大会上强调：坚持中国特色社会主义教育发展道路　培养德智体美劳全面发展的社会主义建设者和接班人 [N]. 人民日报，2018-09-11（01）.

② 习近平. 习近平总书记在庆祝中国共产党成立 100 周年大会上的讲话 [EB/OL].（2021-07-02）[2021-08-02]. 央视网. http:/news.cctv.com/2021/07/02/ARTI7lVnsytnW2zABU75iRyE210702.shtml.

③ 习近平. 习近平回信勉励全国高校黄大年式教师团队代表 [EB/OL].（2021-09-09）[2021-09-11]. 青年网. http://www.news.cn/politics/leaders/2021-09/09/c_1127843785.htm.

出“四有好老师”的概念。

一是有理想信念，有理想信念是好老师的首要标准，一名优秀的教师应该是“传道”“授业”“解惑”于一身的，只有梦想才能点燃梦想，理想才能呼唤理想，让理想信念在言传身教中传承。

二是有道德情操，学生对教师的学习是通过听其言、观其行实现的，因此教师应该不断提高自身道德修养、人格品质，成为学生的榜样。

三是有扎实学识，教师只有学识渊博、视野开阔才能在教学中游刃有余地应对学生提出的问题，给学生“解惑”，这是“传道”的基础条件。随着科学技术的日新月异，知识的更新速度越来越快，旧的知识面对新的国内、国际环境也有了不同的内涵,教师需要始终站在知识的前沿,帮助学生适应未来的发展。同时，教师也要有创新精神，尤其是高校教师，高校教师是最具代表性的新知识的生产者，要有改革创新的首创精神，丰富教育教学内容和资源，培养学生的创新意识，在实践中培养学生思辨能力，帮助学生成长成才。

四是有仁爱之心，教育是一项有温度的事业，学生在严爱相济的教育下，更容易“亲其师”“奉其教”“信其道”。而爱是教师在三尺讲台默默奉献支持的力量，是教师坚守教育事业的力量，有了爱才会有责任。爱也会让教师在教学中更能理解和尊重学生。教师所面对的学生是各种各样的，性格、脾气、兴趣、家庭情况、学习能力都不相同，教师要保持一颗平等之心对待每一个学生，尤其是面对有性格缺陷、学习困难、家庭经济情况不好等情况的学生时，更应该付出多一些的耐心和帮助。①

（二）思想政治教师的素养

2020 年教师节前夕，习近平总书记在求是网上发表重要文章《思政课是落实立德树人根本任务的关键课程》对思想政治教师的素养提出六点要求。

一是政治要强，教师自己要有坚定的信仰，良好的政治素养，才能在授课过程中有底气，能够灵活讲授知识，让知识真正进入学生头脑，懂得道理，相信并且使用。教师也要有政治的敏感性，在大是大非面前摆正立场保持警醒。

① 习近平与北师大师生座谈 提出“四有”好教师标准 [EB/OL].（2014-09-10）[2021-08-04]. 人民网. http://politics.people.com.cn/n/2014/0910/c70731-25631746.html

二是情怀要深，只有真感情才能打动学生，引导学生。教师的真感情是来源自身的家国情怀和对世事的洞察。在授课过程中把自己对国家与亲人的爱，对教育职业的爱和对学生的关爱有机融合，心中时刻有学生，让思政课变得有温度。

三是思维要新，思政课尤其不能只灌输知识，必须让学生在上课的过程中有自我的体验，同时也要引领学生进行思辨，不要怕分歧，在出现分歧时直面讨论，引导学生正面思考，更容易让学生认清国家发展过程中的复杂性和艰巨性，帮助学生坚定对社会主义的信心。

四是视野要广，教师要广泛学习其他学科的知识，打开视野。善于利用国内外的历史事件作为授课素材，在比较中为学生解惑，引导学生客观认清国情、世情。能够在漫漫世界人类发展历史中提取素材并讲明道理。

五是自律要严，教师主掌课堂的主导权，要以弘扬主旋律，宣传正能量为己任，严守职业纪律，遇到矛盾同样也要敢于直面，引导学生正确理解，只要坚持了正确的政治方向，履行教师传道授业解惑之责，政治是不会出问题的。

六是人格要正，教师的人格魅力决定了对学生对教学过程的热情。教师要恪守正道，用学识的魅力，思想的境界，语言的魅力，感染学生，赢得学生。严于律己，修身养性，让学识和品性上都可以成为学生的表率，成为学生喜爱、尊敬的人。①

① 习近平．思政课是落实立德树人根本任务的关键课程 [EB/OL]．（2020–08–31）[2021–08–04]．求是网．http://www.qstheory.cn/dukan/qs/2020–08/31/c_1126430247.htm.

第二章　新时代大学生思想政治教育概要*

新时代大学生思想政治教育的基本理论中涉及大学生思想政治教育内涵、特点、价值等内容。通过对新时代大学生思想政治教育的基本理论的剖析，从学理层次认识和解读大学生思想政治教育，引领大学生思想政治教育的实践工作。

第一节　大学生思想政治教育的内涵

一、大学生思想政治教育的含义

在当前时代发展环境不断变化的前提下，如何理解大学生思想政治教育的首要问题就是要从基础的概念出发，分析其基本的内涵。同时还要加深对基本目标、主要内容以及如何实现的途径等方面的理解。

（一）思想政治教育与大学生思想政治教育

思想政治教育的范畴与大学生思想政治教育的范畴有不同的界定，思想政治教育的含义大于大学生思想政治教育的应有之意。大学生思想政治教育针对特定的大学生群体，具有更为明确的主体对象。

1. 思想政治教育概念的界定

从现有的研究成果来看，张耀灿对“思想政治教育”所做出的解释和界定

---

* 本章编者简介：陈玮琦，女，讲师，法学硕士，西南政法大学经济学院团委书记、本科生辅导员、学生党支部书记，研究方向为马克思主义理论与思想政治教育，主研、参研思政、教改等课题多项；杨化，女，法学博士，副教授，硕士生导师，西南政法大学经济学院党委副书记、辅导员教研中心研究人员，研究方向为思想政治教育基础理论与人的全面发展。先后主持国家级、省部级科研项目6项，出版专著1部，发表核心期刊论文10余篇。

得到理论界的普遍认同。思想政治教育是指一定的阶级、政党、社会群体遵循人们思想品德所形成发展的规律，用一定的思想观念、政治观点、道德规范，对其成员施加的有目的、有计划、有组织的影响，并使其形成符合一定社会、一定阶级所需要的思想品德的社会实践活动。① 这一论述为学者们提供了重要的学术参考和研究方向。

本章通过整合众多学者的观点，结合时代的发展特征，提炼和升华不同学者观点中的核心点和共通点，既要突显政治教育的重要性，也应达到内化于心的效果，从而才能有效扩充这个富含历史性和时代性的概念的内容。思想政治教育是指一定的阶级、政党、社会群体为达到自己的政治目的，受社会政治、社会经济、社会文化的制约和影响，在遵循人们思想品德形成发展规律的同时，通过一定的基础性、主导性和拓展性内容的思想对其所有社会成员施加有目的、有计划、有组织的意识形态影响，实现以政治教育为主导，兼具思想观念、政治观点、道德规范、心理综合教育等，使其接受并内化的一种社会实践活动。思想政治教育，从实质上讲就是对个体实际需要和社会发展需求的满足，它以人为主要载体和实践对象，分层、分阶段进行有目标、有计划的实现满足人的各种需要的教育实践活动。

2. 大学生思想政治教育

大学生思想政治教育就是以大学生为主体开展的教育实践活动，有特定的主体对象、要素内涵和方法路径。这个概念的关键词是大学生和思想政治教育，二者综合为一个独特的教育实践。大学生又主要是以高等院校的学生为特定的教育主体和教育对象。这一群体个体意识发展阶段中处于青年初期水平，有这个阶段独特的个体思想特点、情感特点、行为特点，在教育过程中必须遵循相应的规律。同时还要结合当前国家和政党人才培养的需求，以立德树人为中心任务。大学生思想政治教育的目标就是要培养社会主义的建设者和接班人，要学习党史、新中国史、改革开放史、社会主义发展史，要提升道德修养和综合素质。可以说，大学生思想政治教育是指，高校以马克思主义理论为指导，根据社会发展需求和自身发展需要，在适应社会发展脚步、满足社会发展需求、获取社会发展反馈的过程中，通过理论学习和实践锻炼等多种方法，让大学生

① 张耀灿等．现代思想政治教育学 [M]．北京：人民出版社，2006：50.

学习、理解、接受、内化、实践党的路线方针政策，保证思想政治教育的延续性和有效性。

思想政治理论课和日常思想政治教育是主阵地和主渠道。主阵地是课堂，有思政课程和课程思政，在课堂上无论是思想政治理论课教师、哲学社会科学教师还是其他课程教师都应当通过课堂教授党的理论、传递正能量。从而从思想上引领学生形成正确的世界观、人生观和价值观，自觉抵制错误思潮。主渠道是日常思想政治教育，包括辅导员工作、学生党团活动、第二课堂活动等，实现思想政治教育全过程的全覆盖，在空间上包括校内外的场所，在时间上包括课堂内外的时间。大学生接受的思想引领是一致的，没有出现消解和消耗，让教育能够持续发挥作用。

目前，马克思主义信仰火种已经在中国大地生根发芽，中国正朝着第二个目标奋进。面对两个伟大变局，面对高速发展的列车，坚持党的领导是核心保证，高校始终坚持社会主义办学方针，擦亮鲜明的底色，应当始终坚定不移地以马克思主义为指导，至死不渝地以发展马克思主义为己任。培养有志气有骨气有底气的新时代青年，让青年成为中华民族伟大复兴事业的继承人。在此前提下，青年大学生从最初的感知表象逐渐过渡到理解本质，青年大学生正确理解和感悟真学真懂真信，进而在认知的层面上逐渐形成和保持一致，认识“成为什么人”的问题，在身心认同的基础上继而接受用唯物主义辩证法思考问题、解决问题，最终从被动接受转化成自己内心的信仰，并用行动践行理论。

（二）大学生思想政治教育的内涵

目标是导向和引领，有了目标才能让工作具有明确的方向，指导具体的行动。大学生思想政治教育的目标就是解决“为谁培养人，培养什么人，怎样培养人”的问题，厘清这一问题指导教育实践，为党育人、为国育才。

1．新时代大学生思想政治教育的基本目标

2017 年中共中央、国务院颁布的《关于加强和改进新形势下高校思想政治工作的意见》，明确提出了新时期大学生思想政治教育工作目标的内涵，即全面贯彻党的教育方针，坚持社会主义办学方向，以立德树人为根本，以理想信念教育为核心，以社会主义核心价值观为引领，“为实现‘两个一百年’奋斗目标、实现中华民族伟大复兴的中国梦，培养又红又专、德才兼备、全面发展的中国特色社会主义合格建设者和可靠接班人”[①]。

高等教育坚持的原则是保持社会主义办学的方向，全面落实人才培养坚持党的领导，不能有丝毫的懈怠和变通。在大船行驶过程中不能偏航、不能抛锚，遇到狂风暴雨保持清醒的定力和良好的工作方法，闯过风雨就会迎接目标的实现。根本是立德树人，十年树木百年树人，通过思想政治教育让党的理论方针政策路线得到广大青年的认可和拥护，让青年树立崇高的理想，在政治观点、道德要求等方面都能适应社会发展的需求，并为社会发展做出自己应有的贡献。每一代人都有自己的使命和责任，新时代青年就是中华民族伟大复兴的重要力量，青年强则国强。

2. 新时代大学生思想政治教育的主要平台和实现路径

大学生思想政治教育活动的开展有丰富的平台，思政课程、课程思政、哲学社会科学课程、社团活动等，构建了系统、整合、完善的教育体系，提供思想政治教育的理论灌输与实践引导。

（1）新时代大学生思想政治理论教育的主要平台

新时代大学生思想政治理论教育的核心要点在于落实思想理论教育和完成价值引领，它的主要内容及实现途径主要体现在以下四个方面：

思想政治理论课的主渠道。高校思想政治理论课是大学生在校接受教育过程中的必修课程，是高校思政老师一直在不断探索和追求的事业。通过小课堂讲出大道理，用中国共产党百年历史和伟大的实践感染学生，用先进典型事例打动学生和激发学生。如 2021 年“七一勋章”的获得者，《谁是最可爱的人》原型之一柴云振；解放战争时期支前英模的杰出代表，闻名全国的“渡江英雄”马毛姐；战功赫赫的百战老兵，出生入死、英勇杀敌，离休后倾心传播红色革命基因的王占山；荣获“抗美援朝一级战士荣誉勋章”、永葆革命本色的战斗功臣孙景坤；首次提出“回收卫星”概念，为“两弹一星”工程及航天重大工程建设做出卓越贡献的陆元九等，他们的事迹都是最生动的教科书。持续推动高校思想政治理论课建设体系创新，进一步建设教师队伍，提升教师综合素质，优化创新教学的方式方法，优化课程设置，提高思政课堂的影响力，让大学生

---

① 中共中央，国务院．中共中央国务院印发《关于加强和改进新形势下高校思想政治工作的意见》[N]．光明日报，2017-02-28（1）．

在课堂上抬头听讲、低头做笔记，用丰富的形式串起厚重的理论。

开展形势政策教育。通过课堂学习和贯彻落实习近平总书记最新讲话精神，紧密结合国际国内形势变化深度解读世情国情党情，有理有据有效地回应学生关注的热点问题、难点问题，在双向对话中完成教育目标。及时、准确、深入地推动习近平新时代中国特色社会主义思想走进教材、走进课堂、走进学生头脑，帮助大学生正确认识国际国内形势，引导大学生准确理解政治理论创新的最新成果、新时代坚持和发展中国特色社会主义的伟大实践，牢固树立“四个意识”，还要把坚定“四个自信”贯穿思政课教学的全过程，培养学生的时代使命感、引导学生树立远大理想，使学生能够成为担当中华民族复兴大任的时代新人。

发挥哲学社会科学的优势。哲学社会科学大部分学科具有鲜明的意识形态属性，各学科都要结合学科特点，深入挖掘党史、新中国史、改革开放史、社会主义发展史等内容，实现有机融合。其次在教学过程中应该充分贯彻落实习近平新时代中国特色社会主义思想，推进习近平新时代中国特色社会主义思想进课程进教材，不断丰富学习内容，增强可行性与可学性。然后还要发扬理论联系实际的精神，围绕大学生普遍关注的国家社会重大问题、自身发展的具体问题，在真问题上实现理论与实践的双重互动，帮助大学生构建科学的理论基础、坚定正确的政治方向、形成并强化观察和思辨的能力，引导学生在学思践悟中坚定理想信念，在奋发有为中践行初心使命，不断增强历史定力、锤炼历史思维。

创新课程思政。各学科的专业课程围绕自身特点与习近平新时代中国特色社会主义思想的相关内容有效衔接与有机融合。专业课程中的许多问题是可以和中国发展、中国共产党的历程等内容有机结合的。以经济学类课程为例，中国近代经济发展，尤其是社会主义建设、改革开放、全面建成小康社会，就是一部非常厚重的经济发展史，理论与实践紧密结合的经济实践史。讲透计划经济到市场经济的过渡，政治与经济的关系等问题，就能够让广大青年看到百年来中国经济发展离不开中国共产党的坚强领导。课程思政的创新通过教学目标、内容大纲、案例设计等让专业课润物细无声，同心同向培养人。

（2）新时代大学生日常思想政治教育的主要实现途径

随着时代社会的发展需求和大学生自身发展成长的需要不断扩大，大学生思想政治教育实现途径主要体现在以下四个方面：

加强理想信念教育，教育引导学生全面系统地学习马克思列宁主义、毛泽东思想、“三个代表”重要思想、科学发展观、习近平新时代中国特色社会主义思想。通过学习原著、原理，回到原点，认识理论产生的时代背景、现实意义。用科学的理论武装头脑，去引领实践。大学生要增强做中国人的志气、骨气、底气，不负时代、不负韶华、不负党和国家的殷切希望，才能成长为担当民族复兴大任的时代新人。

加强国家安全教育、国家意识教育，加强民族团结进步教育、社会责任意识教育，加强法治意识教育、国家科学精神教育，以诚信教育为基础和根本，加强广大青年学生社会公德、家庭美德、个人品德、职业道德教育。认识到两个伟大变局，世界除了和平也存在局部的战争，意识形态领域的斗争从未结束，外部环境、内部环境都面临挑战。引导广大青年学生增强“四个意识”、坚定“四个自信”。

弘扬中华优秀传统文化。中华文明源远流长，中华民族有许多千年来形成的优秀品质，尤其是近代以来中华民族面对列强的侵略，中国共产党引领中国人民在探索新的道路上形成了许多伟大精神。以伟大建党精神统领的精神谱系是最好的教育资源。利用我国重大历史事件纪念活动、爱国主义教育基地、改革发展的伟大成就、国家公祭仪式等鲜活文化载体来组织开展主题教育，使学生更能感同身受、身体力行。

党团建设及活动开展。党支部是最基层的党组织，是党的战斗堡垒。通过党员的学习活动、主题活动等，入党积极分子、预备党员能够对党组织产生归属感、认同感。各学生组织开展活动也是进行思想政治教育延伸的重要渠道，通过贴近大学生的实际需求，用创新的方式开展活动。如网络思想政治教育活动中，共青团中央在哔哩哔哩网有 828 万粉丝，获赞 1.5 亿次，播放量 15.5 亿次，阅读数 1680.9 万次。哔哩哔哩网是中国年轻人的网络聚集地，具有学习、娱乐等一系列功能，深受年轻人的青睐。

二、大学生思想政治教育的特点

在具体的大学生思想政治教育工作中，将大学生群体的特有性作为工作的起点，全面遵循教育规律，准确设置最高目标、中级目标和基本目标，从而保证工作的实效性和有效性。

1．时代性与民族性相结合

时代精神和民族精神皆是大学生思想政治教育的重要内容，而时代性与民族性的结合也是其首要的特点。时代性是当下的国际国内社会发展情况的具体体现，民族性是民族精神的赓续，具有民族发展历程中独特的基因密码。首先，大学生思想政治教育活动始终与时代发展保持着紧密联系。当今时代飞速发展，各类新事物不断涌现，当下的大学生们自信、好强、好奇、好动手，他们拥有充分的动机和浓厚的兴趣去面对处于雏形的新事物或已然发展的新事物，并且对新事物抱以足够的容纳度。在新的历史时期，2021 年 7 月 1 日，中国共产党成立 100 周年庆祝大会上，习近平总书记庄严宣告，“我们实现了第一个百年奋斗目标，在中华大地上全面建成了小康社会，历史性地解决了绝对贫困问题，正在意气风发向着全面建成社会主义现代化强国的第二个百年奋斗目标迈进。”① 这就是我们当前最大的时代特点，中国社会主要矛盾已经发生转变，社会物质条件不断丰富，精神文明建设也在进一步发展过程中。同时国际形势中仍存在不稳定的因素，意识形态领域斗争仍然相当激烈。物质发展过程中，新时代青年的思想特点、价值观念等都有变化，呈现出新的时代特点。马克思主义中国化的进程也就是将马克思主义根植于中国的优秀文化之中并不断融合、发展和创新的过程。中国民族几千年来沉淀的优秀品质和基因密码在新的时代仍然显现出生命力。中华民族共同体的民族性在新的历史时期仍然是追求中华民族伟大复兴的精神内核。以 2021 年 9 月 1 日开学第一课为例，三代人守护祖国边疆的壮美故事就是一种民族精神的传承，历代中国航天人追求飞天梦想从无到有的不懈追求都是民族精神最好的例证。

2．综合性与生动性相结合

思想政治教育教育是一个系统活动，包含着大中小学教育活动的衔接，以及社会思想政治工作。而大学生思想政治教育同样具有场域性、内容性的整合，并非一个独立的活动，而是综合性的系统工程。大学生是一个特殊的学生群体，从低年级到高年级处于不同成长阶段的大学生都有大大小小、不尽相同的发展需求和成长需要，如低年级时有选择专业、恋爱交往的困扰等诸多问题，而在

① 习近平．在庆祝中国共产党成立 100 周年大会上的讲话 [EB/OL]．（2021-07-01）[2021-08-12]．中国政府网．www.gov.cn/xinwen/2021-07/15/content_5625254.htm．

高年级时则对就业升学、未来发展等有着不同程度的困惑，这些具体的看似微不足道的日常问题实际上都会影响学生们当下或未来的发展。这些问题普遍存在且具有一定的共通性，但对不同学生而言这些问题的侧重点可能并不相同，比如学生之间存在着个体差异性、专业的不一致性、性格类型不同等千差万别，呈现出共性与个性、普遍性与特殊性的关系。大学生思想政治教育工作就是要从学生的具体实际出发，根据学生的具体需求，以学生的终身发展为落脚点，针对性地解决各种学生关心的实际问题，只有具体的生动的教育形式和教育实践活动才能让学生真正拥有获得感和满足感，也只有这样，思想政治教育的价值才能真正得以实现。

生动性是思想政治教育活动贴近学生实际产生的情感共鸣，贴合新的事实、新的情况、新时代的青年。2018 年是“00 后”学生普遍进入高校学习的第一年，这些出生在 21 世纪、成长在 21 世纪的大学生们在思想上、行为特点上有别于“80 后”“90 后”，他们朝气蓬勃、开放自信，与网络世界深层次接触，知识面宽广、思维活跃、敢于尝试未知领域和新鲜事物，具有较强的正义感，但也存在自我为中心、眼高手低的现象，抗挫折能力弱。同时，他们的价值观还处于雏形或待成熟的发展过程中，心智尚未成熟，对社会事件、网络信息的甄别能力还有待提高，对典型事件较为敏感，敢于发表自己的看法。面对纷繁复杂、思想文化多元的互联网世界，“00 后”大学生更容易受到网络社交平台各种新闻事件、各类信息的影响，这给高校思想政治教育工作带来了新的任务和挑战。丰富多样的网络文化平台、网络社交平台、网络游戏使学生们的思维习惯、生活习惯、语言习惯更加个性化，他们渴望表现出成熟的特点，却又常常眼高手低、纸上谈兵。升入大学后，很多“00 后”大学生很难快速适应高校的学习生活节奏，得不到周围同学老师们的认可，无法找到高效的且适合自己的学习方式，生活自理自律较差，也不太能适应集体生活，进而依赖、沉迷于网络，逐渐与现实脱节。很多“00 后”大学生具有盲目自信的心理状态，喜欢冒险，企图通过尝试标新立异获得成就感，渴望被人关注和认同，但同时抗挫折能力较弱，由于成长过程中顺境远多于逆境，表扬多于责备，一旦遇到挫折就会茫然慌乱、束手无策，害怕被人冷落。在日常学习方面，由于个人思维经常被虚拟世界占据，一部分学生呈现出明显的趋避冲突的心态，因此对网络虚拟世界和现实学习生活两者分配的时间和精力就出现了较大的偏差，趋向网络虚拟世界而规避现实学习生活，从而造成主动学习动力不足，平均成绩下降，不及格率升高。这就要求新时代大学生思想政治教育活动既要生动有趣又得以理服人，既要重视课堂教学入脑入心又要有意识地引导大学生积极主动参与社会实践锻炼。显然，新时期下的思想政治教育更加微观、更加贴切日常、更加集中于学生本身，因而应当常态化地将思想政治教育贯穿于大学生学习、生活等各个方面，以更好地满足当下的发展需求以及学生的发展需要。

3. 历史性、现实性与理想性相结合

新时代大学生思想政治教育活动有历史性、现实性、理想性结合的特点。出于历史与现实的原因，大学生们缺乏社会经验、社会阅历较少、历史沉淀文化积累不足，但他们拥有青春年少的绝对优势，对自己所处社会的历史文化表现出浓厚的兴趣，并积极主动地去了解去践行，同时希冀自己能深深植根于民族文化之中、能为民族文化发展添砖加瓦。但是，他们也常会感到迷茫与困惑，对现实社会中出现的各种现象、社会新闻事件异常关注和敏感，想要去了解、探索和研究，也会经常提出各种问题、各类矛盾，希望得到权威的解答。因此，大学生思想政治教育必须紧密联系学生的思想、学习、生活等具体实际，及时为学生们答疑解惑，解除他们成长过程中的各类困扰，在工作中把解决思想困惑和生活实际相结合起来，指引他们顺利健康快乐地成长。另外，大学生朝气蓬勃、对未来抱有期待、对个人的未来发展有着憧憬，思想政治教育必须结合学生的具体实际，引导他们走往正确的方向和进行合理的价值选择，树立远大的理想信念并脚踏实地、刻苦肯干。大学生思想政治教育的历史性、现实性与理想性，是相互贯通、互相转化的。

习近平总书记曾指出全党要关心和爱护青年，因为青年是未来的人才，是历史重任的继承者。要让大学生思想政治教育在青年全面健康成长的过程中发挥极其重要的作用。对于“00后”的大学生，除了创新方法，继承理论的运用也非常有必要。思想政治教育随着时代的发展和学生情况的发展要不断做出调整，要做到实事求是、与时俱进，不断改革和创新，为新时代高校人才培养、国家综合实力不断提高、实现“第二个百年”目标、实现中华民族伟大复兴的中国梦贡献积极的力量。

第二节　大学生思想政治教育指导思想和基本原则

进入新时代以来，党中央高度重视思想政治工作，尤其是为新时代大学生的思想政治教育工作。开展大学生思想政治教育工作首先就要明确指导思想和基本原则，正确的指导思想和原则是准确回答新时代培养什么样的大学生、如何培养以及为谁培养的根本性问题，也是思想政治教育在实践中能够取得良好效果的前提条件。

一、大学生思想政治教育的指导思想

经过百年的发展历程，思想政治工作已经成为中国共产党的优良传统和政治优势，历届党的领导人给予了思想政治工作高度重视，特别是对大学生的思想政治工作。进入新时代，面临新的发展形势，高校思想政治工作已经成为一项复杂严峻的工程。这项工程不仅涉及了高校领导班子的交替，还影响着中国特色社会主义事业接班人培养的工作。

1. 坚持马克思列宁主义及其中国化成果

2004 年 10 月 14 日，中共中央、国务院发布《关于进一步加强和改进大学生思想政治教育的意见》，明确指出加强和改进大学生思想政治教育的指导思想为："坚持以马克思列宁主义、毛泽东思想、邓小平理论和"三个代表"重要思想为指导……培养德智体美全面发展的社会主义合格建设者和可靠接班人。"① 正是在这一正确指导思想的指引下，提出了加强和改进大学生思想政治教育的六大基本原则：一是教书与育人相结合；二是坚持教育与自我教育相结合；三是坚持政治理论教育与社会实践相结合；四是坚持解决思想问题与解决实际问题相结合；五是坚持教育与管理相结合；六是坚持优良传统与改进创新相结合。这些指导思想和基本原则提出至今已经有 17 年的时间，但并不意味着这些思想和原则已经过时，它们仍然在目前的大学生思想政治教育中发挥着重要指导作用。此后党中央和国务院多次就思想政治工作发表相关意见，这些意见大多是从宏观层面进行阐释，引导思想政治教育工作的发展。

① 中共中央，国务院．中共中央国务院发出《关于进一步加强和改进大学生思想政治教育的意见》[N]．光明日报，2004-10-15（1）．

2017 年 2 月 27 日，中共中央、国务院印发了《关于加强和改进新形势下高校思想政治工作的意见》（以下简称《意见》），《意见》对加强和改进高校思想政治工作的指导思想进行了全新的表述，即“高举中国特色社会主义伟大旗帜……培养又红又专、德才兼备、全面发展的中国特色社会主义合格建设者和可靠接班人。”[①]《意见》还同时阐述了加强和改进高校思想政治工作的五项基本原则：一是坚持党对高校的领导；二是坚持社会主义办学方向；三是坚持全员全过程全方位育人；四是坚持遵循教育规律、思想政治工作规律、学生成长规律；五是坚持改革创新。2017 年印发的《意见》中没有直接指向大学生思想政治教育，但我们仍然可以从 2004 年和 2017 年两版《意见》中有关指导思想和基本原则的表述和调整变化看出，党中央越来越重视高校的思想政治教育工作，高校思想政治教育的地位也随之不断提高，这些调整和变化也体现了党中央对高校思想政治教育工作要求的不断提高，这对高校思想政治教育和大学生思想政治教育来讲既是机遇也是挑战。

2. 坚持习近平新时代中国特色社会主义思想

2020 年 4 月 28 日，教育部等八部委发布的《关于加快高校思想政治工作体系建设的意见》明确提出了加快高校思想政治工作体系建设的指导思想是:“以习近平新时代中国特色社会主义思想为指导……全面提升高校思想政治工作质量。”[②] 在这里我们可以看出，2020 年发布的《意见》是对 2017 年《意见》的发展延续和补充配套，这显示了党中央对高校思想政治教育的重视程度。这些《意见》的发布不仅有助于我们在理论上进行研究，而且有助于我们在实际中开展工作，可以说为高校思想政治工作和大学生思想政治教育提供了正确的方向性指导以及切实的实践指引。

二、大学生思想政治教育的指导原则

作为高校思想政治教育的重要组成部分，大学生思想政治教育所遵循和坚

① 中共中央，国务院. 中共中央国务院发出《关于加强和改进新形势下高校思想政治工作的意见》[N]. 光明日报，2017-2-28（1）.

② 教育部等八部门关于加快构建高校思想政治工作体系的意见 [EB/OL].（2020-04-22）[2021-08-12]. 中国政府网. www.gov.cn/zhengce/zhengceku/2020-05/15/content_5511831.htm.

持的指导思想和基本原则应当与高校思想政治工作的指导思想和基本原则是一致的。那应当怎样将这一指导思想和基本原则在实践中贯彻落实呢？笔者认为应当要做好以下两点：一是做到坚持社会主义办学方向，并且要落实好立德树人的根本任务；二是要正确把握大学生思想政治教育基本原则的四大特征，即政治性、全面性、科学性和创新性。

1．坚持社会主义办学方向，是新时代坚持和发展中国特色社会主义教育的根本原则

习近平总书记在2016年12月召开的全国高校思想政治工作会议上强调：“我国高等教育肩负着培养德智体美全面发展的社会主义事业建设者和接班人的重大任务，必须坚持正确政治方向。”[①]认真领悟习近平总书记的这次讲话，我们能够认识到我国的国家性质和党的领导地位决定了要办好具有中国特色的世界水平的现代化教育首先应当坚持办学的社会主义方向，以构建德智体美劳全面培养的教育体系为目标，把培养德智体美劳全面发展的社会主义建设者和接班人作为根本任务。其次，应当把“坚持为人民服务、为中国共产党治国理政服务、为巩固和发展中国特色社会主义制度服务、为改革开放和社会主义现代化建设服务”作为社会主义办学的根本要求，推进人才培养体系向更高层次发展，培养学生树立社会主义核心价值观、全方位的品格和重要能力，坚持把立德树人融入对大学生思想政治教育的全过程中，重视对学生道德方面的教育，用中华优秀传统文化感染学生，推进全员、全程、全方位的育人。再次，在高校思想政治工作中体现社会主义意识形态的根本特征，将高校意识形态工作的领导权、管理权和话语权掌握在自己手中，让马克思主义在意识形态阵地占据主导地位，提升社会主义意识形态的凝聚力和引领力，将社会主义核心价值观潜移默化的教给学生，帮助学生将其内化为自己的精神追求，外化为自己的实际行动。最后，着力教师队伍的建设，教师是思想政治工作的具体实施者，教师队伍建设应当把政治素质过硬、业务能力精湛、育人水平高超作为根本目标，同时将调动教师的积极性、主动性、创造性贯穿于整个培养和打造的过程中，提高教师队伍的专业化和职业化水平。

---

① 习近平在全国高校思想政治教育工作会议上强调：把思想政治教育工作贯穿教育教学全过程　开创我国高等教育事业发展新局面[N]．人民日报，2016-12-09（01）

2. 把握好大学生思想政治教育基本原则的主要特征，更好地贯彻落实高校思想政治工作的指导思想和基本原则

（1）政治性。坚持党对高校的领导是大学生思想政治教育基本原则的政治性主要体现。中国共产党是中国特色社会主义事业的领导核心，高校党建是国家教育事业的重要组成部分。中国特色社会主义制度的最大优势就是可以集中力量办大事，所以我国的教育事业才用短短十几年的时间，就能从精英教育转变为大众教育，高等学校在校学生的规模也跃居世界第一。历史已经证明，只有坚持党对高校的领导是实现高等教育事业持续健康发展的根本保证。坚持党对高校的领导，就要牢牢把握意识形态工作的主导权和话语权，以马克思主义的理论武装头脑，指导实践，发挥高校党委在学校工作中的主体责任，完善党委领导下的校长负责制，保证高校党建正确的政治方向，以实际行动维护以习近平同志为核心的党中央的权威和集中统一的领导。

（2）全面性。全员、全过程、全方位育人是大学生思想政治教育基本原则全面性的主要体现。全员、全过程，全方位育人也可称为“三全育人”。全员育人指的是既包括高校教师在内的专门从事思想政治工作的人员，还包括了其他教职员工以及后勤保障人员在内所有高校人员都应当参与到高校思想政治工作中来，没有人是置身事外的，每个人都承担着一份责任，这是一项多方参与的、全面开放的教育方式。全过程育人指的是不仅指在课堂上或活动中对学生开展教育，还应当对整个思想政治工作的过程每一环节进行完善，从各个角度在学生的日常生活中融入思想政治工作，潜移默化地影响学生，内化于心，外化于行。全方位育人则指向影响学生思想品德形成的各个方面，主要涉及育人的基础设施、育人的环境、育人者的思想行为、学生间的人际关系、每个学生的生活习惯等，这些都是全方位育人需要考虑在内的因素。

（3）科学性。遵循教育规律、思想政治工作规律以及学生成长规律是大学生思想政治教育基本原则的科学性主要体现。教育规律体现在教书为手段，育人为目的的内在统一关系。高等学校是为社会和国家培养人才的重要场所，教师不仅要做到要把知识教给学生，还要教会学生怎么做人，实现教书育人相结合。当前我国高等学校中，一些教师认为，教学任务的完成等同于育人任务的完成，只需要传授给学生专业知识，思想政治工作是领导、辅导员、党政人员的责任，与自己无关，这就导致了“重教书轻育人”不良现象的存在。教书与育人是不可分割的，做好高校思想政治工作要把教书和育人结合起来，遵循教书育人的规律。遵循思想政治工作规律就是要顺应形势和时代的变化，实现高校思想政治工作的改革创先，研究高校思想政治工作的新特点，遵循适度张力的规律、教育与自我教育的规律、协调各因素同向发挥作用规律，采取贴近学生实际的喜闻乐见的方式进行认知教育。遵循学生成长规律指的是树立学生为本的理念，把握学生特点，认识发展的阶段性和连续性、共性和个性。以学生的发展为出发点和落脚点，不能脱离学生，结合学生的学习、生活和思想等各方面的实际情况，为其量身定做思想政治教育活动，推出能够受到他们广泛接受和认可的活动，促进其主动接受这些活动背后的价值理念，培养他们成为德才兼备、全面发展的人才。

（4）创新性。观念、内容、机制、方式的创新是大学生思想政治教育基本原则的创新性的主要体现。观念的创新指的是在新时代背景下，高校思想政治工作者应当跟上时代发展，摒弃过去腐朽落后的教育理念，跟上学生的步伐，树立全新的价值观、任务观和主体观。新时代更加强调民主平等，思想政治工作者应当主动放低姿态与学生平等交流，对其进行正面积极的引导。内容的创新指的是高校思想政治工作者要关注时事，敏锐洞察社会发展趋势，提高工作的实效性，充分利用新现象、新案例开展教育工作，与时俱进，适当运用网络流行语拉进与学生距离，提高工作针对性，这样才能为建设中国特色社会主义现代化事业培养与时代无缝接轨的建设者和接班人。工作机制的创新指的是在坚持马克思主义理论的指导地位基础上，结合高校本身的具体情况，全方位考虑全校人员学习、工作、生活等各方面的因素，着力思考解决目前的突出问题，打造一个协调、全面、有序的高校工作运行机制，进而提高高校思想政治工作的制度化、规范化水平。方式的创新指的是利用各种现代化信息沟通渠道掌握学生的思想动态，如利用微信、QQ、微博等方式与学生进行一对一的交流，此外还可以鼓励学生在学校的论坛或网站上留言，表达自己的想法，根据学生的思想发展动态，进行针对性的沟通与引导。

第三节　大学生思想政治教育的价值

在整个学术界，对思想政治教育价值这个概念的定义被广泛认可和接受的是项久雨做出的较为详细的论述。“主体在思想政治教育的实践和认识活动中建立起来的，以主体尺度为尺度的一种客观的主客体关系，是思想政治教育的存在及其性质是否与主体的本性、目的和需要等相一致、相适合、相接近的关系”①。在教育实践活动中这种关系对受教育者的发展起到了一定的作用，在社会关系中对人类社会的发展与进步呈现出一种积极的作用。

在不同的依据下，思想政治教育价值呈现多样性、涵盖多种类型。其中以不同的主体属性，可将其划分为社会价值、集体价值和个体价值。本节接下来将从这三个方面分别展开论述。

一、社会价值

1．思想政治教育的社会价值内容

思想政治教育的社会价值所包含的内容，目前整个学术界没有达成同一观点。有的学者认为其内容主要包括经济价值、政治价值、文化价值和生态价值，也有学者认为其内容主要体现在“保障物质文明建设、推进政治文明建设、促进精神文明建设和推动生态文明建设”②。笔者认为以上学者的观点很明显地是以作用的具体社会领域作为分类的依据，突显在社会领域思想政治教育对各个主体需求的满足。从其内容的结构来看，可以说完全是无差异的，只是在表达方式上展现出了差异性。另有学者认为思想政治教育“具有维系社会生存、推动社会发展、实现社会管理的价值”③，“社会价值表现为两个文明建设的根本保证、社会治理的重要手段、塑造人格的主导力量”④。以上两个观点的表述更倾向于给其社会功能和作用做出解释而并非是给社会价值下定义，它们更多地是在突显思想政治教育对维护社会稳定和促进社会发展的意义和作用。也有人认为思想政治教育“具有整合社会思想、引领主流价值、疏导社会心理、规范社会行为、协调社会关系、维护社会稳定等方面的价值”⑤。显而易见，

① 项久雨．思想政治教育价值论 [M]．北京：中国社会科学出版社，2003：201.

② 闵绪国．思想政治教育价值研究 [M]．北京：人民出版社，2017：119

③ 李合亮．思想政治教育探本——关于其起源及本质的研究 [M]．北京：人民出版社，2007：40–154.

④ 陈秉公．思想政治教育学原理 [M]．沈阳：辽宁人民出版社，2001：86–92.

⑤ 付安玲．社会治理视域下思想政治教育的价值及其实现 [J]．思想理论教育，2015(10).

这是从社会治理的角度对思想政治教育的作用做了结构较为完整的阐述，对之前所忽略的中观层面社会需求进行了补充和完善。

综上，本书认为思想政治教育的社会价值要建立在人的意识形态发展和社会道德形成发展规律的基础之上，以个体思想品德和社会良好风气的形成发展规律为依据。通过开展形式多样的教育实践活动，最终实现满足社会发展、推动社会稳步前进的目标。

2. 思想政治教育的社会价值的特征

思想政治教育的社会价值一方面具有激励性的特征，它包括目标和情感的激励，即能够以社会发展目标带动社会成员，也可以通过某一感性因素鼓舞社会成员，使其团结在共产主义目标的旗帜下，从内心认可变为主动参与到建设社会主义伟大事业的实践活动当中，再进一步演变成为社会主义伟大事业而终身不懈奋斗。另一方面，思想政治教育的社会价值还表现在物质价值和精神价值方面，它拥有这两者的双重特性，并且实现两者之间的相互转化，但只有经历复杂的实践过程后才能将精神价值真正转化为物质价值，实现物质价值与精神价值的统一。比如，当社会成员拥有较强的主人翁精神和历史责任感、使命感并以此指导实践，其实践的结果多半是正向的积极的，这代表精神价值向物质价值转化的成功，而思想政治教育的社会价值的精神价值也需要通过实践才能变成有利于社会发展的物质价值。

3. 大学生思想政治教育的社会价值

在当前的新时代新形势下，如果要强化大学生思想政治教育的社会价值，就要对广大青年一代进行系统的主旋律教育。利用好思想政治理论课这个主渠道，开展形式多样内容丰富的思想政治教育，发挥其价值引领。例如，开展中国特色社会主义教育、爱国主义教育、理想信念教育、责任担当教育时，可结合当今社会较为热门的议题。庚子之年，面对突如其来的疫情，党中央高度重视，统揽全局，举国同心，全国上下一盘棋，有效遏制病毒的蔓延，保护了人民群众的生命安全，这就是中国特色社会主义制度的优越性的有力彰显。面对重大疫情时中国人民群众是如何应对的，医疗工作者们、共产党员同志们和志愿者们又是如何冲锋在前的等等，这些生动的素材都可与思想政治教育相结合。让大学生们感悟到“中国优势”、体悟到伟大的抗“疫”精神、认识到医疗工作者们为了救死扶伤舍生忘死的精神、感受到共产党员同志们为了初心和使命甘为奉献的精神、体会到志愿者们服务社会服务他人的伟大精神。通过课堂教学、典型案例、文化熏陶、社会实践等形式教育学生养成优良的传统伦理和信仰，帮助其形成正确的价值观和高度的社会责任观，同时心怀爱国之情，立志为中国特色社会主义事业奋斗终身，肩负民族复兴时代重任。

还应该意识到，大学生最终还是要在社会中扮演角色，在社会中服务他人，得到社会的评价和肯定。因而不能仅仅局限于“第一课堂”，即思想政治理论课堂，还应认识到“第二课堂”——实践教育也尤为重要。由此，除了学生课程体系中已规定的，还应为学生创造更多的社会实践机会。例如，不断给学生树立正确的实践观，努力实现社会实践常态化，从宿舍、班级、社团，到学校、社会，让学生们意识到社会实践不只是在周末、寒暑假的一种形式化的活动、突击性的活动，还应该是日常性的志愿服务、勤工助学、教学实习等各类课外、社会活动等，逐渐养成良好的服务意识，为同学们服务、为人民服务，模范遵守社会公德，学会规范自我行为，增强服务社会的能力，向社会传递正能量。另外还需要进一步增强社会实践活动的实效性。虽然当前很多高校已经将社会实践纳入课程体系管理，具体形式表现为专业实践、社会志愿服务等，但还是可以说在具体操作过程中，存在着实践内容单一化、实践考核形式化、实践效果一般化的问题，这就要求高校进一步改进管理、运行、考核体系，确保专职教师负责，提供足够的经费支持，真正发挥社会实践推动思想政治教育发展的实效性作用，同时加强实践教育内涵建设，坚持顶层设计，明确其目的、着眼点，而后有针对性地将思想内涵融入实践的各个环节，使大学生真正在实践中丰富思想政治内容和提高自身素质，进一步提升思想政治教育的效果和效率。

二、集体价值

（一）思想政治教育集体价值的内涵

马克思主义认为，人总是个体的人与作为类的人的统一。在现实生活中，个体的人不是抽象地单个地生活在社会中，而是处在由多位成员组成的某个集体中，通过集体的这一形式与社会发生关系。延伸到思想政治教育集体价值，简单地说就是指以思想政治教育的功能去满足由多位成员组成的集合体的发展需要的效益关系。如同集体与社会、个人之间的关系，思想政治教育集体价值是连接社会价值和个体价值的桥梁和中介，承上启下，同时也深刻影响着社会价值与个体价值。

思想政治教育的集体价值主要体现在三个方面：一是形成正确的积极的集体心理；二是促成和巩固集体团结；三是构筑健康向上的集体文化。

1．形成正确的积极的集体心理

通过持续地研究集体成员的意识形态，实践行为的来源、产生及逐渐进步的过程，规范调整集体成员的心理偏差与动机，逐步调整集体成员的心理发展，最终形成正确的意识形态和思想观念。在规范集体成员的心理发展的整个过程中，要崇尚一致的追求目标，维持一种催人向上的积极的心理动力，继而经过较为烦琐的过程后逐渐形成正确的积极的集体心理。

例如，在中国全面抗击新冠肺炎疫情的斗争时，网络舆情纷繁复杂，出现了个别不当言论，比如道听途说地杜撰、任意抹黑事实等，随着时间的推移和事件持续发酵，事件愈演愈烈，可谓是触犯众怒，网络上呈现一边倒的口诛笔伐。显而易见，在个体就社会某一热点矛盾表达错误观点或思想消极时，集体就会进行纠正规范，而后统一形成一致的意识形态和思想观念，并广而告之，最终发展成为正确的积极的集体心理。

2．促成和巩固集体团结

形成积极的正确的集体心理，最终的目的是为了实现个人目标与行为融入集体目标与行为中。主要表现在每一个个体能明确自身需求并能通过多种渠道表达自己的需求，同时也能了解其他个体的需求，从而使矛盾得到解决并不再存在。通过有意识地引导，集体中的成员能正确认识到个体与集体间的联系，认识到个人是需要借助集体这一重要平台才能实现自我价值的现实处境，认识到两者之间是互相具有义务的。具体表现为个人要自觉维护集体利益，集体也要尽力保障个人利益。另外，集体中的成员在自觉将集体目标与个体目标相融合时，要充分认识目标存在的合理性，努力为实现共同的集体目标而持续奋斗。

正如2020年全民抗“疫”战役中，为了尽快遏制病毒的蔓延和危害，举全国之力集中专家、医疗资源来救治患者，举国上下各行各业都在为抗“疫”贡献自己的一分力量。湖北人民居家配合疫情防控，共产党员、志愿者们挺身而出、迎难而上，逆行的医疗工作者们肉搏病毒、舍我其谁，普通群众捐款捐物、闭门隔离，无不体现了中华民族共同信念的价值追求。

3. 构筑健康向上的集体文化

文化是思想观念的最高形态。集体价值信念的教育，不仅为人们的行为方式提供价值信念的共识，还能提高人们对集体统一价值信念的认知与觉悟水平。在教育过程中通过各种方式的宣传，引导集体中的成员清醒地认识到错误信息、负面信息的危害性，对错误信息和负面信息要保持高度的警惕。同时认真分析其产生的根源，以及如何去抵制各种错误、消极的价值观念等。

例如在培育和践行社会主义核心价值观的过程中，可能因为集体中成员的个体差异性、劳动实践的差异性，产生的思想认知也会存在差异，对一些问题的价值认知也出现一定程度的不一致。但通过制度和文化的力量，广泛凝聚不同集体的价值共识，将社会主义核心价值观内化于集体中成员的内心认知、外化于集体中成员的实践行为，实现每一个个体的价值观念与社会主义核心价值观相契合，进而统一思想、形成合力、协同攻坚克难，实现个人、社会、集体的高度统一。

（二）大学生思想政治教育集体价值

大学生思想政治教育集体价值是思想政治教育理论的重要组成部分，对其理论进行探索研究，是发展思想政治教育理论的必然要求。因此把握好其功能作用，能够更好更深入研究个体价值和社会价值。个体离不开集体，脱离集体的个体无法生存。从宏观来看，思想政治教育的内容极度抽象；从个体来看，其内容又极为具体。大学生思想政治教育活动以大学生为群体开展，它不同于学生之间的教育或是学生自我教育，而是依据社会一般性要求，基于大学生这一群体的实际接受的程度、教育工作者的言传身教等具体实际情况，所开展的教育实践活动。因此，要通过教育实践活动贯彻立德树人根本任务，实现每个学生的自身全面发展，在新时代背景下发挥大学生思想政治教育的集体价值，不断提升教育实践活动的实效性。

在大学里，由于学生们每个人都是单独的个体，每个人的认知、个性、特征等方面都是极为不同的，因此极容易产生不同的观点或产生矛盾和冲突。而通过冷静地调解和分析，我们就会发现大部分矛盾和冲突源于学生个体间沟通和交流的缺乏。因此，在开展实践教育过程中，可以通过开展形式多样的活动方式为学生们创造加强沟通与交流的机会和条件，随后通过对情绪的有效疏导，缓解人际关系的紧张，化解矛盾。在集体内部形成一个良好环境，构建和谐友爱的人际关系，从而确保集体目标的圆满完成和顺利实现。例如，新生入学后要适应集体生活，从之前是每个家庭的宝贝到生活在一个屋檐下接纳他人的所有，是需要一个不断适应的过程的。开始源于对新鲜事物的好奇和探索，宿舍舍友之间的矛盾不会立即凸显，但随着时间的推移，加之个体的差异性，如若没有较好的沟通与交流，很容易出现寝室矛盾，需要老师介入进行调和。通过开展一系列的谈心谈话、心理疏导、团体辅导等活动方式，引导学生学会接纳他人的不足，同时看到自身的缺点，通过对情绪的有效疏导，缓解紧张的人际关系，从而构建友爱温馨的寝室环境，利于宿舍各个成员的成长与进步。

通过各种途径和方式的实践教育，去培养学生们的集体认同感、归属感以及荣誉感，强化学生们的集体情感和集体行为，久而久之学生们由内心奔涌出热爱集体的情感，最终自主自觉投身于集体活动中，朝着最终目标迈进。例如在理想信念教育的过程中，从大学生共产党员入手，通过展示学生们身边熟悉的人的典型事迹，让学生们看到共产党员的先锋模范带头作用，例如那些志愿加入抗“疫”斗争的大学生党员志愿者、那些放弃优渥薪酬待遇甘愿在脱贫攻坚一线的大学生村官、那些为了捍卫国家利益冲锋在前的无名英雄，鼓励青年大学生要结合具体实际树立鸿鹄之志，坚定马克思主义信仰，为实现中华民族伟大复兴中国梦继续不懈努力。

新时代大学生思想政治教育要时刻关注社会和谐发展，做好主流价值引领，将大学生思想政治教育的内容和目标潜移默化地渗透到学生的思想和行为当中。例如在开展教育实践过程中，通过各种渠道的广而告之，引导大学生清醒地认识到错误信息、负面信息的危害性，对错误信息和负面信息要保持高度的警惕。同时认真分析其为什么产生，以及如何去抵制各种错误、消极的价值观念等。坚持将社会主义核心价值观贯穿于教育教学和日常工作的全过程，引导大学生坚持集体主义价值观教育，认识到个体价值是集体价值和社会价值的基础；集体价值是个体价值和社会价值的中介；社会价值是集体价值和个体价值的综合，从而能够正确地处理国家、集体、个人三者之间的关系。

三、个体价值

（一）大学生思想政治教育个体价值的内涵

思想政治教育个体价值是指思想政治教育对个体发展的意义。其核心体现在对个人成长的一种推进，包括个人意识形态、政治观念、思维意识的健全和完善，促进个体综合向上发展，进而实现个体价值。延伸到大学生思想政治教育的个体价值，即教育实践活动对学生群体发展的实效性和积极意义。其主要表现在个体不断向政治社会化倾斜，满足大学生个体政治社会化需要；大学生个体精神需求的满足，自我认知和实践能力的逐步提升，逐渐实现个体全面发展。换言之，通过主旋律的教育实践活动，在此过程中让学生捕捉到正确的信息，将所包含的思想、道德、观念等内容转化为自身的某种心理结构，养成良好的行为习惯，与他人进行良好的交往，建构自己的精神领地，从而形成坚定的政治信念，逐步实现政治社会化。基于教育实践活动的内在作用，激发学生个体的精神动力、帮助学生个体树立坚定的理想信念和信仰使命，促进学生个体塑造健全的人格，引导政治方向进而保持正确的政治站位、调控学生个体行为，促进学生个体更好地适应社会，强化大学生对社会主义核心价值观的认同。

（二）大学生思想政治教育个体价值的理论来源

1. “以人为本”思想

思想政治教育强调将人作为研究的主体，通过规范的教学内容和科学的教育方法来实现人的成长推进。高校开展思想教育实践活动，以马克思主义关于人的本质理论作为理论根源，坚决贯彻立德树人根本任务，对学生开展教育实践活动，提升学生在整个过程中的认同感和参与度，针对学生的特殊性要求和条件适当给予关注并有效协调处理，不断鼓励和刺激学生发挥主观能动性，从而实现个体的发展。

2. 人的全面发展理论

人的全面发展理论，也是将人当作研究对象，其内涵主要包括社会关系、个人需求、能力以及个性得到充分、整体、综合的发展。具体表现为：人积极参与到社会交往之中，并从中获取政治、经济、文化各个领域的信息，丰富自身的阅历，更新原有旧的观念、开阔新的眼界，实现社会关系充分、整体、综合的发展；个人维持生命的生存性需要，获得精神满足的享受性需要，以及寻求自我实现的发展性需要得到有效的实现；个人通过社会劳动实践身体力量以及通过后天学习、实践、练习，使精神方面的生产力即人的体力、智力等得到充分、全面的发展；个人独特个性，认识自然和改造自然的自觉能动性，对现实超越和突破的创造性，自我体现与控制自主性在参与社会关系活动时得到充分展现和培养。

3. 马克思主义的需要理论

人们可以通过劳动实践不断满足自身由内而外所产生的需要，同时人的需求在社会发展进程中不断提升且不断新旧交替，因此也可以通过劳动和实践推动自身的需求向多样化发展。人们旧需要的持续满足和新需要的持续产生，使得人们不断通过实践改进自身的生存方式，在自身需要得到满足的基础上，不断改造世界、改变自身现状。如此循环往复，认清了内在需要和现实情况的联系，从而不断规范自身行为，实现个人价值目标。

（三）大学生思想政治教育个体价值的实现途径

在开展教育实践过程中要重视、培养学生作为独立个体的价值，以实现人的自由全面发展。如何发展和培育学生的个体价值呢？有以下四点实现途径：

第一，加强思想政治引领。引导大学生将个人理想信念同国家民族命运、具体实际发展相结合。关注学生个体的价值需求，有针对性地开展教育实践活动；提升大学生思想理论、政治素养、道德品德、文化水平，实现学生个体的自由全面发展。目前，大学生除了学习、生活、交友等方面需要得到关怀和指导外，心理的困惑、职业生涯的规划、未来的选择发展等方面更需要得到疏导和指引。这就需要教育工作者在教育实践过程中，将思想政治教育同解决学生们“急难愁盼”的实际需求相统一，从解决实际问题出发，帮助学生缓解来自各方面的压力，最终实现个体需求在更高层面的协调发展。

第二，革新思想政治教育方法。不断丰富其理论，完善其体系，拓宽其实现途径，自觉地将个体价值融入教育实践过程中。将传统的理论传授与实践教育紧密结合，强化学生实践能力的培养，使学生不断树立正确的认知，充分发挥个体主观能动性，从而实现个体自我管理教育。例如，在每年开展的家庭经济困难学生的认定工作中，可附加创设多种载体和形式，从而实现对家庭经济困难学生全方位的教育。例如，引导学生坦然面对家庭经济困难的事实，同时化压力为动力，在接受资助的同时要培养自身努力奋斗、在逆境中迎难而上的精神，激励自己勇往直前，同时也要心怀感恩。

第三，重视学生的心理素质和个体情感培养。通过心理咨询、谈心谈话、专题讲座等方式开展心理健康教育活动，满足大学生的精神需求。随着社会的不断发展，愈来愈多的大学生不断涌现出对生命的价值困惑、对生活方式的抉择困惑等突出的心理问题和各种心理困惑，价值取向也受到影响。针对开展教育实践过程中出现的学生心理健康教育问题，除了需要专业心理咨询机构来缓解这一矛盾，高校还应健全工作预警机制，定期筛查、及时了解大学生心理状况，形成学生群体全员覆盖，对于存在心理危机的学生个体要及时关注加强交流。针对处于高危的心理危机状态的个体还要及时有效地进行危机干预。

第四，营造良好的思政教育的环境。引导大学生形成正确的价值观念，促进社会整体向上向好发展。例如，在开展教育实践过程中遇到毕业生就业难的问题。在大学生入学后应开设职业生涯规划类的相关课程，积极引导学生参加职业生涯规划设计大赛和创新创业比赛等，邀请各行各业具有代表性的毕业生回校给大学生开展就业类相关讲座或分享会，通过朋辈教育指引学生更好地去认识世界。高年级阶段应加强思想教育，宣传就业相关政策，引导学生树立正确的就业观和择业观。拓宽大学生就业渠道，缓解学生的就业压力和内心焦虑。引导学生处理好个人与社会的关系，接纳自己因为即将踏入社会产生的不自信、彷徨恐惧、逃避等心理状态。

大学生思想政治教育旨在贯彻立德树人的根本任务，时刻“以生为本”，在提高学生认识世界和改造世界能力的同时，注重学生正确思想意识形态的形成。引导学生树立理想信念和使命担当，在满足物质需求和丰富精神内涵的实践中，实现个体价值。

第四节　大学生思想政治教育的环境

开展高校教育实践活动必须高度重视高校思想政治教育环境。思想政治教育环境是指“对思想政治教育活动以及思想政治教育对象的思想品德形成和发展产生影响的一切外部因素的总和”[①]。总的来说，可分为宏观环境和微观环境，前者主要是指对思想政治教育总体活动和全体成员产生影响，如社会经济、政治、文化、网络环境等，后者主要是指对思想政治教育对象个体产生影响，如家庭环境、学校环境、同辈群体环境等。

一、宏观环境

（一）政治环境

党的十九大以来，习近平总书记多次提到世界正处于百年未有之大变局，新冠肺炎疫情全球大流行促使大变局加速演进。世界政治混乱、经济低迷、武装冲突频发，世界格局处在不断变化中，全球进入动荡变革期，各个领域矛盾冲突不断涌现。国际上某些西方国家捏造事实，企图在政治、经济、文化等多方面阻挠我国的发展。表面上看是国与国之间发展的矛盾，究其根源就是资本主义和社会主义，这两条道路、两种制度和意识形态在斗争和较量。可以预见，这种声音不会停止，这样的明争暗斗只会愈演愈烈。在全球思想文化碰撞的环境下，我国高校面临的各种意识形态风险也愈加凸显。

从国内政治环境来看，中国共产党带领中国人民四十多年来风雨兼程、刻苦拼搏、开拓改革，使中国发生了翻天覆地的变化、取得了举世瞩目的成就。党的十八大以来，以习近平同志为核心的党中央提出了一系列新思想、新理念、新战略，出台了一系列重大方针政策，推出了一系列重大举措，推进了一系列重大工作，解决了许多长期想解决而没有解决的难题，办成了许多过去想办而没有办成的大事，推动党和国家事业取得了全方位的、开创性的历史性成就。总体来看，国内政治环境安定团结，政府公信力显著提高，国家现代化治理能力和治理体系也在不断完善，逐步推进法治社会、法治政府、法治国家建设。国家政治格局的稳定和政治要素的优化对开展思政教育实践活动产生着深刻的影响。

因此，在开展大学生教育实践过程中，要引导大学生理性客观地看待、讨论国际国内政治问题，通过丰富的灵活的案例分析对比国家制度、政策的优势

① 陈万柏，张耀灿主编．思想政治教育学原理 [M]．北京：高等教育出版社，2001：61.

和短板，树立学生对中国共产党领导的信任和信心，从而使政治环境更加利于开展思政教育实践活动。例如2020年席卷全球的新冠肺炎疫情，“中方之治”与“西方之乱”的巨大反差体现出我国社会主义制度的优越性。疫情期间党中央统筹推进疫情防控和经济社会发展，大力弘扬伟大的抗“疫”精神，最终夺取疫情防控和经济社会高质量发展的伟大胜利，彰显和坚定了中国特色社会主义“四个自信”，提升意识形态国际话语权。

（二）经济环境

1978年，中国吹响了改革开放的号角，由此我们迎来了四十多年经济高速发展的时代。在这四十多年间，我们的经济总量跃升为世界第二，制造业规模跃居世界第一，创造了举世瞩目的伟大成就，仅用几十年的时间就在经济层面赶超部分发达国家。如今，在经济发展新常态的环境下，虽然我国经济发展面临较大的下行压力，但经济发展基本面、基本特质、支撑经济持续增长的基础和条件、优化经济结构调整的趋势都未发生变化，我国仍处于可以大有作为的重要战略机遇期。同时党和国家做出预判，提出了一系列新发展思想、理念和战略，为我们国家经济平稳安全地发展保驾护航。

经济基础决定上层建筑。当前，我国经济仍然保持中高速增长，综合国力和国际影响力显著提升，人民的物质生活质量显著提升，教育事业全面发展。但在社会经济发展的过程中也出现了一些如人工智能的发展导致失业人口增多、改革创新瓶颈等新问题。对学生群体而言，部分大学生崇尚享乐主义、拜金主义、奢靡之风，没有形成正确的价值观。由此可见，经济增长和社会发展的环境对大学生个体及高校思想政治教育具有重要的影响，我们要引导学生正确认识和判断国家经济形势，形成正确的“三观”，做出正确价值选择。

（三）文化环境

文化是一个国家、一个民族的灵魂。中国特色社会主义文化源自中华民族5000多年文明历史所孕育的中华优秀传统文化，熔铸于党领导人民在革命、建设、改革中创造的革命文化和社会主义先进文化，植根于中国特色社会主义伟大实践。文化强国建设已经成为新时代中国特色社会主义文化建设的重要目标。中国特色社会主义进入新时代、民族复兴伟业进入关键阶段，党和国家对高素质人才的需要比以往任何时候都更加紧迫。在新形势下，教育工作者在开展思政教育实践过程中，应当以以文化人、以文育人为导向，贯彻落实“立德树人”的根本任务，开创育人工作新局面。

在新时代的背景下，我国的经济持续向好发展促进文化环境领域的深刻变革，同时为其提供了发展条件。党的十八大以来，党中央持续增进民生福祉，大力推动改革发展成果更多更公平惠及全体人民，兼顾满足人民的物质需求与精神需求。但同时我们也能明显看到，文化领域还有许多短板，如城乡区域之间文化事业发展不平衡、体系不健全、资源分配不均、文化领域就业创业难等。从高校思想政治教育所处的文化环境来看，存在塑造性较低的实际困难，大学生喜闻乐见的文化诉求尚未得到较好的满足，意识形态的渗透等问题，这都可能对开展思政教育实践活动产生影响。因此优化社会和校园的文化环境都至关重要，有利于增强思想政治教育的时效性。

（四）网络环境

随着互联网的迅猛发展，通信、信息技术等领域的发展也达到了新的高度，实现了资源共享和信息自由，为个体更好地进入网络世界提供了极大的便利。但也可以看到以下事实：网络文化的出现打破了传统文化形态的线性和块状结构，使得每个个体都能成为塑造网络环境的主体，网络环境的不确定性增加了。此外，网络具有虚拟、自由、共享的特征，对比以往社会，网络的文化开放程度明显更高，塑造网络环境的主体数量的不断增加、主体匿名不确定性、主体素质水平的不均衡，传播的广泛性等众多因素造成网络环境监管难度不断增大。再者，网络空间充斥着海量的政治、经济、社会、体育、艺术等信息内容，微信朋友圈、微博、B 站、抖音、知乎等各类新媒体平台也在不断推送碎片化信息，而人们通常选择快餐式阅读或是零散性了解。现今的互联网已成为学生学习生活的主要阵地，它丰富了大学生的政治文化生活，开阔了眼界，是保持与外界联系的主要途径，对大学生的“三观”的形成产生较为深远的影响。但也有许多凭空捏造的负面信息和境外媒体恶意歪曲的事实，形成比较恶劣的舆论环境，缺乏判断和思辨能力的大学生们很容易受到其蛊惑，有可能会对党和国家政府的领导失去信心，甚至做出破坏国家利益、危害社会安全的行为，如此一来则意味着大学生思想政治教育失去其应有的价值。因此要引导大学生理性客观地看待网络文化、网络舆论，根据青年大学生的特点和需要，在尊重网络思想政治教育规律的基础上，建立内容丰富多彩、形式生动鲜活、价值积极健康的网络文化空间，因势利导、守正创新。

“00后”大学生在网络高速发展的时代下成长，让他们脱离网络生活学习的想法并不实际，高校要在长期实践中应积极探索如何遵循“主动积极、正面引导、加强管理、趋利避害、为我所用”的原则。其次，高校要占领并充分利用好网络阵地，结合学生具体实际，建立内容丰富、关注度高的网络平台，并通过生动活泼、时下流行的方式方法，实现让学生主动看、高兴看、认同看的教育成效。另外，要重视网络行为规范，高校乃至全社会要加强对遵守网络道德规范的教育引导工作，推进网络平台实名制管理，完善网络信息发布和传播管理机制。同时加强对高校、学院、思想政治教师、学工系统的官方网络平台、QQ群、朋友圈及其他社交平台的管理与建设，并借这些平台加强与学生的交流沟通，发布积极正面的信息，抵制不良信息和谣言。最后，加强网络思想政治课平台建设，结合古今中外政治、人文、经济、历史等课题，制作更多适合网络生态的短小精悍、积极引导力强、警示作用显著的多媒体教育素材，并将“00后”喜闻乐见的互动交流方式、偶像文化等融入其中，从而提高学生获取思想政治教育知识的参与度和主观能动性。

二、微观环境

由于发展阶段的限制，学生所处的主要环境是校园和家庭，而且大多数的大学生没有实现独立，依旧对父母、教师和朋辈有着浓厚的依赖性，这意味着家庭、学校和朋辈群体环境可以对大学生产生直接性的甚至深远性的影响。接下来本书将从家庭环境、学校环境和同辈群体环境探讨大学生思想政治教育的微观环境。

（一）家庭环境

家庭环境是无法改变的客观环境，对人生存生活和发展的影响深远且持久。自子女出生起，父母便是子女的第一任老师。父母对子女身心的发展最直接最具体，对子女一生的影响最深刻最持久，任何人都无法替代。家长既要给子女上好“第一课”，又要尊重学校老师，配合其共同做好子女的教育。同时还要注重家庭文化氛围，给予其正确的思想价值引导。毫无疑问，家庭环境是思想政治教育环境当中的基础环境。和谐、民主、平等的家庭氛围，家长积极乐观向上的心态，平等尊重的沟通交流，及时了解子女思想状态，积极倾听他们在生活、学习中遇到的问题，用循循善诱的方式去引导他们靠自己能力去解决问题，这些方面的要素和行为有助于子女的成长，尤其会对子女的思想品德与行事作风产生积极影响。另外，家长的文化素质和道德修养也对大学生的成长产生深远影响，因此，家长自己也必须树立正确的“三观”，重视德育，以身作则，努力提高自身的思想品德和道德修养，做好榜样。

（二）学校环境

大学是传播和创造先进文化的主阵地，是开展思政教育实践活动的主课堂、主渠道。学校环境包括学校硬件环境，如有形的、显性的基础设施建设；学校软件环境，如无形的、隐性的校园文化建设等。优美的校园自然环境、良好的学习生活环境对学生良好思想品德的形成有外在的促进作用，而不良的校园文化风气对学生思想品德的形成起到负面影响。因此为大学生提供一个良好的学习生活环境，对促进优良学风、校风的形成，对大学生形成正确的“三观”有着较为深远的影响。校园文化是进行思想政治教育的重要载体。在开展思政教育实践过程中，可以通过加强校园多元文化建设，引导学生参与校园文化活动，调动学生们的参与积极性，以此来打造丰富的思想政治教育环境。

习近平总书记曾在全国高校思想政治工作会议上强调，打造具有特色的高校校园文化对学生全面健康成长具有深远意义。面对“00后”大学生群体，高校首先明确校园文化建设的目的、方向，应该站在“00后”大学生的角度去进行思考，适时建立“接地气”的校园文化体系，比如，可以充分发挥校园、班级、社团兴趣和党团活动的作用，组织开展线下校园文化活动，增设合适的线上活动，通过“00后”感兴趣的网络媒介来引导他们；或者将现实中的校园文化活动通过网络媒介，以“00后”大学生喜闻乐见的方式推荐给他们，引导他们“返回现实”；并通过新鲜活力的校园文化活动，让他们主动发现现实世界中的精彩之处，进而乐于接受思想政治教育。其次同时抓住“00后”大学生知识面广、话语权要求多、个性化水平高的特点，在线上、线下有序开展学生们喜闻乐见的形势与政策宣讲，讨论热点话题，开展专家讲座交流或其他文体活动，给予他们充分的参与机会和表达、组建交流思想的平台。总而言之，学校一方面应做好引导和监管工作，另一方面应做好多元化平台的搭建和服务工作，不断提高学生主动参与校园文化活动的热情，提升校园文化对思想政治教育的促进效果。另外，教师道德素质水平的高低，会对学生产生影响。良好的师德师风有利于学生对所学知识的接纳和吸收，更有利于思政教育实践活动的顺利开展。因此教师要不断提高自身的综合素质，在学生心目中留下良好的形象，促进思想政治教育效果的实现。

（三）同辈群体环境

同辈群体是指由一些在年龄、个性、家庭、兴趣爱好等方面较为接近的人组成的较为密切的群体。由于年龄、文化水平等方面相似，又有着相似的关注点和共同的话题，以共同的兴趣爱好来开展活动能让他们感受到地位的平等，因此大学生在交往过程中容易对同龄人产生好感，在不知不觉中互相影响，逐渐形成一个比较固定的群体，最终会形成共同的价值观和评价体系。在开展思政教育实践过程中，可引导鼓励大学生多与品学兼优、志同道合和具有良好修养的同辈交流。掌握同辈群体认可的交友方法和原则，成为思想健康、积极向上的社交圈的一员。另外，及时掌握成员的思想动态，以正确积极的价值观引导和影响其社交圈，尤其还要做好社交圈当中核心人物的思想政治教育工作，使其积极影响社交圈当中的其他成员，共同形成良好的思想品德。

总而言之，大学生的思想教育需要考虑到多种外部环境的因素与作用，尤其是家庭、学校和同辈群体环境对大学生的影响。要充分利用好各种环境的积极要素，并使其形成良好合力，共同推动思政教育实践活动发展，实现大学生思想政治教育的价值。

第三章　新时代大学生思想政治教育对象的特点*

党的十九大报告指出，我国目前处于新的历史方位，国内国际的形势也越来越复杂多变，这种“多变”不仅体现在物质生活中，也体现在各种思潮和观念相互碰撞当中，影响大学生思想行为的因素也越来越庞杂，新时代大学生思想政治教育对象的特点也呈现出前所未有的复杂性，这种复杂性让开展高校思想政治教育面临着不断进行自我改革的需要。因此，调查研究并准确把握当前思想政治教育对象的特点，对做好高校思想政治教育工作，促进学生的成长成才有着极其重要的意义。

第一节　新时代大学生的思想特性

一、政治意识强烈，但政治立场不坚定

青年学生既要有充足的前进马力，也要有坚定的前行之舵，要把好政治方向这个重中之重。一直以来，我国青年大学生在政治意识方面都具有突出的强烈性特点。在各个历史时期，青年大学生总是起着“排头兵”作用，为国家生存、发展、繁荣而不懈努力。尤其以五四运动为代表，这是中国青年知识分子作为先锋队为挽救民族危机而掀起的伟大革命运动，充分体现出中国青年学生强烈的爱国之情。他们不怕牺牲，勇于奋斗，甘愿为祖国奉献出自己的一切，甚至

---

* 本章编者简介：罗丽琳，女，教授，硕导，西南政法大学辅导员教研中心研究人员。国家留学基金委员会公派访问学者。主持教育部等省部级课题项目 10 项，主研国家社科、教育部项目 3 项。出版专著 3 部，参编教材 2 部，发表核心期刊论文 17 篇。2 次获得重庆市政府颁发的“重庆市发展研究三等奖”。

是自己的生命，奏响了一首跨越百年的爱国主义壮歌。社会主义建设时期，广大大学生牢记历史使命，将自己的一切都无怨无悔地捐献给了祖国，将勤奋所学化为国家强盛繁荣的力量，为社会主义建设贡献自己的力量，将个人的追求同祖国的繁荣昌盛联系起来。自改革开放以来，国内国际的社会环境都发生了巨大的变化，但是大学生投身于改革开放实践，为实现中国从“站起来”到“富起来”而贡献青春力量的决心没有变。大学生能够将他们在大学里学到的知识文化和技能运用到国家建设中去，明确自己的个人发展和国家的前途命运有着不可分割的联系。一方面，广大学生通过自身的努力为实现社会主义现代化，建设现代化强国而不懈奋斗，另一方面，国家也成为广大学生施展才华、实现雄心抱负的坚强后盾和广阔平台，为其更好地发掘自己的潜能创造稳定、良好的环境和条件。

尽管新时代大学生在总体上具有强烈的政治意识，思想积极向上，但是在政治立场上仍然具有不坚定的问题。随着互联网的迅猛发展，新时代大学生作为互联网时代的“原住民”，对新媒体及互联网技术具有较强的把握和熟练运用的能力，他们拥有更多的机会和平台可以了解国内国外发生的大事，以及能接触到更多的思想和信息。新时代大学生思维普遍比较活跃，能够快速了解时代的特点，把握时代的脉搏，具有较强的掌握和接受新事物的能力。大学生的思想特点必然带有时代的烙印，互联网的发展一方面给大学生了解信息提供了广泛的渠道，另一方面也让大学生接触到了良莠不齐、鱼龙混杂的非主流思想，导致了部分学生受不良思想、落后思想及腐朽思想侵蚀，政治立场不坚定。高考结束以后，大学生不再像高中一样进行紧张和紧密的学习，拥有较为自由的时间和空间，再加上手机、平板、电脑等移动设备的配备，他们有时间、有精力也有条件去关心国家大事及时事政治热点。虽然步入大学的他们大部分已经成年，拥有一定程度上独立思考的能力，但是他们长期浸泡在互联网这个“是非之地”，容易受到不良思想和虚假信息的侵害和影响。同时，由于缺乏相关的理论知识和素养，对党的认识存在零散、片面、浅薄的情况，他们的政治态度仍然容易受他人干扰和影响，导致政治立场不坚定。

二、学习能力强，思想具有创造性

由于大学生在生理上已经趋于成熟，在思想上也发生了极大的变化，其思维能力、记忆力等方面都得到了迅速的发展。这种在思维能力和智力上的迅速发展使大学生拥有强烈的好奇心，他们会在日常生活中观察各种各样的事物。同时，在这种观察的过程中不断提升自己观察事物、分析事物、总结事物的能力。这种行为习惯使他们的学习能力增强，其思维也具有较强的创造性。他们富于想象力的特点，让他们往往敢于去想、去闯、去做，乐于、善于将思想付诸实践，从而实现从思想上的创造到行动实践上的创造。

青年大学生具有无与伦比的创造力。首先，大学生的身体素质强健，意志力坚强，为创新提供了坚实的身体素质基础。大学生的精力旺盛，能够克服创造劳动所造成的体力、脑力、心力困难。其次，大学生的思想活跃，富于批判精神，敢于质疑。他们能够跳出传统旧框架的束缚，用新的角度、新的思维去思考问题，并且他们还具有冒险和探索精神，敢想敢干，这对于创新来说是必不可少的条件。

三、个性化鲜明，以自我为中心

随着市场经济的确立和发展，人们在思想上的观念也受到了物质生活的极大影响。伴随着社会主义市场经济公平、平等、竞争、开放等原则的确立，人们的思想观念也逐渐改变，经济上的平等、开放等思想被运用到生活、工作和学习当中来，尤其是对正处于思想观念形成时期的大学生来说，这种影响更是广泛而深刻的。其次，随着实践活动范围的不断扩大，大学生能够利用多种渠道实现自己的目标，达成自己的梦想，他们的思想观念也逐渐开放。在生活方式上，他们力求能够区别于他人，希望自己能活出与其他人不一样的生活方式，张扬自己的个性，将生活中的一切都贴上属于自己的“标签”。在思想观念上，有自己独立的思考，不屈服于权威，敢于质疑，敢于提出自己的观点并坚持到底。

社会的进步以及思想的解放，加上不同文化对新时代大学生的思想意识产生了极其强烈的冲击碰撞，一方面促进了大学生鲜明个性的形成，另一方面也导致其价值观多元化，自我意识增强。在中国基本实现“富起来”的历程中逐渐成长起来的新时代大学生天生就具有较强的自信感和独立自主意识。他们能够在大学期间对自己未来的发展目标和方向进行规划和落实，自主选择参与参与什么样的活动，开展什么样的实践。但是在这种“自我中心”的价值观的影响下，很多学生过度以自我为中心，“唯我独尊”。

四、逆反性思维强烈

大学时期，大学生的身心正处于发展的关键期，他们正逐渐走向成熟但又并未完全成熟，还不能理性地看待和处理问题，具有一定的逆反性思维。首先，大学生的心理发展还不够成熟。这有主客观两方面的原因。一方面，从客观上看，随着社会的不断发展和科技的不断更新换代，大学生接触的新生事物层出不穷，这些新生事物涵盖生活、学习和工作甚至是思想方面，对他们的生活方式、思想观念和学习方式等各方面产生了深刻影响，导致大学生心理上具有多变性、不稳定性等特点；另一方面，从主观上看，大学生尚处于思维模式的形成发展时期，并未形成固定的、系统的全面的思维模式，思考问题往往具有片面性、浅薄性和随机性，不能对某一事物做出全面准确的价值判断，对思想观念的甄别和辨别能力较弱，难以去伪存真，容易受到各种思潮和社会思想观念的“摆布”，具有摇摆性。其次，大学生的情绪丰富但也多变，具有丰富性、细腻性和波动性等特点。由于大学生活丰富多彩，让大学生能够有除了学习以外的丰富体验，他们可以产生丰富的情绪体验。但同时，由于其情感的细腻性和脆弱性导致他们容易产生多变的情绪，情绪起伏不定，时而兴高采烈，时而跌落谷底。情绪的细腻性、丰富性及波动性等特点既是大学生特有的优点，也是他们的“软肋”。一方面，如果这些情绪能够得到正面的引导，将成为他们奋斗、努力达成目标的精神动力；另一方面，如果这些情绪没能得到正确的纾解和引导，也会成为他们发展路上的绊脚石。他们在思想上的稚嫩，导致了他们容易产生逆反心理。

五、价值观多元化

在当前我国正处于社会转型、经济转轨、观念转代的背景下，作为舶来品的西方多种社会思潮不同程度上影响着我国主流意识形态。意识形态关乎旗帜、关乎道路、关乎国家政治安全，对于意识形态的把控是政治问题的核心，是党的一项极端重要的工作。高等学校是马克思主义意识形态固本铸魂的前沿阵地，将高校思想政治理论课贯穿于高等教育的全过程，促使大学生能够认同主流意识形态、认同社会主义、认同中国特色社会主义道路、坚定“四个自信”、做到“两个维护”，形成正确的世界观、人生观和价值观，明确新时代青年的历史使命和时代责任并为之而不懈奋斗。当前，在西方腐朽思想的侵蚀下，有部分大学生在世界观、人生观、价值观这个“总开关”上出了问题，出现信仰迷失、精神“缺钙”、立场动摇等问题。

六、心理问题突出，抗压能力不足

当前，我国正处于思想大解放、观念大碰撞时期，各种社会思想并存，人们的思想意识尤其是处于成长中的青少年的思想意识容易受到各种社会思想的浸润和影响。大学生的心理健康问题是高校思想政治教育工作中的重要一环。随着信息时代的迅速发展，万事万物都在追求“快”，但思想上的形成和塑造是一个较为缓慢的过程。因此，高校容易忽视对大学生的心理素质培养，很大程度上导致学生“身”与“心”的分离，心理承受能力较弱，抗压能力不足。在步入大学校园之前，大部分学生都有家人的悉心照顾，只管用心学习便可，但是大学生活并不只是对知识的学习，还有社会实践、人际交往、生活技能等等各方各面，就像一个“小社会”。大学生就是在大学这个“小社会”当中独当一面的“小大人”，必须自己承担起很多的任务和责任。同时，随着社会的发展，大学生面临的压力也日益增加，因此当在生活中遇到一些问题时，如果不能做好自身的心理调节，他们往往会产生较为强烈的不适应感。

这种因心理调节不当而产生的不适应感，常常不是一触即发的，而是日积月累的。由于学业、人际交往、就业、家庭等种种因素的影响，大学生容易产生“学习焦虑”“恋爱焦虑”“就业焦虑”“金钱焦虑”等种种焦虑。步入大学的学生还欠缺一定的独立处理事情的能力以及解决问题的经验等，在面对这些焦虑时一方面缺乏能力和经验，另一方面缺乏强大的心理素质，就容易造成一些难以挽回的后果。这就要求思想政治教育者要做到“常把脉搏、常用心药，防止思想感冒”，防微杜渐，将学生的心理问题解决在萌芽阶段，助力学生身心健康地成长。

第二节　新时代大学生的行为特点

一、学习行为特点

在学习过程或学习活动中，人们通过调动各种感知觉器官感知外界传输的信息，然后在思维中对这些信息进行加工处理，将其变成自身的知识，并用于指导自身的实践活动。人在不同阶段学习行为特点也不尽相同，同一阶段的人在不同时期的学习行为特点也各有其特点，新时代大学生的学习行为也有其特殊性。一般来说，大学生的学习行为具有以下几个特点。

首先，大学生的学习行为具有专业性。目前，各个高校制订的人才培养方案中所设定的人才培养目标和毕业要求等都与该生的专业息息相关，课程设置和课程安排以及课后作业等也都紧紧围绕专业课程，致力于把大学生培养为“深精尖”的高质量专业人才。其次，大学生学习行为具有开放性。一方面，大学生获得知识的渠道和途径十分多样，例如教师讲授、学术讲座、学术会议、基层调研以及网络搜集等。另一方面，中国特色社会主义进入新时代，对学生的学习也提出了更高的要求，除了牢牢掌握专业知识，还要对其他门类的知识有一定程度的涉猎，全面发展，一专多能，才能担当民族复兴大任。又次，大学生学习行为具有互促性。互促性指的就是大学生之间能够自主组成相应的学习小组，互相帮扶、互相激励地开展学习。当前，大学生普遍乐于利用课内外的机会进行学习交流、合作，共同研讨学习问题。再次，大学生学习行为具有创造性。新时代大学生是具有创造力和想象力的一代，他们思维灵活、观点鲜明，动手能力强，善于运用他们天马行空的想象力和极具个性的思想创造出新鲜事物。最后，大学生的学习行为具有自主性。大学不同于高中，大学是一个为学生提供自主发展平台，助力学生激发潜能、绽放自己的地方，需要学生充分发挥自身的主观能动性。由于大学的课程安排给学生预留了很多自学的空间，学生需要自己利用这些时间和空间开展学习，同时，他们也有能力在自己的学习活动中承担好自己的角色。

新时代思想政治教育工作者必须深刻把握教育对象的学习行为特点，尊重其形成发展规律，因势利导，对教育对象的学习行为进行引导和教育，让学生形成良好的学习习惯。

二、社会实践行为特点

除了理论知识的学习，大学生还必须进行社会实践，将理论运用到实践当中，实现“知行合一”，增强理论的实际运用能力，避免理论与实践脱节而产生的“两张皮”现象。在社会实践的过程中，大学生的行为也具有一些特点。首先，大学生的社会实践行为具有突出的实践性。大学生主要通过到偏远地区支教、进行基层调研、开展理论宣讲等形式开展社会实践活动，这些活动一方面对当地缺人才、缺知识等问题提供了一定程度上的帮助，为当地人民谋福利，另一方面，也有利于提升大学生的知识、意志、情感、能力等。在开展社会实践中，大学生能了解、体验民情，在这个过程中反省、感悟，提升自身的思想境界，从而自觉抵制各种腐朽思想的侵蚀。其次，大学生开展社会实践活动还具有专业性。在开展社会实践的过程中，大学生不仅是服务和帮助当地人民，同时，他们也能够在这一过程中发现自身的优点和不足，在以后的工作和学习中不断发扬自身优点，改正自身不足，进一步学习以不断提升自己。再次，大学生开展社会实践活动具有创新性。面临社会实践过程中出现的种种问题和困难，大学生必须灵活运用所学知识和技能才能处理出现的这些情况，有助于锻炼其团结协作和开拓创新的能力。

三、大学生网络行为特点

网络是新时代大学生不可回避的话题，甚至已经成为他们新的生活范围，他们在“两个世界”里生活，一个是现实世界，一个是网络世界。互联网的兴起和发展给大学生的方方面面都带来了极其深刻的影响，例如生活方式、思维方式、学习方式、工作方式、人际交往等等。互联网是一把双刃剑，它本身不具备好或是坏的性质，主要是看运用它的人是否运用得当。将其运用在积极向上的方面，则会事半功倍，助力大学生的学习和成长；反之，将其用在消极落后的方面，则会事倍功半甚至一无所成。例如，不少大学生在大学阶段沉迷于网络游戏、电视剧、小视频、动漫等娱乐性内容上，这大大耽误了大学生的学习和成长。因此，大学生的网络行为特点主要具有以下两个方面。

首先,求知性。当代的青年大学生是伴随着互联网的兴起而逐渐成长的一代，他们出生起就会通过各种途径接触到互联网，随着年龄的增长，他们对互联网的了解日益增多，对其运用也十分熟练。互联网为大学生获取丰富的信息和知识提供了广阔的空间，大学生也正处于求知欲较强的智力增长期，这在一定程度上激发了他们的求知欲。互联网上面的信息具有即时性、海量性、开放性等特点，这为大学生搜集各种信息和资料提供了优良的客观条件。一是互联网信息的即时性，随着互联网技术的迅速发展，各种移动终端也得到了普及，大学生们几乎人手一个手机,他们随时都可以在手机上查阅自己需要的资料和信息。

二是互联网信息的海量性，由于所有互联网使用者都可以在网络上上传各种内容，各种媒体和平台运营者及网民个人等也会通过各种平台发布信息，因此互联网上面的信息十分丰富，相较于以往需要通过图书、期刊、报纸等传统方式而言，现在学生们可以通过更便捷的查阅方式获取更多的信息和资料，这也在一定程度上节省了获取知识的信息的时间，让学生能够在相同的时间里学到更多更丰富的知识。同时，互联网上也有很多书本上、课堂中未涉及的内容和知识，或是一些难以理解的部分，这些都可以通过互联网查找资料，弥补知识空白，满足学生的求知欲。

其次，娱乐性。互联网就其本质而言只是人们进行工作、学习、娱乐等活动的工具，其本身并不具有好坏性质，但是正如上文所述，如果大学生能够将互联网当作自己激发和满足自己求知欲的工具，那么它就会促进学生的成长成才，反之，如果只是将互联网作为一种娱乐消遣的工具，那么反而会让大学生迷失在网络当中，耽误自己的青春年华。改革开放以来，我国的物质生活条件得到了迅速的发展和丰富，尤其是当代大学生成长起来的时期，物质生活条件都得到了一定程度的保障，因此他们会更加重视精神层面的追求。互联网的娱乐性功能十分强大，各种影视、游戏、动漫、小说等层出不穷，网络上满满都是“诱惑”。部分学生在进入大学之后，由于各种原因，逐渐迷失在网络当中，出现了“网瘾少年”“刷剧少女”等新名词。但是在网络上获得的成就感和建立的人际交往关系终归还是虚拟的，大学生必须要在真实世界中去追求自己的人生价值，去建立自己的人际交往圈，不虚度光阴，让自己的大学生活有意义得度过。

四、大学生消费行为特点

各个阶段、不同职业、不同范围的人都有其消费行为特点，大学生也不例外，其消费行为也有特殊之处。因为大学生仍然处于学习阶段，经济尚未独立，主要依靠家庭支持、政策帮扶、社会捐助或是勤工俭学等方式获取经济来源。他们的消费行为主要具有以下几个特点。

第一，超前消费行为。超前消费是将未来的消费能力用于支付当前的消费。这主要是由于当代大学生的购买能力同他们的消费欲望之间存在一定差距。一方面，当代大学生的主要经济来源还是家庭、学校以及社会和政府的支持，包括父母给的生活费、学校的奖助学金补贴、勤工助学、社会资助以及国家政策等，这就在一定程度上决定了大学生自身的购买力具有依赖性而不具有独立性。但同时，当代大学生面对琳琅满目的商品的消费欲望强烈，再加上当前有许多借贷平台以及分期付款等方式，吸引着大学生进行超前消费。但是，这种超前消费的行为容易让一些不法分子利用校园贷、裸贷等借贷方式使大学生陷入借贷的“沼泽”，大学生不能为了所谓的“面子问题”或者为了贪图当前的享受进行不理性的过度超前消费。

第二，盲目消费行为。由于各种网络消费平台的产生和兴起，人们购买商品的方式发生了深刻的改变，几乎可以实现不出门就可以买到任何你想要的商品。网购也成了新时代大学生的“宠儿”，面对着网络消费平台上面打着各种广告、各种宣传的丰富多彩的商品，学生们很容易受到各种各样的诱惑。再加上像“双十一”“双十二”这样的购物节此起彼伏，商家们会抓住一切能够促进商品销售的时机开展各种各样的打折活动和促销活动等，而大学生当前对自己的消费水平和消费目的都不甚明确，经不起商家的鼓吹，很容易进行冲动消费、盲目消费，但买回来又会发现这对自己来说并没有很大的用处。但下一次，他们可能依然会继续进行盲目消费，每一次都断言再买就“剁手”，但商家为销售商品所付出的努力远远超过他们控制自己消费的意志力，只有从思想上实现根本性的转变，树立正确的消费观，才能彻底结束这种“恶性循环”。

第三，攀比消费行为。攀比消费指的是脱离自己实际消费水平因攀比心理作祟而进行的消费行为。这种消费行为或许不在于消费者自己喜欢或是需要该商品或服务，而是一种“不想输给别人”和所谓的“面子问题”的心理在作祟。当前，部分大学生为了满足自己的虚荣心，通过各种方式借贷或是向父母伸手去购买一些自己可能并不需要或是没必要那么贵和好的东西，比如衣服、鞋子、包包和一些电子产品等等。这种攀比消费的行为是脱离自身经济实际的不良消费行为。

第三节　新时代大学生的成长规律

一、新时代大学生的共性特征

（一）各阶段的特点鲜明

尽管新时代的大学生具有个性化的特点，但是从宏观上来看他们仍然具有一些共性特征。首先体现在他们在各个阶段具有特点鲜明的共性。在大一阶段，大学生刚刚步入大学校园，这里的一切对他们来说都是新鲜的、新奇的，他们对校园里的一切事物都有着很强的好奇心。同时，他们也怀揣着自己的梦想和热情，对学校的各种社团、各项活动都充满着积极性，无论是在学习中还是在人际交往中，他们都乐于尝试。在大二阶段，他们总体上处于平稳过渡状态。他们逐渐从高中的“被动式学习”向大学的“主动式学习”调整，逐渐形成了自己适应大学学习生活的学习习惯和学习方式，对学校的各种事物已经日益熟悉，好奇心削减，但是对未来的发展方向和规划已经有了一定的方向和初步的探索。在大三阶段，大学生有了比较清晰的自我定位和对未来的规划。经过前两年的迷茫和探索，大三阶段的大学生可以说是“成熟”的大学生了，对于大学生活的探索基本已经结束，将关注的焦点放在了自身未来的发展上，能够较为清晰地认知自我以及未来的路该何去何从。在大四阶段，大学生主要聚焦在升学和就业两个方面上。一部分学生认为还想提升自身的知识能力素养，为考研而奋战，另一部分学生主要把精力放在求职上，通过各种渠道收集就业信息，用一次次面试打开未来职业生涯的大门，在困境中探索自己的未来发展之路。

（二）内化与外化统一规律

大学生的成长遵循内化与外化统一规律，就根本而言，高校思想政治教育工作本质上就是对大学生开展有计划、有组织、有目的的教育，使其形成符合一定社会所要求的思想品德并将这种品德付诸实践，是塑造大学生的思想并促使其践行的实践活动。思想政治教育工作主要做的是“内化”的工作，让大学生具备正直的品格和良好的道德修养，大学生一旦在思想层面形成了这种认知，在实践层面自然而然也会践行这种认知。内化与外化是一个不断螺旋式上升的过程，思想的认同，即内化，在下一次实践中外化出来，外化过程中所获得的新的感受又成为新的内化，新的内化又进一步外化，如此循环往复。内外化的统一主要是体现在外化过程中，要让思想上的认同逐渐转化为行动上的自觉。

（三）思想与行为相统一规律

思想和行为是辩证统一的。人的思想支配人的行为，人的行为反映人的思想，思想与行为是相统一的。但是，人是现实的人，而现实总是复杂的，因此，人的思想和行为也是复杂的，人的各种思想和行为之间的关系同样也是复杂的，二者之间的联系也并不都是表面的、直接的，其间常常需要通过动机、态度等作为中介。由于大学生思想活跃、接受新事物能力强，在新媒体时代拥有广泛的信息来源途径，因此他们可以将自己所赞成的思想观点很快落实为自身的行为动态。目前，很多大学生存在一定的从众心理和跟风心理，主要表现在消费观、恋爱观以及就业观、择业观等方面，这说明大学生的思想与行为相统一过程中的某一环节出现了问题。

（四）自我意识增强规律

自我意识主要包含自我认识、自我体验以及自我控制三个方面，三者环环相扣，相互促进，是知情意三者的统一。首先，自我认识是产生自我意识的第一步。大学生在步入大学之后会逐渐弄清自己的角色和定位，对自己的心理和生理变化都有进一步的了解，主动认识自己，接纳自己。其次，自我体验是其中的第二步。自我体验主要指的是大学生希望能够在大学生活中得到他人的关注、认可以及尊重等，实现自己大学生活的价值，让自己的大学生活过得精彩且有意义。这种自我体验是建立在自我认识的基础之上的，对自我是否有正确的认识决定着自我体验是否能够得到良好开展，同时，自我体验对自我认知也有反作用，大学生能够在不断的自我体验中调整对自己的认知。最后，自我控制是自我意识增强的最后一步也是极其重要的一步。在认识自我、体验自我之后，更要学会如何控制自我。自我控制就是能够按照自己的意愿控制自己的思想和行为，对大学生的个人发展起着十分重要的作用。一方面，较强的自我控制能力是大学生拥有独立意识的体现；另一方面，较强的自我控制能力能够让大学生在度过大学生活的过程中坚定地朝着自己设定的目标前进，而不受其他事物的诱惑和干扰。新时代大学生普遍具有一定的自我意识，并且随着不断地学习，自我意识不断增强，具有较强的辨别是非的能力，能够自主做决定，具有一定批判精神与思辨能力，不屈服于权威和强权。

（五）人格权威与学术权威相结合规律

随着时代的发展，新时代大学生当前所处的环境是知识与科技相结合的产物，所以教育者通常具有人格权威、科技权威、知识权威与传统权威等。权威是一种要求对象服从的规范性力量，能够促进双方在原则上的和谐共处。教育权威是自教育诞生以来受教育者就对教育者自发的尊崇和敬佩而产生的权威，不论是老师对学生，父母对子女，还是师傅对学徒都有这种权威。毫不夸张地说，教育离开了权威将一事无成。人格权威也可以看作是教育者自身的人格魅力。教育者要提升并运用自己的人格魅力去感染学生。人格魅力高的教师，学生往往会认同其传授的思想观念和知识，反之，人格魅力低的教师，学生往往对其所传授的思想观念“不屑一顾”。大学生对科技以及知识的渴求，使得大学生对教育者的学术权威给予了崇拜，但是这种学术权威在信息逐渐普及化的互联网时代受到了动摇，教育者失去了过去对信息的垄断权。因此，教育者要将学术权威同人格权威结合起来，更好地开展思想政治教育工作。

二、新时代大学生的新规律

（一）与时代发展同频共振的规律

在不同的时代，人们所使用的工具都不尽相同，每个时代有每个时代的印记。在旧石器时代，人们以打制石器为主；在新石器时代，人们以磨制石器为主；在青铜器和铁器时代，人们掌握了青铜和铁的冶炼技术；在蒸汽时代，机器生产逐渐取代手工劳动；在电气时代，人们能够广泛地运用电能源；在电子信息时代，也就是我们现在所处的互联网时代，互联网深刻地影响着我们的学习、生活和工作方式。新时代的大学生生活在这个互联网时代，他们的成长与时代的发展是同频共振的。新时代大学生的思想、行为都深深印刻着时代的特征，他们的思想、行为同时也在影响和推动着这个时代的发展。自改革开放以来，中国人民逐渐实现了“富起来”，物质生活水平得到了提高，生活在这个年代的大学生也能够“直起腰板来”，尤其是从党的十八大以来，“四个自信”逐渐烙印在新时代大学生的心中，他们的思想和行为都深刻彰显出不同于以往大学生的自信。

（二）社会要求与个体需要间的调试规律

以前我们总是强调学校要培养出社会需要的人才，这里重视的是社会需求而不是学生的个人需求，但是随着新时代大学生展现出的个性化趋势愈加明显，我们可以预见这种社会需求导向不再适应对学生的培养。新时代大学生更重视自己的需求和想法，与社会需求之间往往存在一定的差距，学校的目标不是要消除这种差距，通过抹杀学生的个性或是让社会遵循学生的个性使双方达成一致，学校的目标应该是让社会需求同个体需求之间保持适度的张力，让二者能够在一定范围内进行调试，以达到适配的目的。高校可以通过对学生开展思想政治教育，让其在思想上树立对国家、对社会以及对集体的责任感，让自己的个人价值追求同国家的发展相联系。同时，也要通过各种专业技能训练增强学生的理论和实践能力，以便使其在能力方面也能够在一定程度上满足社会的需求。

（三）身心发展规律

正值青春年华的大学生，尽管在生理的成长上已经趋于成熟，但是其思想意识仍然处于一个易受影响的成长期。一方面，他们期望拥有极大的自由时间和空间，却缺乏一定的自我控制和约束能力。他们一边渴望能够发挥自己的潜能和优势闯出自己的一番天地，但是一边又缺乏相应的经验和能力以及经受打击的承受力。他们的自我意识逐渐增强，但是仍然离不开父母、老师的引导和帮助，在处理事情方面还缺乏理性和成熟。思想政治教育工作者要深入把握教育对象的身心发展规律，并以此为依据开展思想政治教育工作。

三、新时代大学生各方面的规律

新时代大学生的成长规律主要表现为学习规律、思想规律、心理规律等各方面规律。这些规律的探索需要立足于大学生学习、思想、工作及其生活实际和成长过程，探求大学生在学习、思想和心理等各方面的需求和特点。只有把握新时代大学生的成长规律，思想政治教育工作才能与时俱进，根据大学生的成长规律做出相应的改变，实现立德树人的教育目标。

（一）学习规律

1. 有强烈的求知欲望，但学习目标不太明确

刚步入大学校园的大学生正值求知欲旺盛的年纪，普遍具有较高的求知热情。在高中时期，他们的学习目标很明确，就是奔着自己理想的大学而努力奋斗。

在进入大学以后，每个学生的梦想和追求都不甚相同，甚至一部分同学还处于迷茫期，面对多元的职业选择，没有明确的职业规划和目标。由于目标的模糊和缺失，学生的学习行为就变得盲目。许多学生从内心而言是想要学习并掌握一些专业本领和“真本领”的，以便实现自己的追求，为未来适应社会、找工作做好准备。但是他们却不知道学什么、怎么学，也不知道如何恰当地管理和分配自己的学习时间，只是完成老师布置的课堂内外的作业就无所事事，或是沉迷刷剧、游戏等。

2. 学习动机不纯，具有功利主义色彩

动机是激励人们采取行动的心理动因，人们的种种行为活动都有一定的动机在里面。学习动机是否纯正对于大学生在学业上是否能取得成功或能否将所学知识和技能用在正确的方面起着决定性作用。在当前市场经济的环境下和各种非主流价值观的影响下，部分大学生的学习动机不纯，具有浓厚的功利主义色彩。在丰富多彩的社会生活等因素影响下，大学生的学习动机呈现出多样化的趋势，主要包括以下几个方面：能够获取一个好的工作，追求较好的物质生活；实现自己的人生价值，获取较高的社会声望；努力学习，感谢父母亲人的养育之恩等等。这些学习动机有些过于狭隘，只想到自己的个人利益，而有些学习动机稍显功利化。这些学习动机都忽视了对集体、对社会、对国家的责任和义务，没有将个人利益同集体利益、社会利益、国家利益相结合。这种功利性的学习动机体现在微观上就是唯分数论、唯金钱论等等。他们参加各种活动都以是否与学习成绩或是学分、综测挂钩，如果加分就参加，如果不加分就不参加，不考虑这项活动本身的目的和意义，只关心是否对自己评奖评优有利。这种功利性浓厚的学习动机难以真正调动学生的学习兴趣，让学生学到真正有益的东西。

3. 学习压力加大，学习习惯不甚良好

从高中步入大学校园，意味着要开始独立生活，脱离父母亲人无微不至的关怀、照顾和包容，有很多事情需要自己去面对和处理，以前为他们挡风遮雨的人无法再为他们将所有困难都阻挡下来，他们需要学会自己负重前行。人生中的许多重要课题接踵而至，如何适应从高中生到大学生角色的转换，如何在大学生活中进行人际交往，如何处理高中学习方式与大学学习方式的不同，如何规划自己未来的发展以及如何处理情感困惑等等。其中学习压力是大学生主要的压力。虽然大学生的课业从表面上看十分轻松，课程安排并不是很多，但是大学的主要学习其实反而在课外，学生需要充分利用课外的时间去图书馆看书、在网络上搜集资料甚至到实地去调研等等。经过高考这一轮“筛选”，考入大学的学生基本都是在学习上有一定成果的学生，因此，他们之间的竞争也更加激烈，想要在班级或年级取得好成绩也并不是一件简单的事情。但也有部分同学的学习热情衰减，再加上不自律和不合理的学习方法，期末的时候，他们往往还会面临着挂科的风险。由于激烈的竞争，有追求的学生也面临着考证、考试等各方面的压力。尽管大学生的学习压力很大，但与之并不相匹配的是，部分学生并没有养成良好的学习习惯。主要体现在，他们的学习态度不端正、学习效率低下、学习缺乏主动性，课前不预习、课中不听讲、课后不复习，作业也时常敷衍了事，得过且过，到了期末就挑灯夜战两三天，高呼“60分万岁”，只求不挂科。

（二）思想规律

1. 思想多元化，一元与多元共存

当今世界是一个开放的世界，思想意识也呈现出多元化趋势，并且会继续存在和发展。但从整体上来看，我国高校大学生主流思想意识形态是积极向上的，普遍信仰马克思主义，坚持中国共产党的领导，坚定走中国特色社会主义道路，拥有正确的世界观、人生观和价值观。但是在改革开放逐渐深入的背景下，受市场经济的发展的负面影响，大学生容易被西方腐朽资本主义所侵蚀、迫害，他们拥有强烈的正义感和道德感，但是对事物的认识还很表面，不够深入和深刻，不能透过现象看本质，对于社会上出现的一些不正之风、腐败现象和道德缺失等现实问题缺乏理性的认识和态度，容易被某些别有用心之人所利用。随着网络的迅速发展，大学生普遍能够在网络上看到大量的信息，这些信息良莠不齐、鱼龙混杂，某些价值取向看似合理其实背后是西方腐朽文化的渗透和误导，导致部分大学生的价值取向多元化、信仰多样化，功利化和世俗化倾向明显。

2. 自我意识增强

新时代的大学生是伴随着中国的繁荣强大成长起来的一代，有强大的祖国作为后盾，他们的自信感和自我意识都不同于以往的大学生，再加上现在有很多大学生都是独生子女，在家里被父母和长辈细心照顾、关怀备至，他们更加关注自我的感受。同时，他们也更愿意独立思考，更注重自己的想法，更强调个性化，喜欢与别人不同，受到别人的关注，希望受到他人的认可和赞赏。学生对老师不再是盲目崇拜，也会对老师提出的观点进行质疑和反驳，有自己的思维方式和独立意识。在生活中遇到困难也倾向于自己独立解决，而不是求助于他人。这对培养大学生的独立人格具有极其重要的作用，但同时也要警惕极端个人主义思想的形成，引导学生正确地认识自我、接纳自我、成就自我。

3．功利意识加剧

随着经济全球化以及改革开放的不断深入，我国市场上涌现出了很多世界各地的商品，我国的很多商品也被运送到世界各地。同时，这种开放并不只是引起了经济上的巨大改变，也深刻影响了我国人民尤其是大学生的思想。市场经济所带来的逐利性给大学生的价值观带来了一定程度的负面影响，让他们在大学生活中也不知不觉地将这种功利性思想用到学习、工作、人际交往等方面。常常表现为，一些大学生只关心自己的利益，不关心集体，缺乏集体荣誉感，不懂得换位思考；缺乏理想和信仰，只看重实在的物质利益，具有拜金主义倾向；人际交往中缺乏真心而只看重能否让自己获取利益等等。

4．创新意识凸显

在“大众创业、万众创新”的国家号召下，以及国家颁布的各项政策的支持下，大学生拥有了一定的进行创新的客观条件。同时，在新时代中成长的大学生自身也拥有无限的潜力，精力旺盛，充满好奇心，这是大学生进行创新的主观条件。在这个日益激烈的竞争环境下，他们也不得不发挥出自己全部的潜能进行创新。他们在不断地探索和创新实践中努力寻找自己的人生价值，追求自己的梦想。创新成就梦想，梦想推动创新。

（三）心理规律

1．情感丰富且波动性较强

由于大学生的身心发展正处于逐渐成熟的“拔穗”关键期，再加上他们的大学生活丰富而多彩，有很多丰富的经历可以去感受，因此他们得到的情感体验也十分丰富和深刻。由于大学生还没有真正步入社会，缺乏一定的阅历和经验，即使只是在大学校园里，并不像真正的社会那样复杂，也需要大学生自己去处理他们面临的很多方面的问题。以前有很多事情父母在让孩子接触之前就已经帮他们解决了，他们并不了解这个世界复杂的一面，缺乏客观全面的认识，因此在面临失败和挫折的时候很容易心理不平衡，反映在情绪上就表现出不稳定、波动性大等特点。

2. 意志力增强，但存在差异性和不平衡性

意志是人类发挥自身主观能动性的集中表现，是人类独有的心理现象。意志与人们实现某种目标和达成某种成就有着密不可分的关系。大学生相较于高中生而言，意志品质明显增强，他们能够为自己设定目标、制定计划并努力朝着目标努力。但也存在意志力不稳定、不平衡的特点，存在较大的个体差异性。体现在每个学生的意志力强弱不尽相同，面对不同的方面同一个学生也有不同的意志承受力。从总体上看，大学生普遍承受挫折和应对突发事件的能力较弱，学校家庭对其意志品质的重视和培养锻炼明显不足。部分学生由于意志力较弱，有“拖延症”，表现出不主动、不作为、不在意等特点，缺乏责任意识和义务意识。但是意志力较强的学生自信、果敢，能够正确应对和处理突发事件，审时度势，做出正确抉择，或是在面对挫折时能够直面失败，不泄气、不气馁，勇于承担责任，总结经验，不断改进，从而战胜困难，达到目标。

3. 人格初步形成，但人格特征很不稳定

人格的形成和发展不是一蹴而就的，而是经过不断的社会实践和经验积累而成的。因此，大学生需要在自我与他人、自我与社会、自我与自然的相互接触和相互影响、碰撞中逐渐形成较为稳定、成熟的人格特征。伴随着生理上的逐渐成熟，大学生产生了较为强烈的独立意识，喜欢自主决定、安排、策划很多事情，希望能够通过自身的努力赢得他人的认可和尊重。他们的自我评价能力也不断增强，不只是关注表面，也更加在意自己和他人的内心世界，在意自己和他人的真实想法，逐渐能够更加全面、客观地去评价自己和他人。他们的人格已经初步形成，但特征还并不稳定，需要在不断的实践中逐渐稳定、成熟。自我评价能力有所提升，但是仍然容易受情绪波动影响，在逐渐走向成熟、稳定的人格特征上仍然还有一段路要走。

第四章　培养和造就时代新人的主要任务*

第一节　培养和造就习近平新时代中国特色社会主义思想的信仰者、贯彻者、捍卫者

进入新时代，高校的教育任务随之发生了一些改变。当前高校的主要任务是“育新人”，即实现立德树人、以文化人，培育能够担负起中华民族伟大复兴的时代新人。中国共产党在继承和发展马克思主义的基础上，与时俱进结合我国实际，经过实践检验逐渐形成了习近平新时代中国特色社会主义思想。大学生必须以新思想作为自己正确的理论指导，在思想意识中坚定对新思想的信仰，才能在投身社会主义事业的实践中实现民族复兴的历史使命。把大学生培育和造就成新思想的信仰者、贯彻者、捍卫者也是高校思想政治教育工作的重要任务。

培育和造就时代新人，要将高校作为宣传新思想的主要阵地和重要渠道，充分发挥高校从事思想政治教育的工作者的引导和宣传职能，加大对新思想的宣传教育力度，引导和督促大学生积极成为新思想的主要信仰者、贯彻者和捍卫者。

---

* 本章编者简介：罗丽琳，女，教授，硕导，西南政法大学辅导员教研中心研究人员。国家留学基金委员会公派访问学者。主持教育部等省部级课题项目 10 项，主研国家社科、教育部项目 3 项。出版专著 3 部，参编教材 2 部，发表核心期刊论文 17 篇。2 次获得重庆市政府颁发的“重庆市发展研究三等奖”。

一、习近平新时代中国特色社会主义思想的内涵

（一）理论背景

党的十八大以来，尤其是步入小康社会以来，以习近平同志为核心的党中央颁布了一系列方针政策并督促落实，推动了我国的社会主义事业进一步地发展并顺利上了一个新的台阶。新中国成立后，我国经历了一段时间的探索和徘徊，但最终还是找到了属于自己的正确的道路。国内国际环境稳定后，我国将国家的发展重点移到了经济发展上。随着人民温饱问题的解决，人民对美好生活也有了更高水平、更高质量、更广范围的要求。尽管我国社会生产力已经远远超出了建国初期的水平，但是在满足和回应人民需求的程度上还远远不够，还存在着发展不平衡和不充分的问题。这些问题是目前影响满足和回应人民对美好生活向往的最主要因素。

习近平总书记总结了我国过去的历史成绩，也对未来的发展做了一些重大的历史性的部署，针对“坚持和发展什么样的中国特色社会主义”和“怎样坚持和发展中国特色社会主义”做出了准确的回答，其中“人民中心”和“党的领导”是促使党和国家事业取得重大进步的力量支撑，只有始终坚持以人民为中心，党才能有不竭的动力源泉，只有坚持党的领导，党和国家的各个目标和任务的有效实现才有更充分的政治保障。

（二）主要内容

“八个明确”是从理论的角度对在新时代“坚持和发展什么样的中国特色社会主义”的科学回答。

新思想从八个方面勾画了新时代发展中国特色社会主义的基本方略。一是规定了新阶段发展的总体目标：坚持中国特色社会主义道路，最终实现中华民族的伟大复兴。同时，针对总任务也在方法上进行了符合社会主义发展规律的规定：坚持两步走计划，逐步实现强国目标。二是提出了价值导向：在准确把握我国当前社会主要矛盾的转变的基础上，始终以人民为主，引导人民实现共同富裕。三是进行了总体布局即“五位一体”和“四个全面”。四是针对我国的制度建设而提出的具体措施和解决目标。五是在全面推进依法治国上提出了更高层次的目标要求，即建设法治国家和建设中国特色社会主义法治体系。六

是针对国防和军队建设提出了人民军队的强军目标。七是针对国际环境，提出了中国的外交目标和世界愿望，为国际建设贡献中国的一份力，履行负责任大国的义务。八是指出坚持党的领导才是有效实现一系列伟大目标的关键所在。针对提出的八个方面的具体目标，也做了一系列的对策部署，概括为“十四个坚持”，为八个方面目标的实现提供了方法。

二、培养和造就习近平新时代中国特色社会主义思想的信仰者、贯彻者、捍卫者的必要性

（一）高校开展思想政治教育活动的重要任务

新思想对党和国家进行社会主义事业的建设具有重要的行动指导意义，更是实现伟大复兴“中国梦”的行动指南。新阶段，培育时代新人成了高校的教学重任，时代新人有三个层面的要求。一是在理想信念上，要坚持信仰马克思主义，树立共产主义远大理想；二是在本领能力上，要不断磨炼和增强，有能力、有本领去支撑远大理想的实现；三是在责任使命上，要肩负实现中国梦的使命和责任，将自己的个人追求和个人价值同中国梦相结合，发挥好自己作为国家发展生力军的作用。新思想有助于引导大学生树立崇高的理想信念和价值追求，用科学的理论指导帮助他们练就过硬的本领和能力，有助于帮助他们形成对自己国家的自信心和责任感。高校要加强宣传新思想，针对核心要义、时代背景、理论基础进行专题性、针对性的讲解，帮助大学生对此进行理解和掌握，在学习的过程中增强对新思想的信仰和坚决捍卫。新思想还贯彻着马克思主义立场、观点和方法，这是我们党在社会主义事业的伟大实践中不断证明的科学方法，新时代的青年更应该加以深入学习、领悟和掌握，贯彻新思想，以此指导新的实践活动。

我国高校的建设以马克思主义理论为指导，马克思主义在不断地与时俱进，而高校的思想政治教育工作的内容也应该随着时代的变化而与时俱进。新思想是马克思主义富有新时代特征的准确表述，高校坚持课程内容与党的理论创新同步推进，针对课程内容做好及时的调整工作，才能有效发挥思想政治教育的功能和作用。青年大学生要形成正确的“三观”，就必须加强理论学习。在高校思想政治教育工作中科学地融入新思想，也是高校的教学任务之一，培育新

思想的坚定信仰者、贯彻者、捍卫者成了现实的必然要求。

（二）高校实现立德树人根本任务的必然要求

“立德树人”教育任务的实现是习近平总书记对高校提出的时代要求，“立德”和“树人”也是高校历年来在不断追求的价值目标。当代大学生对新思想要做到用心学、用心相信、用心用好，这不仅有助于大学生形成强国之志，形成正确的“三观”，更有利于成为社会主义建设的接班人和建设者。

高校是当代培育人才的重要基地，不仅担负着向学生教授技术层面的知识和技能的职责，还应该担负着在意识形态层面进行科学引导学生正确看待问题和解决问题的责任。高校要引导大学生正确认识新思想，准确把握我国所处的时代背景和主要矛盾的变化，更加清楚地意识到所肩负的历史重任的使命感和责任感。高校坚持以新思想为指导，是高校实现立德树人根本任务的必然要求，也是培育和造就时代新人的重要途径。

三、培养和造就习近平新时代中国特色社会主义思想的信仰者、贯彻者、捍卫者的途径

（一）坚持真信，成为新思想的信仰者

正确理论决定方向，方向选择路径，道路决定命运。理想信念宛如一把永不熄灭的火炬，在白昼时，或许我们未曾注意到它的明亮，但是在黑夜里，这把火炬仿佛能将这黑夜点燃，成为黎明到来之前的希望。理想信念的火炬不是断断续续的，而是一代接一代地传续，我们从革命先辈的手中接过这把火炬，这把火炬又从我们的手中传到我们的下一代手中，肉体生命或许会因为不可抗力而消逝，但是精神生命的延续与精神信念的延续是永恒的。新时代的青年要坚定理想信念，成为新思想的坚定信仰者。

（二）坚持真学，成为新思想的捍卫者

中国共产党不仅是一个善于发现问题和解决问题的政党，还是一个不断结合实际进行理论创新的政党。因此，大学生不仅要深入学习习近平系列讲话的重要文件资料和书籍，更要认真领会学习其内在的精神，知晓其蕴含的马克思

主义基本理论。

就高校的思想政治工作者而言，要发挥其组织和引导作用，积极引导大学生认真学习原文、读原著、理解新思想，在学习的过程中积极开展学术讨论和研究活动，高校要将学习新思想和系列讲话精神纳入入党的标准考核中，切实履行好思想政治教育工作者的职能。就学校基层党组织而言，要发挥基层堡垒的宣传、教育功能，借助新媒体技术，加强校内报刊、校园网站、网络学习平台的建设，应用校内资源生动形象地宣传、解读新思想，用鲜活而生动的案例为学生答疑解惑。就大学生个人而言，要充分发挥其主观能动性，进行积极主动的学习，读原著、学原文、悟原理。首先，读原著，原著当中蕴含着作者最直接的想表达的内容，而经过了翻译或是解读的版本，或多或少都会与原著作者所想表达的内容有一定的出入。语言本身就已经为思想进行了第一重限制，如果还被各种语言进行了翻译和解读，就会与原著所想表达的意思相差甚远。其次，学原文。我们都知道断章取义这个成语，但是在真正遇到的时候，人们却往往忽视了这一点。在网络上，人们常常看见一段话配上一张图，但其实图和文表达的并不是同一个意思，只是有人把看似相符的内容放在了一起。由此可见，如果不学原文，我们可能会陷入盲人摸象的处境。最后，悟原理。马克思主义相关的著作有很多，马克思主义与中国实际相结合所产生的理论成果也很多，青年大学生要多读相关书籍，并在书籍中感悟其中所蕴含的原理。

（三）坚持真用，成为新思想的贯彻者

任何理论的价值都是在真用的过程中体现出来的,只有实践才能检验真理。新思想作为“二十一世纪活的马克思主义理论”，是科学的并能经受住实践考验的理论。时代新人学习新理论的目的就在于将其运用到实践活动中，并在实践活动中加深对理论的理解和认识，逐步形成正确的认识。新时代青年要全面、系统、深入地学习新思想，仔细咀嚼、品位其中蕴含的深刻理论，并逐渐内化为对马克思主义崇高的信仰。广大学生党员要结合自己的具体实际，在学校和社会中践行新思想，坚持以人为本的思想，努力为同学办实事，积极投身到社会实践活动和各类志愿服务活动中，做好新思想贯彻者的表率。同时，高校师生做好新思想的宣传工作，在思想政治教育工作中，讲好中国故事，用好红色文化，通过举办征文、展览、演讲、参观红色历史遗迹和革命纪念馆等方式，

落实、感悟新思想。除了党员要加强对新思想的学习和贯彻，广大团员和群众也要主动开展学习。以党员带团员，团员带群众，以党组织带团组织，团组织带班级的帮带形式让更多的青年学生参与到新思想的学习中来。可以创新党团班活动的形式和内容，用科学的理论和红色革命文化等作为主题党日、团日、班会的主要内容，并采取打造“信仰课”“思政金课”“红色文化体验课”“党史示范课”等，让全校师生都投入真用新思想的实践中来。

第二节　培养和造就全面建设社会主义现代化强国的追求者、奋斗者、贡献者

一、全面建设社会主义现代化强国的内涵

全面建设社会主义强国的战略目标是在中华人民共和国成立以来，我国的发展逐渐走向更高水平，各个领域的发展逐步向着现代化进程迈进的过程中逐渐形成的。我国社会的发展经历了由低级向高级的三个阶段的发展，从“三大改造”的完成，我国社会的目标是初步建立起社会主义工业国；到改革开放以后，我国社会的发展目标变为“小康社会”，2021年已经实现了全面建成“小康社会”的目标；本世纪中叶的奋斗目标是建成社会主义现代化强国，为了实现这个目标，党制定了“两步走”的正确步骤，第一阶段是从2020年到2035年，基本建成社会主义现代化，第二阶段是从2035年到21世纪中叶，建成社会主义现代化强国。

一是建设社会主义工业国。新中国成立初期，我国各个领域的发展很不完善，还处于落后的农业国家阶段，工业化水平和西方资本主义国家的差距很大，人民还没解决基本的温饱问题，因此，将工业化建设和国家的发展密切结合成为了当时国家的发展目标。在我国加强推进工业化的同时，1954年毛泽东提出了“四个现代化”。1964年，第三届全国人大第一次会议正式确立了我国实现“四个现代化”的目标，确定坚持走中国式道路来实现现代化。改革开放以后，邓小平逐渐提出了我国要建立“小康社会”和中国特色社会主义现代化的战略目标，并确定了“三步走”战略，分步骤实现小康社会，为现代化的建设奠定了坚实

的基础。

二是全面建设社会主义现代化国家。中国共产党带领人民实现了从“温饱”到“小康”，现在已经实现了全面建成“小康社会”，从2020年到2035年逐步正在向“全面建设社会主义现代化国家”而奋斗。在我国社会的发展过程中，在我国社会逐步实现现代化的过程中，或许每个阶段的重心和任务有所不同，但各个方面都朝着逐步“全面”的方向发展，“全面”成为了社会主义的显著特征。涉及经济、政治、文化等各方面的全面协调的现代化，党对社会主义现代化建设的布局逐步从最初的“三位一体”“四位一体”到现在的“五位一体”，逐步涉及了社会各个领域的发展，促进中国特色社会主义的全面协调发展。

三是全面建设社会主义现代化强国。在这个阶段，中国的经济、政治、生态和社会都将向更高的水平发展。在经济建设方面，我国生产力水平大幅度提高，核心竞争力逐渐居世界前列，一些“卡脖子”技术不断被攻克。在政治建设方面，中国建立了高度的政治文明，实现了法治与德治的有机结合，形成了良好的民主政治生态。在文化建设方面，我国形成了高度的精神文明，国民素质显著提高。中国精神和中国价值观将成为文化发展的重要力量。在社会建设方面，居民收入普遍提高，社会更加和谐稳定。在生态建设方面，生态环境得到改善，形成了人与自然和谐共处的局面，实现了美丽中国的目标。

二、培育培养和造就全面建设社会主义现代化强国的追求者、奋斗者、贡献者的必要性

全面建设社会主义现代化强国既是中国梦的具体化，又是一个切实可行的奋斗目标，全国各族人民必须为实现这个目标而奋斗。一是大学生实现人生价值的需要，有助于大学生在新时代成为社会主义建设者。人生价值由满足个人需求的自我价值和满足社会需求的社会价值构成，新时代的大学生同样要坚持个人价值和社会价值相结合，在逐步实现社会价值的过程中实现自我价值。新时代，现今大学生的人生价值的实现和全面建设社会主义现代化强国目标的实现是相统一的，大学生要实现个人价值，成为时代新人，就必须将个人梦想和民族梦想、人民幸福相结合，积极投身社会主义国家现代化建设。

二是实现中华民族实现伟大复兴的需要。中国在近代之前的几千年里一直

都是世界上最强大的国家。但是在进入近代以后，中国就由于封建制度腐败等原因落后于时代，并遭受世界各国的侵略，因为在他们眼中，中国就是案板上一块任人宰割的鱼肉。遭受这样的屈辱的根本原因就在于中国的弱小，所以我们必须使自己强大起来，只有自己强大了，才不会任人宰割。所以我们要实现中华民族的伟大复兴，要建成社会主义现代化强国。

三、培养和造就全面建设社会主义现代化强国的追求者、奋斗者、贡献者的途径

（一）坚定理想信念，成为全面建设社会主义现代化强国的追求者

其一，学习掌握科学的理论。科学的理论能够正确指导人们的实践活动，尤其是在新时代下,青年学生更应该加强对科学理论的学习,并指导自身的实践。习近平总书记在“不忘初心、牢记使命”主题教育总结大会上指出，广大干部和青年学生应该加强对“四史”的学习。“四史”的内涵丰富，尤其是其中的党史，青年学生应该加强对党的历史、党的由来、党的奋斗以及其中所体现的党的智慧和党的精神的学习。正值中国共产党成立一百周年，青年大学生更应该坚持学“四史”，唯有知来路才能明去向，认真研学中国革命史、中华人民共和国国史、改革开放史和中国共产党党史。在“四史”的学习过程中，理解和感悟党带领人民在建设新中国的过程中形成的伟大革命精神，在改革开放中形成的建设精神，以及社会主义现代化建设取得新的胜利中形成的伟大的脱贫攻坚精神和抗疫精神等。当代大学生必须准确把握马克思主义和中国特色社会主义理论，走好当代青年人的“长征路”，坚定全面建设社会主义现代化强国的理想信念,在理论学习的过程中不忘初心使命,坚守中国特色社会主义道路。

其二，自觉增强科学的理论认同。新时代的大学生正在经历新冠肺炎疫情的考验，在这次新冠肺炎疫情对国际的大考验中，我们能见证中国成为了这次考验优秀的“答卷人”，短短数月就控制住疫情，研发出疫苗并免费提供给人民使用，这是资本主义国家所不能达到的效果。这都得益于坚持中国共产党的领导，依托于科学的理论的指导。当代大学生要通过对现实的观察，深刻领会中国共产党领导的极大优势。中国共产党始终坚持和发展马克思主义的人民中心立场、辩证的态度和科学的方法看问题，坚持问题导向，极大发挥社会主义

集中力量办大事的优势，大学生在学习的过程中必须自觉增强对习近平建设社会主义现代化强国理论的认同感。

其三，始终坚决信仰科学的理论。新时代的大学生必须坚持心中有信仰，只有在理论上保持清醒的认识，在政治上才能坚定。大学生必须用科学的理论知识来牢固树立信仰根基，掌握中国共产党的三大规律，从习近平的强国理论中获得新知，汲取精神力量，从学习中获得知识，补足精神之钙，调动自己的一切力量追逐自己的远大理想，为实现强国建设而奋斗终生。当前，有许多大学生受到各种社会思潮以及西方腐朽文化的影响，动摇了心中的信仰或是缺乏信仰。人不能没有信仰，一旦缺失了信仰就会得“软骨病”，信仰是一个人为之不懈奋斗的目标，是面临任何困难都迎难而上的精神阵地，是保护我们不受腐朽思想浸透侵蚀的“金钟罩”。青年大学生要有信仰，整个国家才能将这种信仰传递下去。信仰之光，永不熄灭。

（二）树立强国目标，成为全面建设社会主义现代化强国的贡献者

其一，主动树立强国目标。一代人有一代人的使命和责任，而新时代的青年最大的使命和任务就是投身于现代化建设，使我国成为现代化强国。我们的青年必须要有这样的国家情怀和大义使命感，正如周恩来总理写下的誓言，“为中华之崛起而读书”，这也正是青年该有的样子和觉悟。青年学生主动树立强国目标，对提升自身的能力和水平也具有重要意义，不论是对专业理论知识的学习，还是对专业技能的提升，都是为建设现代化强国而进行的奋斗。同时，国家也会成为助力青年成长长材的坚强后盾。希望当代青年大学生都能自信地呼喊出：“强国有我，请党放心！”的豪言。

其二，全面宣传为强国建设而奋斗的价值追求。新时代的大学生要将爱国和爱社会主义摆在第一位，以为社会主义事业的发展做贡献作为自己的终身奋斗目标，并使这种为强国建设而不懈奋斗的价值追求为更多人了解、认同并加入其中。传播的目的是为了信息的沟通，只有使这种价值观在社会中广泛传播，人们才会逐渐了解、接受、认同并践行这种价值观，才能帮助人们树立民族自信心，并将自己的人生价值同建设强国联系起来，为实现中华民族伟大复兴而不懈奋斗。新时代大学生要积极成为全面建设社会主义现代化国家的坚定传播者，讲好中国故事，弘扬正能量，引导广大群众成为社会主义强国的建设者和

价值追求者。

其三，把强国目标转化为奋斗的精神动力。精神阵地是每个人都必须坚守的阵地，是我们的精神动力之源。作为新时代大学生，马克思主义理论就是我们的信仰，就是我们的精神高地。在马克思主义理论指导下的中国共产党确定了建设社会主义现代化强国的目标，那么这个目标就应当是青年大学生为之不懈奋斗的精神动力。将强国目转化为奋斗的精神动力的过程，也有助于大学生克服在学习和工作中的困难，指引他们找到准确的方法解决困难。同时也需要引导广大人民群众将强国建设作为追求的目标和愿望，团结和发动人民群众为早日实现强国的目标而奋斗。

（三）发扬奋斗精神，成为全面建设社会主义现代化强国的奋斗者

当代大学生要继承和发扬党带领人民在社会主义现代化建设过程中形成的奋斗精神，树立崇高的理想，将实现强国目标作为自己的价值追求。新时代是当代大学生可以实现自己的远大志向、实现个人的价值的好时机。

其一，要自觉积极地投身实践，做实干家。早在中国共产党诞生之时，青年一代就已经成为了宣传科学的思想、传播正确的理论、引领新风气的主要社会力量，当下更要坚持理论与实践相结合，做到“知行合一”，将所学的理论知识转化为物质力量，提高大众的思想觉悟和政治意识，坚定不移地做好新思想和科学理论的宣传工作，并将理论应用于实践活动。作为新时代的大学生，学习和锻炼个人的能力就是坚持“实干”精神的重要体现，自觉学习和钻研本专业的知识和技能，用新思想塑造自己，锻炼个人的能力，丰富知识储备，为就业做好充分的准备，更为社会主义现代化强国的建设夯实基础。

其二，加强实践锻炼，砥砺奋斗本领。发扬奋斗精神，是全面建设社会主义现代化强国的动力之源。当代大学生要在社会实践中加强锻炼，利用丰富的社会实践活动引导和锻造大学生的奋斗精神。首先，高校要坚持实践育人的原则，遵守以学术为主、结合生活实际和社会需要的原则，积极创造实践场所和实践教育环境，积极组织学生在寒暑假参与“三下乡”等社会实践活动，让学生在群众和社会基层进行调查服务和志愿服务，组织大学生广泛接触社会，了解人民群众的真实情况，培育大学生脚踏实地、艰苦奋斗的本领，增强建设强国的信念。其次，在教学的过程中，大学生要把学习和科技创新相结合，高校要充

分利用校内教育资源与环境积极开展创新创业竞赛、学术科技作品竞赛等活动，培育大学生的创新和实践能力，引导大学生在实践中确定建设社会主义强国的人生奋斗方向，促使大学生磨砺奋斗意志，增强奋斗责任感，掌握科学奋斗方法，不断提升奋斗本领，成为全面建设社会主义现代化国家的奋斗者。

第三节　培养和造就社会主义核心价值观的崇尚者、践行者、传播者

在新的时代背景下，我国的社会主义事业对青年人又提出了新的时代要求：践行社会主义核心价值观，并转化为个人的共同价值追求成为了当代大学生的道德层面的价值追求。中华民族在长久的实践和探索中形成了许多优秀的文化，核心价值观是其中最贴切当代中国实际和最凝练的优秀文化，也是中国人民共同的思想道德基础。

一、社会主义核心价值观的内涵

社会主义核心价值观是维系中华民族存在五千多年并保持强大生命力，得以继续生存发展的精神纽带，也是我国各族人民在道德意识层面共同的思想道德基础和价值追求。无论是悠久的历史还是无数的实践都充分证明了，核心价值观是一个国家形成民族凝聚力和战斗力的重要精神力量，在全社会倡导、践行社会主义核心价值观事关我国的长治久安和民族的前途命运。实践证明，实现中华民族的复兴，广大人民群众不仅需要加强物质文明的创造，更需要积极投身社会主义精神文明建设，为国家的发展、文化的进步、历史的进步贡献力量。

总的来说，社会主义核心价值观可以概括为国家，社会，公民这三个层面，这三个层面相辅相成，对我们要建设什么样的国家、建设什么样的社会、培育什么样的公民做出了系统的回答，是一个有机结合的整体。

二、社会主义核心价值观教育的重要意义

社会主义核心价值观的倡导和践行有利于提升国家文化软实力。文化承载着一个民族发展的血脉，是构筑一个民族精神的基石，是衡量一个国家“软实

力”和综合国力的重要维度。社会主义核心价值观作为中华优秀传统文化的凝练和集中体现，是在中华文明延绵不断的历史长河中经过时间洗礼的珍宝，也是经历历史积淀的民族血脉,体现出中国人民和中华民族长期以来的价值追求。一个国家是否强盛，已经不再只是看经济和军事等“硬实力”了，现在更注重一个国家的“软实力”，而文化就拥有这样的力量和价值。社会主义核心价值观对提升国家文化软实力具有十分重要的意义。文化的价值不是做加减法来计算的，人类社会也不是由许多可以拆卸的零部件组装起来的机器，而是一个由现实的人构成的综合创新发展的社会有机体。就像人吃下去的是粮食，经过咀嚼消化、吸收成长为骨肉和血脉，社会主义核心价值观也在长期的浸染中逐渐成为铸就我们灵魂的骨肉和血脉。

（一）是坚持和发展中国特色社会主义的价值遵循

社会意识决定社会存在，坚持和发展中国特色社会主义需要广大中国人民共同努力，为了促使广大人民成为社会主义事业建设中的一分子，整合我国各族人民的社会意识成为了重要任务。一个国家、一个民族要有自己的价值遵循才能凝聚共识，让人民心往一处想、力往一处使，从而促进国家和民族的繁荣强盛。核心价值观凝聚了中华优秀文化的精髓，是中国人民价值观共识的集中体现，描绘了对社会美好生活的向往，反映了建设现代化强国的价值目的。除此之外,凝聚共识还可以有效化解当前社会存在的矛盾,只要人们的价值观一致，就会加深人们彼此之间的理解和谅解，社会中存在的许多问题也就迎刃而解，从而确保社会主义事业朝着正确方向发展。坚持社会主义核心价值观立场和价值追求，有助于进一步坚定“四个自信”，也为社会的有序科学运行和社会的良性和可持续发展提供了明确的价值遵循，保证了中国特色社会主义事业始终在朝着正确的方向前进。

（二）有助于应对西方价值观的挑战

当今世界的国际环境越来越复杂，国际局势的变化日益加剧，随着政治多极化和文化多元化的局势日益加剧，各种文化思想的交流和碰撞不断加剧，西方国家利用多种手段对我国进行文化渗透，导致人民在诸多的价值观面前不能做出正确的选择。特别是社会主义市场经济体制确立以来，马克思主义信仰受到来自西方意识形态的侵蚀和破坏，受到庸俗化的大众文化的干扰和影响，非马克思主义和假马克思主义的传入，混淆甚至否定马克思主义的科学性和真理性。

广大时代青年只有坚决信仰社会主义核心价值观，才能准确掌握中国的价值目标，有效抵御西方不良的价值观对我国社会的侵蚀和毒害。高校要始终坚持定时广泛地开展爱国主义教育，组织和引导学生定期开展爱国主义教育活动，各个地区加强革命基地和红色历史遗迹的建设，多开展“重走长征路”、缅怀革命烈士、参观红色文化教育基地等活动，筑牢社会主义核心价值观意识。现在网络社会快速发展起来，大学生也经常活动于网络社会，网络社会上的信息良莠不齐、鱼龙混杂。西方腐朽文化的渗透是悄无声息的，并不是大张旗鼓的，不论是电影、电视剧或是动漫、小说等文化周边，都是他们渗透的方式。青年大学生要提高警惕，针对别有用心之人在网络上散播的不良言论和西方的不良价值观，要善于、敢于揭露其本来面貌，正确引导广大网民对中国精神进行正确的理解和把握，充分利用案例宣传社会主义核心价值观，促使人民达成共识。

（三）强化了国内主流意识形态

我国现阶段处于社会主义事业转型的关键期，有些西方国家借此机会采用各种手段向我国国民渗透他们的资本主义和宗教的意识形态。广大人民群众由于对社会主义核心价值观和社会主义意识形态的了解和理解不够，在价值观的选择上容易出现疑惑、迷茫和分歧，不能正确辨别各种价值观的本质，难以做出正确的选择。当下还存在更严重的问题，在新冠肺炎疫情和经济长期处于下行状态下，全球的经济不景气，很多国际公司和企业倒闭，人口失业，基本的人身健康和安全得不到保障，很多人在精神生活上缺乏信仰，西方利用此机会对我国渗透拜金主义、个人主义、资本主义思想等，还蓄意抹黑我国的形象，大肆宣扬“中国病毒”，制造“新疆棉花”事件等，使我国社会的发展遭到一定程度的冲击，人民的思想也发生一定的变化，制约了我国经济的高质量发展，给社会、人民都带来了不良影响。因此，要通过社会主义核心价值观进行强有力的引导，解除人民心中的疑惑。

三、培养和造就社会主义核心价值观的崇尚者、践行者、传播者的路径

（一）创新宣传教育方法，增强社会主义核心价值观的吸引力

任何事物都是内容和形式的统一，内容决定形式，但同时形式对内容也具有一定的反作用。核心价值观本身只是一串24个字的文字，尽管这其中承载的是中华优秀传统文化几千年来的凝练表达，但对于广大群众来说，这仍然是一种形式较为枯燥的呈现方式。因此，我们一方面可以加强内容设计，创新话语表达，以内容为主，以灵活多样易于接受的形式为载体，利用通俗易懂的语言进行宣传，使社会主义核心价值观更加容易地被人民所知晓掌握。

一是注重利用互联网进行传播。随着互联网的发展，各种移动终端逐渐成为了人们关注信息、获取信息的渠道和途径，人们在互联网上"冲浪"，小小一部手机就能知晓世界大事，因此我们要利用好互联网这个传播途径。互联网传播方式可以让核心价值观的传播范围更广泛，互联网也可以促使传播更加生动形象，充分利用大数据方式，树立互联网思维，破除传统的纸质媒体传播的弊端。在微博、微信公众号、抖音短视频和快手短视频上做好视频和文字宣传，利用动画、游戏、微动漫和音频视频等方式，做好社会主义核心价值观的宣传工作，让社会主义核心价值观的传播一改以前的枯燥又乏味的标语文字宣传模式，变得生动、灵活。也可以采取线上线下相结合的方式以丰富核心价值观的宣传方式。同时，要牢牢把握住互联网的主流媒体阵地，让核心价值观作为主流思想在互联网上以生动活泼的形式进行广泛传播。要发挥好新媒体的矩阵作用，围绕核心价值观进行创新，为大众提供更多丰富的生动活泼的文化产品，让关于核心价值观的好文章、好视频等文化周边在网络上广为流传。要用好学校的宣传资源，包括拉横幅，设置宣传标语，举办以核心价值观为主题的学生活动，让整个校园都充满着学习核心价值观的浓厚氛围，增强教育效果。也要注重用好身边鲜活案例的方式，用好身边人、身边事，让核心价值观的宣传和教育更加深入人心、贴近学生生活，用他们的英雄事迹或是平凡中的不平凡的坚持来感染学生，增强核心价值观的宣传力度，直抵人心。

二是注重以文化人、以文育人。中华文化是在中华文明延绵不断的历史长

河中经过时间洗礼的珍宝，中华文化是历经五千年历史积淀的民族血脉，中华文化根植于我们赖以生产生活的古老的土地上，中华文化在社会生活的方方面面都凿下了深深的痕迹，形成了我们的精神家园和精神归宿。中华文化具有滋养人的心灵的作用，要把握好中华文化对青年学生的浸润和感染作用，要不断深入挖掘我国传统文化、中共党史中的生动实践。丰富的内容也必须要通过一定的形式才能展现出来。核心价值观可以通过影视、音频、图书等文化周边的形式向大众传播。同时，更要注重融入生活场景。核心价值观是基于人民生活实践最终凝练出来的价值观，不是束之高阁的阳春白雪。核心价值观也不是喊在嘴边的口号，而是实实在在地存在于人民群众的社会生活中的。因此，核心价值观的宣传必须要深入人民的生活场景，让核心价值观成为人民生活中看得见、摸得着的东西，让人民无时无刻都能够接触到。要充分发挥社区基层组织的作用，占据和利用文化活动中心、文化站、公园广场等舆论宣传阵地，以党的鲜活实践经验、新的时代任务为重要依据提炼和创新信仰教育内容，抓住重大节庆活动、民间民俗活动等时机，广泛开展形式多样的文艺活动，让社会主义核心价值观在人民群众的生活中更加日常化。

三是进一步健全信仰教育评价体系建设。我们从小看到的、听到的、感受到的，都在传达一种清晰的价值观，无形之中意识形态就慢慢入脑入心了。但现在信息爆炸，核心价值观教育面临着许多的挑战。因此，开展信仰教育是极其有必要的。信仰教育作为一种思想层面的教育行为，很难从具体的现象中去体现，尤其是信仰的形成也是一个长期的过程，并不是通过“突击”的方式就能养成的。因此，我们需要对信仰教育进行科学的评价，建立相应的评价体系。科学的信仰教育评价是对信仰教育是否达到预期教育目标的重要评判和反馈。确立客观的信仰教育评价体系，有利于科学衡量信仰教育实施的具体效果，有利于发现信仰教育中存在的实际问题，从而为进一步完善和优化信仰教育提供合理的参考依据，更有针对性地找到相应的改进措施，为继续优化信仰教育内容、改善信仰教育方式提供科学的根据，并以反馈的方式对信仰教育过程产生一定的监督作用。有信仰的老师才能做好信仰教育，老师对于学生的表率作用在隐性教育中占有很重要的地位。信仰教育和核心价值观教育不能仅仅让学生学习相关的理论知识，更要让学生感受到党员的先进性，感受到信仰的价值取向。师德师风对学生的耳濡目染有着率先垂范的作用。因此，除了对学生进行相应的信仰教育评价之外，还要对教师进行信仰教育评价，只有教师的信仰正了，学生的信仰才会正，只有教师的核心价值观正了，学生的核心价值观才会正。

（二）借助法律手段，捍卫社会主义核心价值观

社会意识上升为国家意志才能促使广大群众真正贯彻落实，要充分利用法律手段来倡导和践行社会主义核心价值观，推动社会主义核心价值观成为法律意识和规则是一项远大而艰难的任务。道德是内心的法律，法律是道德的底线。当内心无法约束道德的时候，我们就要考虑是否需要采用法律的手段来维护更多人的权益。思想政治教育是让社会主义核心价值观实现内化与外化相统一的一种手段，同时，法律手段也可以从外到内地对人们的行为和举止进行约束和限制。因此，实现法律与社会主义核心价值观的相互融合是十分必要且可行的。在法律法规中，应该体现社会主义核心价值观的人文关怀，在社会主义核心价值观中也要强调国家的法律法规。由此，才能促使人民更好地捍卫社会主义核心价值观，遵守国家的价值准则，追求社会价值目标，实现公民的价值标准。在现实生活中，也有很多借助法律手段来捍卫核心价值观的案例。例如，网络上流传了一些污蔑、抹黑、诽谤我国英雄烈士的内容，包括视频、文字、图片、漫画等各种形式，传播量大，影响恶劣。2019 年 3 月，两会提出要认真落实英雄烈士保护法，用法律手段捍卫英烈尊严。英雄和烈士的伟大事迹及其精神对于中国人民和中华民族来说都是共同的历史记忆和宝贵精神财富，不能容许别有用心的人通过各种形式对其进行侮辱，要捍卫核心价值观的地位。

（三）必须大力弘扬爱国主义和改革创新精神

爱国主义自古以来就是中华民族得以长期发展、克服发展道路上的一切艰难险阻、战胜外来入侵者的深厚精神力量和优良传统，它支撑着中华民族 5000 多年来历尽磨难，依然能够经受住无数风险与考验而岿然屹立于世界的东方。核心价值观的培育和践行，可以开展内容丰富、形式多样的爱国主义教育活动。尤其可以与“四史”教育相结合，在历史教育中激发学生的爱国主义情怀，各个地方要积极挖掘和开发当地的红色教育资源，开发好、利用好红色资源，让红色基因延绵永续。高校应该增加组织学生观看爱国影视活动的次数，组织学生参观红色革命纪念馆的展览活动，组织学生撰写爱国征文，举办爱国主义宣

讲活动，组织学生积极进行宣讲。高校除了在理论上教育学生要厚植爱国主义情怀，还要让爱国主义不停留在口头上，让爱国主义的行为落实在手头上、脚下面，让爱国主义变成踏踏实实的实际行动。同时，改革创新也是新时代青年必不可少的精神之一。我国之所以在改革开放以来创造了一个又一个中国奇迹，就在于我国通过不断地改革和创新以追上时代的步伐，实现一个个飞跃。创新始终是社会发展不竭的动力源泉，高校必须注重培养青年学生的创新精神，只有不断地创新，我们的国家、我们的社会、我们的人民才能不断地前进和发展。在鼓励学生创新的同时也要注重“守正”的问题，只有心正了、价值观正了，在这个基础上进行的创新才是符合社会发展需求的创新，才是我们所弘扬的改革创新精神。违背社会公俗、道德、法律等规范所进行的创新，反而可能会导致社会的倒退。青年学生要不忘初心，不管走得再远都不要忘记来时的路，始终保持一颗赤子之心、爱党之心、爱国之心。

第四节　培养和造就中华民族优秀传统文化的坚守者、传承者、弘扬者

一、中华民族优秀传统文化的内涵

中华民族优秀传统文化是中华民族、中国人民的根，更是我们中华民族五千年来的时代精华，得以维系文化从未中断过，保持生机和活力传承下来。中华民族优秀传统文化中包含了中华民族精神追求，成为民族最基本的文化基因，中华民族优秀传统文化在它的发展与继承中也在不断塑造中华儿女的价值观念、思维方式，约束着人们的行为，也形成了各个民族特有的风俗习惯、文化产品，渗透在广大人民群众的思想意识里，规范和制约着现代人的思想观念和行为方式。

（一）中华优秀传统文化形成于五千年的文明历史

在中国五千多年的悠久历史中，我们不断积累了深厚的文化底蕴，也逐渐形成了中华民族的文明体系。中华民族优秀传统文化培育了伟大的民族精神和

民族凝聚力，在历史进程中促进了社会的发展进步，直至现在，依然深刻地影响着人们的生活和工作，也对世界文明的多样性做出了巨大贡献。

中华民族五千多年的历史进程中，中华民族文化具有兼收并蓄的功能，吸收和融合了 56 个民族的独特文化、思想和道德品质，逐渐形成了儒、道、法、佛等诸子百家的文化思想体系，其中蕴含的行为规范、价值追求、理想信念等成为了当代中国精神、社会主义核心价值观、中国法律、道德规范的渊源。比如捍卫祖国领土完整、甘于奉献的爱国主义精神，乐民之乐、忧民之忧的爱民立场，求真务实、开拓创新的革新精神，舍生取义、公而忘私的奉献精神，德泽天下、协和万邦的团结和平理念等等。与此同时，这些重要的精神理念又以文字和语言为载体，逐渐影响到中国的经济、政治、文化、社会等方方面面，维系着中华民族的传承和发展。

（二）中华优秀传统文化在文化事业和文化产业中传承

文化产业有助于中华民族优秀传统文化的继承与弘扬，因为文化产业作为一种经济产品，在生产、交换、消费的过程中，可以有效地传递和传播中华民族优秀传统文化。同时文化产业的发展可以为中华民族优秀传统文化的传承提供资金、人力和物力的支持，也成为了文化传播的重要载体。中华民族优秀传统文化依托文化产品可以得到有效的发展。文化产业可以充分挖掘蕴含在中华民族优秀传统文化中积极健康的因素，利用科学手段转化为纪录片、电视剧和视频文字资料，汇编成图书，丰富传统文化的传播载体。借助大数据方式和新媒体进行传播，可以极大地提高传播的范围、速度和质量，突破传统的时间和空间的局限性，拓宽受众的范围。同时，中华民族优秀传统文化借助文化产业进行传播，也有利于大众加深对文化的理解，使中华民族优秀传统文化变得更加通俗易懂，更容易理解和接受。

（三）中华优秀传统文化发展于中国特色社会主义事业的伟大实践

现代社会，西方国家借助文化产业和文化产品输入本国的文化，这对我国文化的发展造成了极大的冲击。中国共产党意识到了重新认识和重视中华民族优秀传统文化的意义和价值的重要性，在带领中国人民进行社会主义事业的建设过程中，积极承担起了挖掘中华民族优秀传统文化的价值的责任，将中国特色社会主义与时代特征相适应，依托于现代文明，引导广大人民群众正确认识和理解中华民族优秀传统文化。

二、传承中华民族优秀传统文化的重要性

（一）有助于凝聚中国精神

文化引领未来，文化是一个国家和民族的灵魂。我们要以新思想为指导，发展中国特色社会主义文化，坚持以文化人、经世致用，凝聚中国精神，坚定文化自信。中华民族优秀传统文化是中华各族人民经过长时间的积淀，塑造了中华儿女爱国的优秀品质，也展示了中华儿女历代以来的价值追求，凝聚了伟大的中国精神。中华文化是在中华文明延绵不断的历史长河中经过时间洗礼的珍宝，中华文化是历经五千年历史积淀的民族血脉，中华文化根植于我们赖以生产生活的古老的土地上，中华文化在社会生活的方方面面都凿下了深深的痕迹，形成了我们的精神家园和精神归宿。中国共产党能够经历无数风险考验，至今成为拥有 9500 多万党员的大党，正是由于中国共产党积极吸取了中华民族传统文化的积极有益的成分，形成了伟大的中国精神，渡过一个又一个难关。中华优秀传统文化不仅孕育了中国精神，更是无数中国人民的力量源头。

（二）有助于建设社会主义文化强国

文化强国需要历史文化传统的支撑。文以载道，道以化人。培养担当民族复兴大任的新时代青年是对教育者提出的新要求、新任务、新目标。新时代的新青年必须不断学习新思想，不断提高自身文化素养和水平，先以文化“己”，才能以文化人。不论是化己还是化人，文化的作用都是使人明智、经世致用。当前我们面临的最大的历史任务就是实现中华民族伟大的复兴，因此我们要善于运用新思想武装头脑，指导实践，建设文化强国，巩固中华民族伟大复兴的文化基石，铸就中国梦的伟大事业。

（三）有助于推进新时代马克思主义中国化

马克思主义扎根中国大地的方法，就是结合中国具体实际，而中国的各个方面都深受中华传统文化的影响，必须要先使马克思主义转化成符合中国人的

思维习惯和理解习惯，才能让更多的中国人理解马克思主义、信仰马克思主义、传播马克思主义、践行马克思主义。在内容上，马克思主义和中华民族优秀传统文化具有共通性，比如老子的辩证法思想，儒家的大同思想，《诗经》中的"小康"等等都和马克思主义中的唯物辩证法、共产主义等具有相似之处。在特点上，中华民族优秀传统文化具有多样性、包容性，具有兼收并蓄和容纳外来文化的特性，而马克思主义是科学的理论，适用于诸多社会主义国家，同样具有应用性。马克思主义中国化的过程中离不开优秀传统文化的支撑，基于中华优秀传统文化和马克思主义之间的共同点，将二者有机融合，有助于推进马克思主义中国化。

三、培育和造就中华民族优秀传统文化的坚守者、传承者、弘扬者的途径

（一）采取正确态度对待中华民族优秀传统文化

中国古代的文化思想对当代的人们仍然具有重要的意义，对当代的生活生产实践活动产生着重要影响。中华民族传统文化在传承的过程中，吸纳了各个民族的文化，其中既有优秀的成分也存在糟粕的部分，由于受到当时的时代条件、人民认识能力和社会发展水平的影响与制约，传统文化中也存在诸多不符合现代社会发展要求的内容。对待中华民族传统文化要坚持正确的态度和立场，采取科学的方法进行区别对待，对健康有益的东西加以继承和发扬，对封建腐朽的东西进行批判和摈弃，坚持取其精华、去其糟粕，拒绝历史虚无主义，反对全盘否定传统文化，同时也要拒绝民族虚无主义，反对全盘继承，对待传统文化不能一味接受或否定，要秉持客观、科学、敬畏的态度，要坚持辩证唯物主义和历史唯物主义的立场，既反对历史虚无主义，也反对文化复古主义。

（二）借助新型传播媒介，加强中华民族优秀传统文化传播力度

当今社会，信息网络化水平逐渐提高，电子产品的普及率大幅度提高，大数据手段逐渐被更多的人接纳掌握，这使文化传播的载体、渠道变得日益丰富起来。信息网络技术具有传播形式多样化、方便快捷、传播范围广等优势。在现代融媒体时代的到来的背景下，中华民族优秀传统文化可以借助新媒体信息技术进行传播，但值得注意的是要加强对中华民族优秀传统文化和网络信息技

术有机结合的研究，加强对中华民族传统文化的挖掘，在基于对广大人民群众的爱好和兴趣以及中华民族优秀传统文化价值的深入挖掘基础上，创造出新型的文化产业及文化产品等，提高文化传播的质量。当今社会的娱乐活动也日益丰富，电子网络游戏更加成为青少年和大学生的主要娱乐方式，可以将优秀传统文化融入到电子网络游戏中，开发研究出具有文化价值的游戏，在游戏中植入传统文化价值理念，使广大受众在娱乐的同时，也加深对中华优秀传统文化的了解和深入学习。新媒体技术的不断发展，对于中华民族优秀传统文化是一个不错的发展契机，也有助于中华民族优秀传统文化的继承与弘扬。

（三）加深挖掘中华优秀传统文化资源，发展中华优秀传统文化产业

中华民族优秀传统文化蕴涵着丰富的文化资源，必须加以深入挖掘，充分利用保留在各个民族、各个地区的历史传统文化、家风、良好的传统习俗，创造性地生产出一系列具有时代价值的文化产品和文化产业。一方面可以满足人们对文化的需求，另一方面，可以加强对中华民族优秀传统文化的继承与弘扬。中国的文化产业发展相对落后于西方国家，因此我们要发挥中华民族优秀传统文化丰富多彩、有着深厚的历史底蕴的优势，以文化产业为传播的载体，打造具有民族特色、中国特色、内涵丰富的旅游产业和影视作品。各个地区基本上都有民族特色文化，如博物馆、名胜古迹、历史遗迹、纪念馆、民族小镇、文化遗产等等丰富的文化资源，对这些文化资源首先要加以保护，注重保护的同时要采用科学的方式加以利用，打造地方特色的旅游生态产业，拓宽文化产业的销售和体验渠道，充分利用网络资源，使民族产业为更多的人知道，引导人们加深对中华民族传统文化的热爱，增强民族自信心和自豪感，增强文化自信。

第五节　培养和造就构建人类命运共同体的倡导者、参与者、推动者

当今，中国作为世界第二大经济体，不仅为人类的进步提供了机遇，而且始终关心并致力于解决关乎全人类安危和发展的全球问题，一直在解决人类面

临的世界性难题中发挥着积极作用，体现了作为一个大国应有的担当和使命，用中国人的智慧为世界的发展和进步贡献了力量和解决方案。党的十八大以来，中国从一个新的高度来看未来，在以习近平同志为核心的党中央的领导下，创造性地提出了“构建人类命运共同体”的愿景，这是习近平新中国特色社会主义意识形态的重要组成部分，是对当代中国的重要思想理论的一个补充，这也是一面指明方向的旗帜，引领着世界的潮流，进一步推动着人类的文明和进步。

一、人类命运共同体思想提出的时代背景

和平发展是时代主题。一方面，在国际上，经济全球化、社会信息化极大地解放和发展了生产力，也为世界大多数国家的发展提供了良好的机遇。世界逐渐变成一个紧密联系的“地球村”，国际逐渐形成了一个命运共同体。另一方面，世界发展面临的问题和挑战也在日益增多，经济危机爆发频率增多，世界经济长期处于低迷状态，国家间的冲突和矛盾日益尖锐化，世界性的灾难性疫情高发，以上问题引起社会动荡不安。全球性的挑战逐渐增多，世界各国都必须承担起自己的责任，协调行动，共同维护世界的和平稳定发展。中国创造了一个又一个奇迹，取得了许多历史性成就，这在客观上说明了，我国所走的道路和方向是正确的，中国的国际影响力也逐渐提升，中国在国际社会中也越来越有话语权，能够为其他发展中国家发展提供鲜活的经验借鉴和案例。

在国内方面，自党的十八以来，党带领全国各族人民在各个方面取得了历史性的成就，也促进了党和国家的事业实现了历史性的变革，中国特色社会主义事业进入了新时代，中国的治理理念、治理方法和成功实践被越来越多的国家所认同、接受和借鉴，中国的综合国力逐渐提升，国际影响力日益提高，中国有能力为世界的和平发展贡献中国智慧和中国方案。

二、深刻理解人类命运共同体思想的内涵

在政治方面，“相互尊重、平等协商，坚决摒弃冷战思维和强权政治，走对话而不对抗、结伴而不结盟的国与国交往新路。”[①]古往今来，人们经历了

① 习近平. 决胜全面建成小康社会　夺取新时代中国特色社会主义伟大胜利 [M]. 北京：人民出版社，2017：58—59.

无数次大大小小的战争，其中给人类带来最大伤痛的是两次世界大战。战争会给参与其中的地区、国家和民族带来难以挽回和不可估量的损失，像两次世界大战这样波及范围广、伤亡大的战争更甚。战争会摧毁一个国家的经济，经济停滞、生产艰难、物价高涨。人民更是生活在水深火热当中，其生命和财产失去保障，失业、破产接踵而至，还会被迫卷入战争当中，不论是军人还是平民，性命都受到威胁。战后遗留下的心灵上的创伤也是难以磨灭的。因此，政治上的稳定，世界的持久和平和普遍安全对于整个人类社会来说都是有益的。当前，除了局部冲突外，世界总体上呈现出和平的态势，这给世界的发展进步提供了良好的政治环境。人类命运共同体思想在政治上倡导各个国家之间要相互尊重、平等协商，只有在政治上互相尊重，各国之间才能拥有在同一水平的平等协商，而只有通过平等协商各国才能互商互谅，达成利益上的一致，维护世界的和平与稳定。

第二，在安全方面，“坚持以对话解决争端、以协商化解分歧，统筹应对传统和非传统安全威胁，反对一切形式的恐怖主义。”[①]国际局势动荡不安，尤其是新冠肺炎疫情的影响导致世界各国的经济、政治、社会受到了不同程度的破坏，非传统安全威胁已经加剧了局势的动荡，全世界人民的利益和人身安全处于一种相互依存的状态。各个国家更应该摒弃冷战思维，树立共同、综合、合作、可持续的新安全观。各个国家都要恪守尊重主权和领土完整、互不干涉内政等国际关系基本准则，统筹维护传统和非传统安全。

第三，在经济方面，“坚持同舟共济，促进贸易和投资自由化便利化，推动经济全球化朝着更加开放、包容、普惠、平衡、共赢的方向发展。”[②]中国共产党始终坚持以人民为中心，历来坚持从群众中来、到群众中去的群众路线，有着深厚的人民情怀，这种人民情怀不仅是对中国人民的，对全世界的人类也是如此，人类命运共同体的提出也是中国共产党以人民为中心的发展理论以及马克思主义人民思想的进一步深化和发展。随着经济全球化的发展，没有任何

① 习近平. 决胜全面建成小康社会　夺取新时代中国特色社会主义伟大胜利 [M]. 北京：人民出版社，2017：58—59.

② 习近平. 决胜全面建成小康社会　夺取新时代中国特色社会主义伟大胜利 [M]. 北京：人民出版社，2017：58—59.

一个国家能够在经济危机当中独善其身，相反，或多或少都会受到经济危机的影响。坚持人类命运共同体思想可以让全世界的各个国家和地区都联合起来，共同面对难关，同舟共济。同时，人类命运共同体思想不仅可以让大家携手共渡难关，还可以促进参与到其中的国家优势互补、互利共赢。人类命运共同体思想坚持多边主义和协商对话，希望能够通过和平发展的方式促进世界经济的繁荣，而不是其中几个国家或地区获利，该思想也尊重各个国家的独立主权和地位，抵制霸权主义和单边主义，旨在努力推动世界各国共同繁荣发展。

第四，在文化方面，“坚持尊重世界文明多样性，以文明交流超越文明隔阂、文明互鉴超越文明冲突、文明共存超越文明优越。”①我们生活在一个丰富多彩的世界，这个世界不仅生物种类繁多，在文化上也是异彩纷呈，展现出丰富性、独特性等特点。文化是人类所特有的现象，是伴随着人类社会的发展而产生和发展的，包含着人们在生产生活实践中产生的物质财富和精神财富等。因此，不同地域、不同国家、不同民族的人民在自己的生产和生活中所形成的文化也各有千秋。文化多样性对于人类来说首先必然是客观存在的，不同地域、不同国家以及不同民族的文化以及同一地区、同一国家和同一民族的文化在不同时间和阶段的文化都是不尽相同的，都有其特殊性和独特性。同时，文化多样性也是各个地域、国家和民族进行文化交流和发展的基础和前提。如果世界上的文化都千篇一律，那也不存在文化交流了，没有文化交流，不论是友好的还是冲突的文化交流，也就没有文化发展和进步了。矛盾是事物发展的唯一动力。世界各国首先要尊重文化多样性，承认并坚持文化没有优劣等之分，在友好交流中相互借鉴、相互吸收、兼容并蓄以促进文化的进步和发展。

第五，在生态方面，“坚持环境友好，合作应对气候变化，保护好人类赖以生存的地球家园。”②我们都知道，地球只有一个，生态环境出了问题就好像是地球生了病，在地球上生存的我们自然也难以独善其身，在一定意义上说，我们与地球、与地球上的生态环境是休戚与共、同生共死的。在工业革命以前

① 习近平. 决胜全面建成小康社会　夺取新时代中国特色社会主义伟大胜利 [M]. 北京：人民出版社，2017：58—59.

② 习近平. 决胜全面建成小康社会　夺取新时代中国特色社会主义伟大胜利 [M]. 北京：人民出版社，2017：58—59.

的时代，由于生产力低下，人们对自然的开采和利用受到了很大程度的限制。但是在工业革命以后，生产力得到了极大的解放，得到了迅速的发展，人们对自然的开采和利用率也极大地提升了，这对自然造成了极大的破坏。由于之前人们生态环境保护意识淡薄，只顾追求经济利益，忽视了生态环境对人类发展的不可替代性和极端重要性，导致当今世界面临着许多棘手的生态问题。在这样的现实面前，我国提出人类命运共同体思想，有利于人与自然和谐相处，保护人类共同生存的家园，让人们共同生活在一个清洁美丽的世界。

三、构建人类命运共同体的意义

（一）体现中外优秀文化和全人类共同价值追求

人类命运共同体得以构建，内在蕴含了中外优秀文化的共通性，更充分体现了全人类存在价值追求的契合点。当今世界，和平与发展是时代主题，更是全人类共同的价值追求。和平予以发展良好环境，发展回以和平重要保障，二者深刻蕴藏于中外优秀文化之中。首先，和平的时代环境是中外文化共同永恒主题。就中国而言，“和合思想”是中华民族始终坚守的思想精髓。这种思想为中华文化注入了强大的生命力，也是我们中华民族最独特的品质。个体的命运总与群体密不可分，中国的发展亦与世界的发展紧密相连，唯有与世界各国和睦友好共处，方能共赢发展。就世界而言，两次世界大战对世界经济社会发展的阻滞是值得我们深思的经验教训。战争的根本是发展利益的分配，但战争本身却毁损了发展利益，这一矛盾足以令世界反思和平的重要意义。其次，发展是世界社会向前演进的关键动力。社会形态的更迭归根到底是以生产力发展为根本动力。就近现代来看，西方资产阶级革命，释放封建社会生产力发展，进而建立起资产阶级国家。我国更是在生产力、生产关系的改造发展过程中，进一步转向新的社会阶段，开启新的发展征程。由此，就世界范围内的共同价值追求来看，构建人类命运共同体将进一步昭示中外优秀文化是内在蕴含价值契合点的。

（二）适应了新时代中国与世界关系的历史性变化

近代的中国由于闭关锁国的基本国策，一直处于落后于时代、落后于世界的地位。历史告诉我们，没有任何一个人、任何一个国家能够逆时代潮流而上。在经历了百余年的艰难的抗争和奋斗之后，中国人民终于“站起来”了，因为中国人民选择了中国共产党，中国共产党选择了马克思主义，这都是中国适应时代发展的体现。尽管新中国成立后，中国才逐渐探索出正确的“摸着石头过河”这一方式，最后用一步一个脚印的方式走出属于中国自己的道路，但是中国找到了改革开放这条适合自己的路，从而促进了中国经济的腾飞，创造了属于中国的奇迹。2012 年，中国特色社会主义进入了新时代，这证明了中国人民、中国共产党所选择的道路没有错，新时代的中国日益走向世界舞台中央。中国走向世界，世界也拥抱中国。中国与世界的关系发生了历史性的变化。作为第二大经济体，中国在世界舞台上扮演着越来越重要的角色，中国力量、中国的话语权、中国的态度等等都不再受到其他国家的压迫和威胁。同时，中国也能够将自己的力量和智慧贡献给世界，促进世界的繁荣和发展，维护世界的和平。构建人类命运共同体就是中国贡献自己智慧和力量的深刻体现，希望全世界的各个国家都能够认可并参与到这个理念中来，为解决人类共同的难题做出自己的贡献。

（三）为世界发展和人类未来指明了前进的方向

当今世界背景下，全球性的挑战逐渐增多，世界发展面临的问题和挑战也在日益增多，经济出现逆全球化现象，经济危机爆发频率增多，世界经济长期处于低迷状态，国家间的冲突和矛盾日益尖锐化，世界性的灾难性疫情高发，恐怖主义抬头，难民潮等问题引起社会动荡不安。面对种种世界性问题，中国从不回避也不推卸自身在国际社会中的责任，而是始终站在全球人民的立场，关心各国人民的情况。在遇到履行大国职责的时候，积极承担起应尽的责任，履行相应的义务。中国还在很多时候主动帮助其他国家，对其他国家和人民主动伸出援手，在尊重他国的政治文化的同时，力所能及地帮助他国及其人民解决一些现实问题。例如新冠肺炎爆发后，中国做出了示范性的应对措施，在有效地控制好本国的疫情之后，积极帮助世界各国共同应对新冠肺炎病毒，为有需要的国家捐赠物资、提供技术等，帮助他们恢复正常的生产生活。中国的新冠肺炎疫情在很短的时间内就控制下来了，但是中国对其他国家面临的困难没有袖手旁观或是落井下石，而是始终贯彻自己提出的人类命运共同体思想，始终关注着世界人民的安危，积极主动帮助其他国家和人民度过困境，携手世界人民共同解决这个大难题，这不仅体现了中国作为一个大国的担当，还为世界的发展和人类的未来指明了正确方向。

四、培育和造就构建人类命运共同体的倡导者、参与者、推动者的途径

（一）坚持奉行独立自主的和平外交政策，走和平发展道路

中国共产党和中国人民将始终不渝走和平发展道路，始终不渝奉行互利共赢的开放战略，在和平共处五项原则基础上同世界各国友好合作，坚定不移地维护世界和平。中国始终坚持和奉行独立自主的和平外交政策，这一政策是中国同世界各个国家和各个地区交往的基本外交原则，只要遵守这个基本原则，中国愿意同世界各国和各地区友好相处、共谋发展、互帮互助。同时，中国不同任何国家以任何形式结为盟友，但是中国愿意、乐意同世界各国和各地区都保持亲密的伙伴关系。不管是大国还是小国，不管国家和地区的实力强弱，中国始终都坚持以平等的姿态与其沟通，不盛气凌人也不唯唯诺诺。中国也尊重各国人民自主选择社会制度和发展道路的权利，反对强权政治和霸权主义。

（二）积极发展全球伙伴关系，构建新型国际关系

中国高举和平、发展、合作的旗帜，总结了过去各个时期的国际关系的经验教训，探索出了一条各个国家进行交流和沟通的新的道路，并始终致力于推动这种新型国际关系的建立。首先要处理好与各个大国之间的关系，大国是世界版图中无法忽视的存在，对于世界形势的发展起着关键性作用。必须处理好大国之间的国际关系，才能构建和平稳定的国际关系。其次，要处理好与周边国家的关系，始终坚持以邻为善、以邻为伴的周边国家外交方针。周边国家与我国接壤或邻海，对我国的安全、发展都有着重要的影响，一旦处理不好与周边国家的关系，就可能会陷入“腹背受敌”“唇亡齿寒”的境地。再次，要处理好与发展中国家的关系。中国历来都十分重视同世界上其他发展中国家的关系，且始终致力于加强同各个发展中国家的团结协作，这也是我们外交政策的基础。我国是发展中国家，而且是世界上最大的发展中国家，在成为世界第二大经济体的道路上也接受了许多国际社会的帮助，其中有许多发展中国家的帮

助。同时，发展中国家的人口在世界人口中占大多数，处理好同发展中国家的关系，对于我们国家来说，甚至对于世界来说都具有极其重要的意义。最后，多边主义是重要舞台。当前一些国家大力推行对自己有利的单边主义和霸权主义，这不利于维护世界和平、建立稳定的新型国际秩序。中国极力倡导多边主义，双向交流，尊重各个国家和地区在国际中的平等地位，有利于推动建立和平、稳定、公正合理的国际新秩序。

（三）积极参与改革和建设全球治理体系

中国在积极参与改革和建设全球治理体系方面，包括在解决国际问题、面对国际争端、处理国际事务、保护世界环境、维护世界网络安全等领域都做出了许多的贡献，为世界其他国家和人民提供了中国方案。一方面，面对国际上出现的各种问题，中国始终坚持共商共建共享的原则，坚持尊重他国，在不干涉他国内政的基础上，始终坚持多边主义，为解决当前存在的问题积极贡献出自己的方案，努力使全球治理体系朝着更加公正合理的方向发展。另一方面，中国还积极主动地参与应对全球性的挑战。面对各种国际问题，例如国际争端、恐怖主义、气候变化、网络安全及其他威胁到世界各国人民安全的诸多地区热点问题和全球性挑战，我国始终展现大国担当，为其提供中国方案，贡献中国力量，为全球的治理发挥了建设性作用。此外，在面对国际争端问题上，我们始终坚持“和平与发展”的时代主题，坚持“以和为贵”的原则，坚持和平共处，积极劝和促谈，避免不必要的争端。我国在处理国际争端问题时，从不搞霸权主义和强权政治，强硬的手段非但不能解决问题，甚至可能造成更多世界问题，加剧国际问题的滋生。在国际安全事务上，我国积极参与国际反恐合作，坚决打击恐怖主义，力图消除恐怖主义对人民安全的威胁，为营造一个和平安全的环境积极贡献自己的力量。在全球气候变化问题上，我们坚持绿色低碳，推动世界环境保护事业的发展，共同维护地球环境，建设一个美丽的家园。最后，中国还积极推动建立多边、民主、透明的全球互联网治理体系，打击网络违法犯罪，例如打击跨国境网络诈骗，打击国际黑客等，营造一个良好的网络环境，积极维护世界网络安全。

（四）积极倡导和建设“一带一路”，推进构建人类命运共同体

人类命运共同体思想是习近平总书记提出的具有世界性意义的优秀思想，“一带一路”倡议是让这个思想落实落地落细的具体措施，对于中国和世界来说都是新的机遇和新的发展天地。因此，我们的高校尤其要以思政课为主阵地让青年学生了解、认同、倡导、建设“一带一路”，从而培育和造就构建人类命运共同体的倡导者、参与者、推动者。

共建“一带一路”倡议，目的是聚焦互联互通，深化务实合作，携手应对人类面临的各种风险挑战，实现互利共赢、共同发展。共建“一带一路”，关键在于互联互通，只有各个国家之间打破相互屏蔽的藩篱，促进国家间的相互交流与沟通，才能实现各个国家的优势联合，从而推动各个国家共同进步，实现各国人民共同富裕。“一带一路”不是哪一个国家推动或者哪几个国家合作就能够成功的，而是需要越来越多的国家认可这个倡议并陆续参与到这个倡议中来。目前，世界上已经有百余个国家和国际组织自觉、自主、自愿参与到“一带一路”这个倡议中来，这也成为了这百余个国家和国际组织互相之间沟通、联通、合作的纽带和桥梁。“一带一路”的倡议也不是为了哪一个国家或者哪几个国家的利益而存在的，它是致力于让所有认可并参与到这个倡议当中的国家和地区能够得到看得到的发展和利益，并且维持这种全球互联互通的伙伴关系，携手应对人类面临的各种风险和挑战。截至 2019 年 4 月，在各方的共同努力下，“六廊六路多国多港”的互联互通架构基本形成，一大批合作项目落地生根，首届高峰论坛的各项成果也顺利落实。“一带一路”倡议为许多的国家和地区提供了互联互通的平台，让大家的优势和潜能能够充分发挥出来，聚沙成塔、积水成渊。新时代的青年学生要有这种世界性、全局性的格局，将自己的个人价值和追求融入“一带一路”的倡导和建设中去，为构建人类命运共同体贡献自己的力量。

第五章　新时代大学生思想政治教育的主要内容*

第一节　理想信念教育

一、新时代大学生理想信念教育及其特征

（一）新时代理想信念的时代内涵

2013年5月4日习近平总书记同各界优秀青年代表座谈时讲到“广大青年一定要坚定理想信念。‘功崇惟志，业广惟勤。’理想指引人生方向，信念决定事业成败。没有理想信念，就会导致精神上‘缺钙’。中国梦是全国各族人民的共同理想，也是青年一代应该牢固树立的远大理想。中国特色社会主义是我们党带领人民历经千辛万苦找到的实现中国梦的正确道路，也是广大青年应该牢固确立的人生信念。”①讲话中提到的远大理想是人类对自由解放、全面发展的追求，指引着中国共产党领导下的中国人民成功获得了民族解放和独立，正确选择了中国特色社会主义发展道路。中国特色社会主义的奋斗目标是将中国建设成为富强、民主、文明、和谐、美丽的社会主义现代化国家，这也是现阶段中国人民的共同理想。因此，新时代的理想信念是共产主义的远大理想和中国特色社会主义的共同理想的完美结合，只有把握好理想信念的时代内涵，才能夯实大学生理想信念教育的内容。

---

* 本章编者简介：黄娥，女，法律硕士，助理研究员，西南政法大学辅导员教研中心研究人员。主要研究方向为学生思想政治教育和管理，从事一线专职辅导员工作10年，公开发表相关论文9篇，主持、参与校级思政类课题多项。

① 习近平．在同各界优秀青年代表座谈时的讲话[N]．人民日报，2013-05-05（02）．

（二）新时代大学生理想信念的特征

1. 新时代大学生理想信念是理想与信念的结合

中国在适应时代发展的需要中逐渐形成了新的理想信念概念。离开信念谈理想，容易把共产主义理想信念当成空想；离开理想谈信念，容易在中国特色社会主义奋斗中迷失方向。因此，必须将理想与信念相统一，大学生对共产主义的追求，既是对未来社会的一种理想追求，也是遵循和践行共产主义的一种信念。①

2. 新时代大学生理想信念是社会理想和个人理想的结合

大学生的个人理想会对社会的未来发展产生重要影响，因此在对共产主义理想信念的追求中，应当包含大学生个人理想的实现，只有在实现共产主义理想的奋斗中才能最大限度地实现个人理想。必须要求大学生提高自身政治素养，不断调整个人理想，与社会理想保持高度一致，将对共产主义理想的追求与自己的日常生活融为一体。

3. 新时代大学生理想信念是思想与实践的结合

马克思指出："全部社会生活在本质上是实践的。凡是把理论引向神秘主义的神秘东西，都能在人的实践中以及在对这个实践的理解中得到合理的解决。"② 因此，大学生的理想信念同样不会脱离现实生活而独立产生。大学生的理想信念以社会实践为基础，可以满足自身和社会的各种需要，并没有超越现实生活，也没有游离于现实生活之外。大学生的理想信念是要靠大学生自己努力奋斗来实现的。

二、新时代大学生理想信念教育的重要意义

（一）新时代大学生理想信念教育是应对国际复杂环境的现实需要

西方国家凭借先进的网络技术和强大的话语权，在网络上大肆宣扬资本主

① 孙瑞婷．新时代大学生理想信念教育研究 [M]．北京：中国社会科学出版社，2020：16.

② 孙瑞婷．新时代大学生理想信念教育研究 [M]．北京：中国社会科学出版社，2020：16.

义制度、民主自由思想和西方民主制度的优越性，抨击中国特色社会主义制度，强烈冲击着我国社会主义意识形态。这些意识形态的入侵容易误导思想尚不成熟的大学生对社会主义产生怀疑，对社会主义发展感到迷茫，甚至对共产主义理想信念发生动摇。只有不断加强大学生的理想信念教育，牢固树立正确的世界观、人生观、价值观，提高大学生对各种不良思潮和价值观侵蚀的抵御能力，才能使其充分发挥自己的本领，切实肩负起实现中华民族伟大复兴的历史使命。

（二）新时代大学生理想信念教育是巩固社会主义制度的有力保障

社会主义一直以来都被西方资本主义国家视为自己发展的巨大威胁。改革开放以来中国经济和人民生活水平显著提高，社会各方面也呈现出跨越式的发展，使得西方国家愈发不甘心，并利用网络和国际舆论对中国进行攻击，对社会主义进行歪曲宣传。同时，西方国家鼓吹的享乐主义、个人主义等影响到人生观、价值观还未成熟的大学生，致使他们在诱惑面前缺乏自制和抵抗，使其愈发注重个人利益，从而抛弃共产主义理想信念。只有加强大学生的理想信念教育，才能及时纠正和抵制影响大学生的错误思潮和不良倾向，始终坚定不移地坚持社会主义道路和共产主义理想。

（三）新时代大学生理想信念教育是提升大学生综合素质的内在需求

新时代的大学生身体和智力逐渐趋于成熟，拥有强烈的社会参与感和好奇心，参与到社会实践中以满足对新鲜事物的好奇心是其迫切需要。但同时他们大多生活优渥，遇到的坎坷和困难不多，缺乏社会责任意识、大局意识和集体意识，对人生的深刻思考和体验较少，辨别能力不足。特别是当今纷繁复杂的社会环境下，西方资本主义表明的“制度优越性”诱惑着大学生，使他们难以树立社会主义的理想信念。所以理想信念教育是大学生思想和行为的方向标，只有树立起牢固而正确的理想信念才能成长为对社会有用的人。必须全面提高自身的综合能力和素养，新时代大学生才能承担起社会和历史的重任。

三、新时代大学生理想信念教育的现状

（一）理念不断丰富但实操性有待提高

从互联网中直接、快速地获取他们想要的知识已经成为新时代大学生的习惯，为适应大学生的网络认知方式，高校也相继提出体验式教学、人文教育和素质教育等理念，充分调动大学生的参与性。但现实中老师的单向输出还是思想信念教育的主要方式，更多地强调政治性和理论性。大学生失去了参与的主体性，不仅会感到空洞乏味，无法产生对马克思主义的学习兴趣，也无法对马克思主义理想信念产生执着热情，参与教育的积极性不高。这某种程度上使理性信念教育流于形式。

（二）内容不断充实但实效性有待加强

随着时代的不断变迁，大学生理想信念教育的内容也更加丰富全面且处于不断更新中。而书本、视频、音频等教育形式的多样也让教育内容变得立体、形象，更具有吸引力。但当前大学生理想信念教育仍以教育灌输为主，难以做到理论和社会现实相结合，教育内容针对性不强。在面对现实各种影响下，大学生对马克思主义的理想信念出现了一些困惑和怀疑，而在教育中并没有得到科学合理的解答。教育内容大多侧重于社会理想、长远理想的教育，对个人理想、生活理想则关注不够，未将个人理想和社会理想相结合，缺少实践性，反而让学生认为马克思主义的理想信念过于高远而不切实际，从而造成学生的抵触心理，没有很好地发挥出指引奋斗目标、激发前进动力、提高思想境界的教育效果。

（三）方法不断更新但创新性有待完善

现代信息化技术的发展和多媒体平台的应用使理想信念的教育方法获得更新。但作为大学生的理想信念教育主要渠道的思政理论课，较少建立专门的理想信念教育平台，例如深受大学生欢迎的微信、微博、视频网站等。少部分建立起来的德育网站也是将线下的德育内容照搬到线上，而忽略了内容的丰富性、趣味性，并没有发挥应有的效果。同时，只有将理想信念教育落实到社会实践中，才能将自身发展与国家、民族的命运相结合，但目前社会实践中与理想信念相关的主题较少，形式较为单一，多停留在社会责任感、奉献精神等层面，而在

大学生暑期“三下乡”“志愿服务西部计划”等活动中也缺乏理想信念的教育。

四、新时代加强大学生理想信念教育的途径

（一）加强教育队伍建设

思政教师队伍是实施大学生理想信念教育的主体，对提高大学生的思想觉悟，增强社会主义理想信念的吸引力和凝聚力发挥着关键作用。目前大学生的理想信念教育队伍以思政教师和辅导员为主，马克思主义相关理论的讲解由思政老师负责，学生日常思想困惑和生活难题的解决则由辅导员负责。除此以外，还需要学校宣传部、学工部、组织部、后勤处等管理队伍通力营造积极向上的校园文化氛围，这样才能全方位实现理想信念教育。因为管理和教育是内在协调统一的，只有各部门高度配合才能做到全员育人，共同打造出大学生理想信念的良好氛围。

同时，正确、坚定的政治素养是教育队伍所必须具备的，必须要不断学习马列主义，保持清醒的政治头脑，在大是大非面前冷静分析，敢于发声；必须要有较高的道德素质，不断提升自身的师德师风修养，以自己高尚的品德塑造广大大学生的人格和品质；必须要具备深广的知识，用积极正面的人生哲理，引导大学生认清形势，逐渐形成自己的认知和价值判断。

（二）探索教育新载体

不断充实和完善的教育内容推动着大学生理想信念的树立与巩固，采取传统教学和网络相结合的方式是网络技术和新媒体快速发展下对大学生理想信念教育进行创新的必然趋势，通过优势互补，在大学生面前呈现出内容、画面、声音等多个方面，让大学生自觉接受理想信念教育。理想信念教育要利用好微博、微信、QQ 等平台，用马克思主义理论牢牢占领传播主阵地，始终坚持正确方向的内容，不断更新变化表现形式，满足大学生的精神需求，以生动有趣的方式和形式加强大学生对马克思主义的认同感，增强大学生理想信念教育的针对性与实效性。

同时，教育者应当改变传统的单向输出教育方法，利用课内外的全面互动整合思想政治理论资源，探索出以学生为主的课内外结合的实践教学模式。教

师在课堂上讲解理论知识，大学生在课下结合自己对课本理论知识的认识，通过微课堂、云研讨等方式，将课堂的理论认识延展到课外。教师还可以通过微信、微博、BBS、短视频等为媒介的MOOC模式，用大学生喜闻乐见的形式传递思想政治理论。

（三）拓宽社会实践

树立大学生理想信念的基础和前提是理想信念的理论教育，但它的巩固和实现还有赖于大学生自身的实践体验。理想信念教育的最终目标是将理论转化为实践，是将理想信念转化为人们的实际行动，所以需要让大学生积极参与各种社会实践。可以到农村、社区街道和大小企业进行社会考察和社情调查等，从而感受到中国共产党的强大凝聚力和向心力，紧跟党的步伐，牢固树立中国特色社会主义的共同理想；可以实地参观红色教育基地进行爱国主义教育，让英雄和伟人成为大学生的学习榜样，牢固树立起共产主义的远大理想信念；也应该投身于社会主义现代化建设，在社会中成长，在社会中奉献自己，在社会中实现自身的价值，从而扩展人生的宽度、丰富人生阅历。

第二节　社会主义核心价值观教育

一、新时代大学生社会主义核心价值观教育及其特征

（一）新时代大学生社会主义核心价值观教育的时代内涵

中共中央办公厅印发的《关于培养和践行社会主义核心价值观的意见》指出：“富强、民主、文明、和谐是国家层面的价值目标，自由、平等、公正、法治是社会层面的价值取向，爱国、敬业、诚信、友善是公民个人层面的价值准则，是社会主义核心价值观的基本内容。”[①] 西方文化随着经济全球化的发展而广泛传播，对我国人民尤其是青少年的价值观造成了很大的影响，而思维活跃、易于接受新鲜事物的大学生更是深受其影响，他们的思想、行为、心理都发生

---

① 张军成. 价值观的力量——大学生社会主义核心价值观教育研究 [M]. 北京：光明日报出版社，2016：8.

了变化。因此新的时代内涵应当在教育中完全融入国家、社会和个人三个层面的价值追求，以坚定信仰为核心，忠于理想为目标，爱国创新为主题，知荣明耻为体现。将大学生的思想和人生发展引导到正确的道路和方向上，让大学生能够肩负起历史赋予的时代重任。

（二）新时代大学生社会主义核心价值观教育的特征

1．新时代大学生社会主义核心价值观具有系统性

社会主义核心价值观教育是一个潜移默化、持续发展的系统学习过程，通过整合中国特色社会主义的基本理论、思想观念和价值取向，以大学生思想和行动为切入点，坚定理想信念，坚持用习近平新时代中国特色社会主义思想武装头脑；指导大学生准确把握理论内涵、精神实质和实践要求，把实现个人理想融入国家富强、民族振兴、人民幸福的伟大梦想之中。[①]

2．新时代大学生社会主义核心价值观具有时代性

社会主义核心价值观是中国共产党在新时期结合新的理论现实所提出的，具有鲜明的时代性特征。随着时代的发展，它的理论内容和思想形式也不断充实与完善；且在多元价值环境中具有强烈的包容性，包容、平等、尊重地对待各种价值观的存在。因此，根据当今时代多元化发展的实际情况，新时代大学生的社会主义核心价值观念教育也要相应发生变化。顺应时代发展和大学生自身发展的需求，坚持以人为本，贴近大学生，让大学生掌握先进正确的理论知识来武装思想道德品质，从而更好地推进社会主义现代化建设。

3．新时代大学生社会主义核心价值观具有科学性

受社会文化日益多元、大学生价值观趋于多样的影响，新时代大学生的社会主义核心价值观教育，应当根据大学生价值取向趋于多元的特点，用大学生喜欢的新媒体方式，引导大学生正确认识价值取向一元和多元的辩证关系；根据大学生价值追求日趋功利的特点，通过理想信念教育，引导大学生正确处理物质追求与精神提升的关系；根据大学生价值选择较为矛盾的特点，教育内容要与社会生活紧密结合，同时对一些错误观点和言论，要旗帜鲜明地进行辨析

---

① 中共中央　国务院印发《新时代公民道德建设实施纲要》[N]．大众日报，2019-10-28（04）．

和批驳，提高大学生是非分辨的能力。[①]

二、新时代大学生社会主义核心价值观教育的重要意义

（一）新时代大学生社会主义核心价值观教育是推动社会主义建设的精神动力

目前，我国的经济发展进入到关键期，经济转型迫在眉睫，这时涌现出很多社会问题和经济问题，严重影响了到社会的和谐稳定发展。因此，加强新时代大学生社会主义核心价值观教育，就是要使大学生正确认识到现阶段社会的价值目标、价值取向和道德准则，并转化为自身的价值追求和实践，提高大学生的凝聚力和精气神，为国家富强和中国特色社会主义现代化建设提供强大的精神动力。

（二）新时代大学生社会主义核心价值观教育是实现中国梦的必然选择

习近平总书记提出的“中国梦”是几代中国人的共同心愿，是全国各族人民的利益要求和共同期盼。作为国家希望、民族未来的大学生只有将个人梦想融入“中国梦”，才能实现自我价值和追求，所以“中国梦”也是新时代大学生的成才之梦。[②]对大学生进行社会主义核心价值观教育，激励大学生承担起建设祖国、发展经济的使命，充分发挥出大学生的力量，积极为社会做出更大贡献。

（三）新时代大学生社会主义核心价值观教育是大学生成长成才的内在需求

新时代大学生的社会主义核心价值观教育，就是要引导大学生树立“富强、民主、文明、和谐”的价值观，形成新时代大学生应有的时代使命；引导大学生形成“自由、平等、公正、法治”的社会价值共识，促进大学生引领社会和

① 皮雅洁. 当代青年大学生如何践行社会主义核心价值观[N]. 荆州日报，2015-03-25(06).

② 赖新华，何小春. 新时代大学生社会主义核心价值观培育对策探析[J]. 广东石油化工学院学报，2019（02）.

谐发展；促使大学生践行“爱国、敬业、诚信、友善”的价值追求，培养新时代大学生良好的精神风尚。[①] 大学生应当树立正确的人生观、价值观和社会观，为实现中国特色社会主义现代化建设和中华民族伟大复兴而努力奋斗。

三、新时代大学生社会主义核心价值观教育的现状

（一）内容脱离实际

社会主义核心价值观是对社会主义核心价值体系的精炼总结，是国家顶层意识的体现，但大学生对其内容的理解仅局限于字面含义，并不了解其深层内涵及在现实生活中与国家、社会、个人的联系。在当前我国实际教学过程中，在教育内容上多是空泛的理论讲述，缺乏了价值认知和情感交流方面的相关疏导，导致大学生理论知识并未能真正内化于心。因此，在新时代大学生社会主义核心价值观教育过程中，应当将思想教育和价值引导融入大学生的生活实际，才可能对大学生思想、行为产生影响。

（二）授课形式单一

高校社会主义核心价值观教育通常采用传统的课堂讲授和考试，大学生多为被动倾听与接收。而新时代大学生是“互联网 +”时代的原住民，QQ、微信等互联网交流平台是他们接受信息的主要方式，他们思维活跃，主体意识强，乐于自我表达和自主学习，所以高校传统的授课形式的理论灌输和枯燥乏味的知识点识记难以激发大学生的学习兴趣与热情，甚至会引起大学生的抵触情绪，严重影响了思政教育的实效性。

（三）忽视情感体验

习近平总书记指出“核心价值观，其实就是一种德”[②]。德育是社会主义核心价值观教育的根本，是在理论认知的基础上促使情感与理性的认同，建构

① 郝敏敏，孙六平．新时期大学生社会主义核心价值观培育路径探析 [J]．知识文库，2016（01）．

② 蔡臻臻，谢文山．社会主义核心价值观视域下高校德育的创新实践研究 [J]．湖北经济学院学报（人文社会科学版），2019（02）．

大学生的价值观，引导其正确地评价世界、做出判断、规范言行。概括而言，就是一个知情意行相互作用和发展的过程。认知、情感的心理是个人价值观形成的发端和基础，而传统课堂教学重视知识识记、忽视情感体验，在被动接受教育中知与情严重脱节，导致大学生很难形成深刻的价值认同。

四、加强新时代大学生社会主义核心价值观教育的途径

（一）丰富核心价值观教育的内容

国内外多元文化的融合与交锋在网络的飞速发展下越来越频繁，而不断涌现的反马克思主义错误观点干扰了中国主流文化和意识形态的发展，容易使大学生对马克思主义产生误解。因此要以马列主义、毛泽东思想、邓小平理论、“三个代表”重要思想、科学发展观和习近平新时代中国特色社会主义思想为指导，使大学生正确了解和解读历史，激发大学生的民族复兴热情；坚持用马克思理论分析和解决现实问题，用马列主义武装思想，用习近平新时代特色社会主义思想指导学习和生活，大学生才能看清本质、自觉抵制不良诱惑。

（二）强化高校文化建设

将社会主义核心价值观教育与大学生思政教育充分融合的前提是对校园文化建设的不断强化，高校要对自身的学风和校风进行积极的建设，倡导文明和谐的校风，使大学生能够将友善、诚信作为行为准则；还需要对各种基础设施建设进行完善，为大学生的生活和学习营造良好环境，为大学生打造和谐校园，从而为实现社会主义核心价值观教育奠定良好的软硬件基础。此外，互联网及智能技术的广泛应用，对大学生的生活和学习产生了深远影响，同时也对他们的价值判断以及思想观念造成了深远影响，因此，高校还应该净化校园舆论环境，充分运用各种校内信息传播载体，为大学生社会主义核心价值观教育创造一个理想的舆论环境。

（三）丰富社会实践活动

“实践是检验真理的唯一标准”，因此将社会主义核心价值观有效地融入高校的思政教育，就离不开大量课外实践活动的开展。目前，大学生的社会实践以社会调研、实地参观、志愿服务为主，缺少了与大学生专业对口的实践机会，

从而导致了实践活动流于形式。通过丰富的社会实践活动内容和形式，积极引导学生深入解读和践行社会主义核心价值观，大力宣讲核心价值观的内容，从而让大学生在实践中多角度去观察世界，了解社会民情，学习党和国家方针政策，提高大学生为国家社会发展贡献自身力量的积极性。

第三节　爱国主义教育

一、新时代大学生爱国主义教育及其特征

（一）新时代大学生爱国主义教育的时代内涵

在不同的历史时期和社会发展阶段，爱国主义展示出不同的时代特征与具体内容。只有紧握时代脉搏、展现时代特色，爱国主义才会鲜活而富有生命力。习近平总书记指出："实现中华民族伟大复兴的中国梦，是当代中国爱国主义的鲜明主题。"[①]即在中国共产党领导下走中国特色社会主义道路，实现中华民族伟大复兴，就是爱国主义教育最深刻的时代内涵和最本质的时代要求。

（二）新时代大学生爱国主义教育的特征

1．新时代大学生爱国主义教育具有鲜明的政治性

习近平总书记在中共中央政治局第二十九次集体学习时强调："实现中华民族伟大复兴的中国梦，是当代中国爱国主义的鲜明主题。要大力弘扬伟大爱国主义精神，大力弘扬以改革创新为核心的时代精神，为实现中华民族伟大复兴的中国梦提供共同精神支柱和强大精神动力。"[②]所以大学生爱国主义教育也体现出鲜明的政治导向性。具体而言，爱国主义、爱党、爱社会主义对于当代大学生是统一的。加强大学生的爱国主义教育，就是要向大学生阐明中国特色社会主义的优越性，使其深刻认识到在中国共产党领导下走向社会主义道路是历史的正确选择、人民的正确选择。

① 王思萧．新时代加强高校爱国主义教育的必要性研究 [J]．大众文艺，2019（03）．

② 宇文周．凝聚奋进新时代、实现民族复兴的磅礴伟力——学习习近平总书记关于新时代爱国主义教育的重要论述 [J]．新湘评论，2020（10）．

2. 新时代大学生爱国主义教育具有明确的指向性

新时代大学生爱国主义教育以培养大学生具体的爱国行为为主，具有明确的行为指向性。第一，个人利益服从国家利益。始终把国家利益放在第一位是对每位大学生的必然要求。第二，报效祖国，服务人民。要求大学生努力学习，积极实践，自觉承担起建设祖国、振兴中华的历史重任。第三，维护民族团结，促进国家统一。就是要求大学生把爱国主义精神具体化，旗帜鲜明地对分裂国家、破坏民族团结的言行进行驳斥，将民族自尊心、自信心、自豪感具体化为捍卫国家主权、维护国家安全的行为和稳定的人格。

3. 新时代大学生爱国主义教育具有强大的动力性

习近平总书记在中共中央政治局第二十九次集体学习时指出："要大力弘扬伟大爱国主义精神，大力弘扬以改革创新为核心的时代精神，为实现中华民族伟大复兴的中国梦提供共同精神支柱和强大精神动力。"① 在实现中华民族伟大复兴的奋斗过程中，我们必将遇到各种困难险阻，因此大学生一定要弘扬爱国主义民族精神，充分调动和激发积极性，将国家富强、民族振兴、人民幸福作为自己的不懈追求。

二、新时代大学生爱国主义教育的重要意义

（一）大学生爱国主义教育是适应国内外形势发展的现实需要

在经济全球化、科技飞速进步、世界利益分配正发生新变化的时代背景下，以美国为首的西方发达国家，在经济上通过霸权和强权限制中国发展，在意识形态领域攻击社会主义制度，鼓吹西方自由主义、价值观念等，同时还利用处于社会主义初级阶段发展过程中我国所暴露的消极因素和暂时性困难，诋毁中国共产党形象、挑拨民族关系，制造一系列国际争端，千方百计地阻挠我国经济社会发展。对于先进文化塑造者和先进思想代表者的大学生，面对如此错综复杂的国内外形势，必须用爱国主义精神来激发大学生努力学习科学文化知识，攻坚克难，积极参与现代化建设的热忱，自觉维护国家统一、社会稳定和谐发展的爱国主义意识。

---

① 王思萧．新时代加强高校爱国主义教育的必要性研究 [J]．大众文艺，2019（03）．

（二）大学生爱国主义教育是建设中国特色社会主义的人才需要

面对严峻的挑战和潜在的威胁，唯一的出路就是尽快把我国建设成为富强、民族、文明、和谐、美丽的社会主义现代化强国，大学生是潜在的人才资源。加强对大学生的爱国主义教育，不仅可以有效抵御西方意识形态的侵蚀，捍卫中华民族文化主权、维护祖国利益的精神防线，还可以增强大学生的民族自豪感，激发其爱国之志，为中国特色社会主义建设事业奋斗终生。

（三）大学生爱国主义教育是满足大学生成长成才的内在需求

大学生的成长成才与国家和民族的命运紧密相连，只有当个人追求与社会和人民的需要相统一的时候才会实现自己的人生价值。当今社会，国内外多元文化影响着大学生的价值观形成，我们必须依靠爱国主义教育为其成长提供正确的价值观，树立牢固的报国之志，使其深刻认识到自身发展的使命感和责任感，努力使自己成才，把自身成长与祖国繁荣富强相结合，争取早日实现社会主义现代化。

三、新时代大学生爱国主义教育的现状

（一）情感强烈但缺乏理性克制

大学生通过对中国共产党的历史、国家的发展战略方针、社会总体情况的学习形成了强烈的爱国情感。他们胸怀壮志，渴望为国家和民族贡献力量，对损害国家利益、威胁国家安全的行为深恶痛绝。但由于大学生群体涉世未深，“三观”正在建立和完善阶段，容易受到西方、社会及网络上的一些错误观点和思想的影响，对一些表意不明的言论存在疑惑和摇摆，对庞杂的信息不能正确辨别，加之青年人冲动易怒的特点，他们容易缺乏理性分析。

（二）思想明确但缺乏自信表达

大学生通过深入学习和领悟习近平新时代中国特色社会主义思想，树立了强烈的道路自信、理论自信、制度自信和文化自信。中国随着改革开放的不断发展，经济实力和国际地位不断提升，在国际事务中也发挥着不可或缺的重要作用。但很多大学生仍觉得我国的发展与西方发达国家存在很大差距，尽管中

国在国际事务上取得了骄人的成就，有些大学生也不敢自信表达，甚至可能对当下的发展状况和国家的未来发展持消极态度。

（三）情怀深厚但缺乏实践动力

新时代的大学生综合素质较强，理论知识丰富，通过对我国悠久而灿烂的历史、中国共产党波澜壮阔的发展史不断学习，积淀了深厚的爱国情怀，对爱国主义更加认同。但部分大学生不能够将爱国热情内化于心、外化于行，对于爱国主义教育的实践动力不足，大多是参加一些浮于表面的党团活动。

四、新时代加强大学生爱国主义教育的途径

当前高校爱国主义教育的途径以思政课堂和党团日活动为主，这两种传统的教育途径随着外部教育环境的改变暴露出了不同程度的局限性。从社会发展变化的客观实际出发，通过理论内容、实践载体以及教育氛围等维度拓展大学生爱国主义教育途径，是新时代背景下加强大学生爱国主义教育的必然选择。

（一）不断更新理论内容

高校思政课程是对大学生进行爱国主义教育的主要阵地。在传统的教育模式下，思政教育贯穿整个学习生涯，大学生对枯燥的理论失去了兴趣。新时代的大学生爱国主义教育，应当对课程内容和设计有所变革，在立足于中华民族历史和文化的同时面向世界，将中国特色社会主义理论融入世情、国情、党情中，结合社会热点及重大突发事件，充分了解全球化竞争形势，激发大学生的民族认同感。面对复杂的国际政治形势，思政理论课更应当结合国内外最新形势和大学生思想动态变化，使大学生在深入理解我国国情的基础上，放眼世界，关注世界局势和走向，认识我国当前面临的机遇与挑战。大学生需要有大局观和整体观，在复杂的世界环境和局势中有自己独立的思考和见解，明辨是非，有正确的荣辱观，理性爱国。

（二）不断创新教育方法

目前我国的思想政治理论课内容偏理论，老师很难将学理语言转化为通俗易懂的教学语言，且受到新媒体飞速发展的影响，传统课堂教学更是缺乏吸引力，教学效果欠佳，所以大学生对课堂上的爱国主义相关知识的接收较少。让

爱国主义教育真正渗透到大学生的内心，并在潜移默化中践行爱国主义，就应当结合时代特色和新科技，采取贯通线上和线下的互动模式，通过微信、微博、“学习强国”等媒体，推送或发布增强爱国主义情感、弘扬爱国主义精神的内容，提高大学生的参与兴趣，增强大学生的参与热情，调动大学生的积极主动性。还可以通过哔哩哔哩、快手等短视频App，发布富有爱国教育意义的短片，吸引大学生自发地观看、传播和学习，以创新的教育方法促使大学生自觉自愿地接受爱国主义教育。

（三）不断丰富实践活动

我国大学生爱国主义教育始终秉承“实践育人”的教育理念，引领大学生将爱国思想转化为爱国行为，让大学生的爱国之情在内容丰富、形式多样的实践中得到培养，引导他们在创造社会价值的同时充分实现个人价值。

各高校以丰富多彩的校园活动为依托，通过基层党团支部的主题党团日活动、名师讲座、文艺展演、演讲辩论、书画比赛等形式加强爱国主义的仪式教育。同时还积极组织大学生走出校园，走进社会，广泛开展暑期“三下乡”、社会情况调查、社区志愿者服务、科普宣讲等社会实践活动，并充分利用博物馆、革命遗址、纪念馆、名人故居、国家重大工程建设等爱国主义教育阵地，对爱国主义精神进行生动地弘扬，不仅仅在学习过程中，还要在生活实践中，感受和学习英烈前辈的爱国主义精神和革命牺牲精神，在学、思、践、悟中感受到自己的历史使命与责任担当。

第四节 “四史教育”

一、新时代大学生“四史教育”及其特征

（一）新时代大学生“四史教育”的内涵

习近平总书记讲道：“希望广大党员特别是青年党员认真学习马克思主义理论，结合学习党史、新中国史、改革开放史、社会主义发展史，在学思践悟中坚定理想信念，在奋发有为中践行初心使命，努力为实现‘两个一百年’奋

斗目标、实现中华民族伟大复兴的中国梦贡献智慧和力量。”① 在建党百年之际，新时代大学生“四史”教育的工作重点就是要通过高校开展多种形式的教育教学活动让大学生深刻认识到中国共产党带领中华民族为实现伟大梦想而奋斗的历史进程，让青年学生在学习“四史”中进一步坚定“四个自信”，自觉做到“两个维护”，在为党和祖国奋斗的青春中传承“四史”精神。

（二）新时代大学生“四史教育”的特征

1. 新时代大学生“四史教育”具有政治性

“四史”教育是对中国共产党带领中华民族抵御外敌、争取独立、建设祖国、走向中华民族伟大复兴的历史反映，是对中国共产党的政治奋斗历程、中华民族政治选择历程的准确总结，具有极强的政治性特征。因此，大学生“四史”教育是以历史为基础的政治教育，要求引导广大青年弄清楚中国共产党为什么“能”、马克思主义为什么“行”、中国特色社会主义为什么“好”。② 所以从讲政治的高度上出发，就必然要求高校一定要高标准、高质量地开展大学生“四史”教育。

2. 新时代大学生“四史教育”具有时代性

大学生“四史教育”以历史为主要的教育内容，但初衷是为了使大学生了解中国共产党及中国的奋斗与发展历史，形成正确的历史观，自觉为实现中华民族伟大复兴而努力奋斗，具有较强的时代性特征。正如习近平总书记所说的“一代青年有一代青年的历史机遇”，新时代大学生为实现中华民族伟大复兴的这一光荣使命，必须与我国的发展目标及方向相统一，同时与我国社会实际紧密相连。

3. 新时代大学生“四史教育”具有实践性

大学生“四史”教育是中国共产党为人民谋幸福、为国家谋富强、为世界谋大同的生动实践，有鲜明的实践性特征，这也决定了大学生“四史”教育以实践为主，用马克思主义的思想观点和方法引导大学生去发现和解决实际问题。

---

① 王书丽.“中国梦”视域下优化高职思政课课程体系的探索与实践 [J]. 安徽职业技术学院学报，2020（03）.

② 燕齐. 新时代大学生“四史”教育的主要内涵研究 [J]. 西部学刊，2021（06）.

习近平总书记也明确讲道："加强党史、新中国史、改革开放史、社会主义发展史学习，自觉做中国特色社会主义的坚定信仰者、忠实实践者。要发扬优良传统，承担历史使命，把党和国家确定的奋斗目标作为自己的人生目标，以民族复兴为己任，自觉把人生理想、家庭幸福融入国家富强、民族复兴的伟业之中，做新时代的追梦人。"①

二、新时代大学生"四史教育"的重要意义

（一）新时代大学生"四史教育"是实现中华民族伟大复兴的力量源泉

习近平总书记在2018年9月10日召开的全国教育大会上指出"坚持把服务中华民族伟大复兴作为教育的重要使命"②。中国共产党认清中国国情、选择适合中国发展的正确道路、带领全体中国人民英勇奋战、开创中国特色社会主义事业的艰难历程在新时代大学生的"四史教育"中得到全面的记录，通过对其深入学习和感悟，大学生能够在学思践悟中更加坚定理想信念，厚植爱国主义情怀，成为有理想、有本领、有担当的时代新人。③

（二）新时代大学生"四史教育"是高校落实立德树人任务的内在要求

习近平总书记指出"新时代新形势，改革开放和社会主义现代化建设、促进人的全面发展和社会全面进步对教育和学习提出了新的更高的要求"④，"坚持把立德树人作为根本任务"⑤。受国内外新的发展格局交互影响，社会各种不良思潮不断渗透大学生的思想，高校教育必须扎实推进新时代大学生"四史

---

① 习近平．学史明理学史增信学史崇德学史力行 [N]．中国新闻，2021-07-05（02）．

② 习近平在全国教育大会上强调：坚持中国特色社会主义教育发展道路 培养德智体美劳全面发展的社会主义建设者和接班人 [N]．人民日报，2018-09-11（01）．

③ 洪涛，孙赛．新时代高校开展"四史"教育的三个导向 [J]．决策与信息，2021（07）．

④ 习近平在全国教育大会上强调：坚持中国特色社会主义教育发展道路 培养德智体美劳全面发展的社会主义建设者和接班人 [N]．人民日报，2018-09-11（01）．

⑤ 邢建华．新时代高校"形势与政策"课教学创新的思考 [J]．武夷学院学报，2019（8）．

教育”，让大学生深刻认识到建立红色政权的艰辛、国家建设的艰难、社会主义探索的曲折，引导学生树立正确的思想价值观念，激发大学生对党和国家以及社会主义制度的热情，有效抵御负面信息的冲击，这是高校落实立德树人的内在要求。

（三）新时代大学生“四史教育”是引导大学生树立正确历史观的迫切需求

近年来，一些国内外势力通过历史虚无主义思潮恶意贬低中国共产党的历史功勋，丑化我党的领袖和英雄，诋毁新中国取得的建设发展成就，严重干扰了大学生对真实历史的认知。习近平总书记指出：“历史虚无主义以所谓重新评价为名，歪曲近现代中国革命历史、党的历史和中华人民共和国历史。”[①]所以我们要通过大学生“四史”教育，引导大学生正确认识近代中国历史发展的规律，感悟中国共产党的卓越成就，从而肃清历史虚无主义的流毒，树立正确的历史观。

三、新时代大学生“四史教育”的现状

（一）思政队伍业务水平有待提高

高校要想使“四史教育”取得实效性，让大学生真正做到融会贯通，必须要求思政课专任老师、党政管理干部及辅导员在内的思政队伍一起为之努力，并在其中发挥主导引领的作用。在中美贸易战及新冠肺炎疫情影响下，高校思政课教师的工作变得更加复杂，而部分思政课老师的“四史”知识储备和历史素养不足，照本宣科的教学无法让大学生树立正确的历史观，也难以引导其从辩证的历史角度分析严峻的国内外形势和复杂多变的社会思潮。部分党政管理干部对自身行政管理水平的提升十分看重，但对思政理论素质培养不够，与大学生沟通的机会也较少。而辅导员更多地应对日常学生事务性工作，没有充足的时间提高思想政治教育理论水平，难以对旧的理论知识进行完善和提升。思

① 王革. 新时期高校思想政治理论教育教学与研究 [M]. 咸阳：西北农林科技大学出版社，2008：108.

政教育队伍的专业素质参差不齐，也是大学生思政教育工作难以深层次开展的影响因素之一。

（二）思政授课模式单一

教师在讲台授课、学生在台下被动学习的填鸭式教学是当前高校的思政教育的主要方式，在大学生“四史”教育在发挥了重要的作用。但在网络技术不断发展和学生个性化需求不断提高的时代背景下，这种单纯的较为枯燥的理论知识讲解模式略显单一，让新时代大学生缺乏学习热情，会对“四史”学习反感甚至厌恶。所以对于大学生“四史”的学习，不能只简单停留在重难点知识点的记忆上，还应当突破“识记”的层面达到“理解”并“运用”。要在抽象化的“四史”教育中增加实践机会，在具体的事务和行动中更好地去领悟中国共产党为什么“行”，社会主义为什么“好”，发自内心地认同社会主义制度，为社会主义建设和中华民族伟大复兴奉献出自己的一分力量。

（三）大学生重视程度不够

思维活跃是处于思想成熟关键阶段的新时代大学生的显著特征，较于传统的课堂教学，他们更喜欢通过微信、微博等互联网信息传播平台便捷地了解和获取信息，但网络上个别对“四史”进行抹黑、歪曲和诋毁的观点和言论容易对大学生产生误导和消极影响。大学生的学习观念在传统的课堂教学中存在一定的功利性，对与专业相关性小、对期末考核影响较小的课程他们选择少学或甚至不学，因此在学习思政理论时缺乏积极性，他们认为只需要提高政治认识，但往往认不清其中蕴含的真理理论，常常采取开小差或逃课的消极态度对待，甚至出现得过且过的错误想法，从而导致大学生对“四史教育”的内容了解不够清楚，其思想政治理论的认同意识和重视意识亟待进一步提高。

四、增强新时代大学生“四史教育”的途径

（一）提高教师队伍业务素质

习近平总书记指出：“办好思想政治理论课关键在教师，关键在发挥教师

的积极性、主动性和创造性。”[①] 因此，作为大学生思政工作的引导者和榜样，高校思政教师队伍必须提高业务素质，才能最大化发挥“四史教育”的作用。教师应当自觉学习“四史”，将历史与学校的校史相结合，与大学生的知识储备相联系，学懂、弄通、悟透“四史”，让大学生真正信服于中国特色社会主义并真正认同改革开放的伟大历史成就。另一方面，传统的教育资源已不能满足大学生对思政学习的需求，所以还要求思政教师把握大学生的个性特点，及时更新教学观念和教育内容，不断激发创造力和主观能动性，为“四史教育”提供坚实的保障。

（二）创新思政课堂教学

“四史教育”以历史事件和抽象的理论为主，很多大学生认为比较枯燥乏味，难以提高学习热情，急需创新教育内容和形式。内容上，可以在整合学校现有资源的基础上充分考虑大学生实际诉求，整理课本上没有出现的历史事例，将学校的发展史与新中国的成长史相结合，从校歌和校史故事中深挖红色元素，把爱国兴党荣校作为立德树人的重点。在形式上，大学生思想活跃，喜于接受新鲜事物，可以将“四史”教育与大学生喜欢的新媒体相结合，给大学生以全新便捷的教学体验。如建立 VR 体验式教学中心和智慧课堂，利用好红色电影、歌曲、艺术展览、经典书籍等艺术表现形式，同时借助腾讯会议、QQ、微信、“学习强国”、慕课、视频直播等平台开展在线“四史”教学，通过线上线下多种形式让大学生随时学随地学。

（三）丰富实践教学活动

实践教学是大学生课堂教育的补充和印证，将“四史”教育融入实践也是必然选择。在校内，通过团委、学生组织和学生社团积极开展与“四史”相关的微课堂比赛、征文演讲比赛、主题研讨培训等活动，充分利用班团会、党课的优势，从思想上引导和加深大学生对“四史”学习的重视。同时注重大学生校歌、校史学习，汲取校史资源中的红色元素，拓展“四史”教育的深度和广度，让大学生在情境中增强学习体验和感悟。在校外，组织大学生走访各类纪念馆、革命遗址、烈士陵园等红色文化基地，感受鲜活的历史人物和生动的历史故事；

① 王炳林. 办好思想政治理论课关键在教师 [N]. 中国教育报，2019-03-26（01）.

组织大学生参与环境保护、扶贫调查、政策解读、为空巢老人和留守儿童提供爱心服务等活动，增强大学生对社会的认识和奉献精神；充分发挥专业优势，组织大学生“三下乡”、国情调研、理论政策宣讲等活动，深入社会、城镇、企业开展深受居民喜爱的实践活动，利用寒暑假组织大学生深入田间地头、企业工厂、社区乡镇学“四史”，将思想政治课堂搬到现场，真正将“四史”所学所思所感践行于社会，进一步认清新时代大学生肩负的历史使命。

第五节　中华优秀传统文化教育

一、新时代大学生中华优秀传统文化教育及其特征

（一）新时代大学生中华优秀传统文化教育的时代内涵

习近平总书记指出：“中华优秀传统文化已经成为中华民族的基因，植根在中国人内心，潜移默化影响着中国人的思想方式和行为方式”[①]，“对传统文化中适合于调理社会关系和鼓励人们向上向善的内容，我们要结合时代条件加以继承和发扬，赋予其新的涵义”[②]。所以新时代大学生中华优秀传统文化教育的时代内涵，就是要培养和巩固大学生的历史文化认同，深入领悟中华优秀传统文化的时代价值，将其创造性地转化为大学生的精神追求和行为习惯，让当代大学生汲取力量助推社会主义现代化建设。

（二）新时代大学生中华优秀传统文化教育的特征

1．新时代大学生中华优秀传统文化教育具有鲜明的时代性

习近平总书记指出：“中华文明源远流长，蕴育了中华民族的宝贵精神品格，培育了中国人民的崇高价值追求。”[③] 中华优秀传统文化有别于世界其他民族

---

① 习近平．青年要自觉践行社会主义核心价值观——在北京大学师生座谈会上的讲话[N]．人民日报，2014-05-05（02）．

② 孙雷．传承弘扬中华优秀传统文化（新知新觉）[N]．人民日报，2021-02-18（09）．

③ 孔聪．习近平治国理政思想中的传统文化观[J]．理论学习（山东干部函授大学学报），2017（03）．

的文化，蕴含跨越阶级、超越时代的内容和精神。因此，新时代大学生中华优秀传统文化教育始终紧扣历史的脉搏，具有鲜明的时代性。加强对新时代大学生的中华优秀传统文化教育，就是用中华优秀传统文化中以爱国主义为核心的民族精神和以改革创新为核心的时代精神鼓舞青年大学生的斗志，承担起社会主义建设重任。

2. 新时代大学生中华优秀传统文化教育具有内容的多元性

在上下五千年的历史进程中，我国形成了以华夏文明为主，吸收其他少数民族文化的中华优秀传统文化，集儒、道、法、杂、墨、农、阴阳、名家等学说之众长，同时吸收了其他外来文化因素，内容涵盖文学艺术、宗教哲学、自然科学等方面。中华优秀传统文化始终以海纳百川的姿态面向世界，形成了具有鲜明民族特色的多元文化体系。通过对新时代大学生进行中华优秀传统文化教育，提高大学生的道德情操，培养好社会主义事业的接班人，建设更好的社会主义。

3. 新时代大学生中华优秀传统文化教育具有强大的育人性

习近平总书记在中央党校建校 80 周年庆祝大会上讲道："中国传统文化博大精深，学习和掌握其中的各种思想精华，对树立正确的世界观、人生观、价值观很有益处。古人所说的'先天下之忧而忧，后天下之乐而乐'的政治抱负，'位卑未敢忘忧国''苟利国家生死以，岂因祸福避趋之'的报国情怀，'富贵不能淫，贫贱不能移，威武不能屈'的浩然正气，'人生自古谁无死，留取丹心照汗青''鞠躬尽瘁，死而后已'的献身精神等，都体现了中华民族的优秀传统文化和民族精神，我们都应该继承和发扬。"[①] 这种道德文化突出的育人性已经根植于我国人民的民族基因中，极大增强大学生的文化自信，对培养其爱国情操具有突出的教育价值。

二、新时代大学生中华优秀传统文化教育的重要意义

（一）中华优秀传统文化是中国特色社会主义建设的智慧源泉

自中国共产党成立以来，始终带领全国各族人民坚定不移地把马克思主义

① 习近平. 在中央党校建校 80 周年庆祝大会暨 2013 年春季学期开学典礼上的讲话 [N]. 人民日报，2013-03-03（02）.

和中华优秀传统文化相结合，吸收和借鉴中华传统文化中的精粹，为中华民族传递着信心和力量，也为马克思主义在中国成熟、发展和壮大提供了不可或缺的文化土壤，走出了一条中国特色社会主义道路。蕴含着丰富哲学思想、人文精神、道德观念的中华优秀传统文化在新时代依然为我们认识和改造世界、国家治理现代化和建设社会主义精神文明贡献了智慧。

（二）中华优秀传统文化是大学生社会主义核心价值观培养的必然要求

习近平总书记指出："深入挖掘和阐发中华优秀传统文化讲仁爱、重民本、守诚信、崇正义、尚和合、求大同的时代价值，使中华优秀传统文化成为涵养社会主义核心价值观的重要源泉。"[①] 因此，"富强、民主、文明、和谐、自由、平等、公正、法治、爱国、敬业、诚信、友善"的社会主义核心价值观的培养就是要深耕中华优秀传统文化，健全大学生的道德品格，引导大学生树立正确的世界观、人生观和价值观。

（三）中华优秀传统文化是大学生思政教育的实效要求

经过几千年的传承和发展，中华优秀传统文化蕴含了道德修养、伦理教育、文化科学、生活礼仪等丰富内容，已经深刻融入每一个中国人的思想、学习和生活中，潜移默化影响着人们的道德素养和思想品质。通过优秀文学作品、戏曲、英雄事迹、历史故事等内容，将中华优秀传统文化融入思政教育的全过程，有助于大学生积极主动地培养和提高学习兴趣，提升思政教育的吸引力和实效性。

三、新时代大学生中华优秀传统文化教育的现状

（一）认知程度不高

中华优秀传统文化通过戏剧舞蹈、音乐诗歌、民俗习惯、文学著作等形式得以保存和发扬，在我国的课堂教学中引用也较多。但仍有少部分大学生对中华优秀传统文化缺乏学习兴趣和热情，对中国传统节日和民俗了解不够，对古代先贤个人事迹和理论思想基本不了解，对优秀著作和经典史籍也较少阅读和

① 张家惠．习近平诚信思想述评 [J]．新疆社科论坛，2017（01）．

研究。当代大学生对于技术性知识和技能掌握较好，但人文素养不够，对中华优秀传统文化认识不足。

（二）接受主动性不够

我国十分注重课堂的传统文化教育，但随着网络技术的发展和西方教育理念的影响，大学生较少主动学习和研究传统文化。他们注重自我，标新立异，崇尚自由，大部分大学生以欧美日韩为潮流，喜欢过外国节日，吃外国食品，对其他国家文化充满好奇，而对中国传统的优秀文化知之甚少，也缺乏对传统文化的了解兴趣。因此，我们必须加强对大学生的中华优秀传统文化教育，提高大学生学习优秀传统文化的自觉意识和文化自信，增强大学生的文化底蕴。

（三）教育方法灵活不足

目前，大学生思想政治教育任课教师大都是思想政治教育或马克思主义专业，其本身对中华传统文化也缺乏深厚的了解，因此，他们对中华优秀传统文化只能进行概括性的简单阐述，没有完全传达出中国传统文化的深刻内涵，且目前存在的教育逻辑体系也有一定的问题漏洞，对深层次的道德观念和价值观念缺少引导。另外，传统理论课堂一对多授课模式缺少师生交流互动，与大学生喜闻乐见的现代新媒体传播方法和接受模式有一定差异，灵活不足，使中华优秀传统文化对大学生的学习和探索缺乏一定的吸引力。

四、加强新时代大学生中华优秀传统文化教育的途径

（一）丰富思政课堂的理念和方法

新时代大学生担负着实现中华民族伟大复兴的使命，但他们大都社会经验不足，很容易被西方文化思潮和不良风气影响，因此大学生的思想政治教育非常重要。当前课堂教育中传统文化的传播内容和渠道十分有限，基于我国教育方式的现实考虑，应当将中华优秀传统文化融入思政课堂，用民俗课堂、知识竞赛、经典书籍、文艺表演等让大学生感受传统文化的魅力，自觉学习传统文化，提升理想信念教育的境界。同时新媒体的快速发展促进了文化的多元和融合，也要求我们结合时代发展，及时更新思政教育理念和方法，通过微信、QQ、视频、网站、慕课等互动交流方式，在大学生的思想政治课中更好地发

挥传统文化的价值。

（二）增加优秀传统文化的实践活动

实践性教学通过我国的教育体制改革已被广泛运用，中华优秀传统文化的实践教学也应当增加。按照国家规定，成立与传统文化相关的社团并开展各类活动，从而让大学生真正认同优秀传统文化；利用实践将传统文化的知识内化，如通过研读国学经典、组织“三下乡”实践活动、志愿服务等，在实践中帮助学生了解中华传统文化，培养舍己为人、无私奉献、热爱社会的精神。同时实践活动还将大学生思想政治课堂上原本枯燥的内容生动化、形象化、趣味化，从而提升思想政治教育的效率。

（三）融入校园文化建设

中华优秀传统文化教育不能单纯依赖于课堂教学这一途径，还需通过各种方法与形式来帮助大学生了解传统文化。因此，高校可以通过校园建筑、教学设施、人文景观等校园环境，校园网、书刊报纸、广播、横幅海报等宣传手段，征文、演讲、文艺汇演、沙龙等校园活动，将传统文化融入校园文化建设中，让大学生充分了解并认同中华优秀传统文化的时代价值，让大学生时刻感受到优秀传统文化的熏陶，从而提升他们的文化品位，培养健康的人格。

第六节　校史教育和仪式育人教育

一、校史教育和仪式育人教育概述

（一）校史教育概述

校史作为一所学校成立、发展和变迁的真实记录，是高校办学特色、教育理念、文化传统和大学精神的重要体现，也是高校立德树人过程中最生动、最独特的教育资源。通过传承和弘扬高校历史文化和精神，对大学生进行道德素养、人格情操及科学研究的教育是校史教育的重要目的。高校深挖建校历史与传统，将办学特色与有形、无形的资产结合起来，形成生动的校史文化教育成果，将会对大学的学风、教风以及校风建设起到良好的影响。

（二）仪式育人教育概述

我国自古以来就是礼仪之邦，仪式是由符号、表演和文化传统所规定的一系列行为和程序，它承载着社会价值、信仰和道德规范，具有很强的表现力和塑造力。大学生仪式育人教育产生于中华礼仪，发展并服务于高校思想政治教育。高校仪式育人教育主要是指在高校文化场域中借助仪式程序对大学生进行有目的、有计划、有组织的思想政治教育、爱国爱党爱校情感教育和社会主义核心价值观教育，引导和规范大学生思想行为的一种展演性、互动性的教育方式，在仪式行为中加以理论认知深化和引导，对大学生进行国家层面的身份认同教育、社会层面上的道德实践教育、个人层面上的人生观教育。

高校的仪式育人教育是将抽象的教育内容生活化和具体化的重要途径，主要包括以下几类：国家重大纪念日、公祭日、国庆日、升旗仪式等以增强身份认同为核心的国家型仪式教育；国庆会演、元旦晚会、中秋节晚会、运动会、校庆日等以激发道德情感为核心的节庆型仪式教育；演讲比赛、征文比赛、歌唱比赛、班团活动等以培养礼仪素养为核心的社交型仪式教育；开学典礼、颁奖仪式、入党宣誓仪式、毕业典礼等以纪念转变意义为核心的过渡型仪式教育。

（三）新时代大学生校史教育和仪式育人教育的特征

1. 新时代大学生校史教育和仪式育人教育都具有传承性

大学校史主要包括学校的沿革变迁、教育理念、历史文化传统、优秀学生代表、杰出校友事迹等方面，是大学精神、传统和文化的积淀与延续。校史教育将学校的传统文化精神与校园文化相结合，有效地增加师生对学校的认同感，增强师生的凝聚力，不断激励大学生成长成才，弘扬优良校风，彰显学校特色，培养广大师生与校友的爱校热情和为国奉献的光荣理想。

而学校仪式教育是学校文化与历史的发展与延续，是不断积累和完善的文化遗产，并在师生的日常生活中持续发展和丰富。所以学校仪式教育的存在形式和活动内容总体不会有大的变化，而是在学校保持原先的总体文化特征不变的情况下长期地延续了下来。

2．新时代大学生校史教育和仪式育人教育都具有潜在育人性

人在一定的社会情境中总会自觉或不自觉地受到情境氛围的感染，思想或行为或多或少会受到影响。所以校史教育通过校徽、校旗、校歌、校训、标志物、校史馆等有形文化和无形的校园文化建设将大学文化传统、治学风格与精神风范展示给广大师生，使大学生能够在校史教育中感受到大学的理念精神，以及历代先贤为大学文化的继承与创新所做出的卓越贡献，从而在潜移默化中接受教育，自觉地对个人的行为与思想进行自我约束。

学校的仪式教育则将教育蕴含在师生日常的各项活动中，如教室的布置、宣传栏的设置、文化墙的装饰、宿舍的文化设计以及升旗仪式、各类颁奖活动、文艺活动等，这一切对大学生的教育影响不是强行灌输的，而是"随风潜入夜，润物细无声"的隐性教育，使大学生在特定的情境、活动中受到熏陶，在耳濡目染中将教育内化在其行为和思想中。

3．新时代大学生校史教育和仪式育人教育都具有实效性

将校史教育纳入大学生思想政治教育体系，可以让大学生在熟悉本校历史、聆听先辈光荣事迹的过程中接受文化熏陶，体会到榜样的力量，比空洞的说教更生动形象，也更贴近大学生日常生活和学习，富有感染力，能提高他们的认同感和自豪感。因此，校史教育丰富了高校思政教育的育人资源和表达形式，通过对大学生进行价值观与精神层面的引导，增强了高校思想政治教育的实效性。

同时，在高校的仪式育人教育中，教育者通过承载着一定思想观念、政治观点和道德规范的仪式行为或仪式活动，让大学生主动全员全过程参与，利用仪式感的氛围让学生充分感受其主题意义，增强了仪式育人的实效性，从而推动高校顺利并高质量地落实立德树人根本任务。

二、新时代大学生校史教育和仪式育人教育的重要意义

（一）新时代大学生校史教育和仪式育人教育是党和国家的时代需要

各种社会思潮的层出不穷及西方媒体的文化渗透，导致我国价值观念呈现出多元化的特点，也正侵蚀着主流校园文化，给高校思政教育工作的开展带来

了新的挑战。习近平总书记强调："要建立和规范一些礼仪制度，组织开展形式多样的纪念庆典活动，传播主流价值，增强人们的认同感和归属感。"① 因此，做好校史资源开发、利用工作，增强仪式育人教育，能够传承与弘扬中华民族的先进文化与民族精神，同时还能引导大学生将个人的理想、目标与国家和民族的命运紧密结合。由此可见，校史教育和仪式育人教育紧扣大学思政德育的主旋律，更是符合时代发展的要求。

（二）新时代大学生校史教育和仪式育人教育是高校思想政治教育的发展需要

加强高校思想政治教育，努力提高思想政治教育教学的针对性、实效性和吸引力、感染力，这是当前高校思想政治教育的中心环节。② 所以在新时代大学生思想政治教育中，作为学校优良文化传统的积淀和凝练，校史教育很容易获得师生心理和情感上的认同，使他们形成对学校的认同感和归属感，同时有利于组织特色的校园文化活动，丰富高校的文化内涵。将思政教育内容融入大学生参与的重大历史事件纪念活动、国家公祭活动、升旗仪式、毕业典礼、优秀先进表彰大会等仪式教育中，也增强了思想政治教育的亲和力、说服力和感染力。

（三）新时代大学生校史教育和仪式育人教育是大学生个体的成长需求

高校大学生正值青年，在内心情感上有着强烈的需求，他们需要进行社会交往，渴望融入同辈群体，通过互动受到关注与尊重。所以有效地利用校史资源中杰出人物的先进典型事迹，在大学校园中形成一种良好的风气，可以使大学生在积极向上的氛围中受到正面的影响，对自我行为不断进行调整，塑造良好的行为习惯和高尚的价值追求。而高校仪式育人教育是一种具有神圣性和严肃性的道德教育活动，不仅是个体之间相互联系的桥梁，更是促进了个人融入集体。在丰富的仪式活动中，参与者进行交流互动，不仅感受到了仪式教育承

① 习近平在中共中央政治局第十三次集体学习时强调：把培育和弘扬社会主义核心价值观作为凝魂聚气强基固本的基础工程 [N]. 人民日报，2014-02-26（01）.

② 辛绍军. 大学生综合素质提升的路径研究 [J]. 黑龙江高教研究，2011（01）.

载着的育人内容,使大学生的个体交往需求得到满足,同时也能够提供情感能量,使大学生融入同辈群体的需求从外部感受到强有力的集体情感支撑。

三、校史教育和仪式育人教育的现状

（一）内容认识不足

当前高校校史教育主要依托校史馆、档案馆、课堂、开学典礼、毕业典礼等固定场所和活动进行宣传，大部分学生处于被动接受地位，只对建校时间等基本的校史内容有所了解，但较少了解学校内在的传承精神、文化意蕴。面对追求独立、充满好奇的新时代大学生，依靠单一、传统的传播途径并不能很好地将校史教育融入大学生日常思想政治教育中，所以新时代大学生对校史内容的认识稍显不足。

而从目前开展的仪式教育来看，当前大学生虽参加过多种仪式活动，但对仪式教育的内涵了解甚少。当前高校的仪式育人教育承载了丰富的思想政治教育内容，但对其思政教育内容未进行深入的探索，对要达到怎样的育人效果缺乏深入思考，导致仪式活动往往只是为了开展而开展，且品德、素养、道德等内容本就是较为抽象的存在，如果脱离学生的学习生活，那么再生动具体的仪式教育也会成为“假大空”的形式。因此，对仪式教育内容的认知不足使大学生无法全身心投入其中，无法真正体会到仪式活动所传递的内容和意义，也无法产生情感上的共鸣，更无法体验互动分享的乐趣，进而无法真正发挥出仪式的教育价值。

（二）展示形式不足

当前各高校的校史教育开展得如火如荼,但通常都还停留在校史馆、图书馆、校园广播等传统的传播模式上，校史校情的氛围融入较为僵硬，大学生主动参与程度不高。随着新媒体的发展，大学生接收信息方式更加多样，他们喜欢通过微信、QQ 等新兴传播平台来获取信息。大部分高校的校史教育没有将多元化的传播载体充分利用起来，与新时代大学生的网络诉求不适应，难以达到应有的高度、广度和深度，很难有效发挥出校史文化的渗透式育人功能。

高校思想政治教育中的仪式教育活动则普遍存在按部就班的机械重复的情

况，形式上缺乏创新性与吸引力。例如开学典礼、毕业典礼等重要的常规性的仪式教育中，台上领导依次慷慨发言，台下学生适时鼓掌配合，严重影响了学生的积极性。也有不少高校只顾着强调服饰整齐度、全员参与度、表演熟练度等形式，却忽视了仪式教育的真正内涵，减弱了对仪式教育本该具有的教育目的的展现，使大学生难以产生情感上的共鸣，更难获得情感上的力量支持。

（三）重视程度不足

开展大学生思想政治教育，必然需要运用到校史这一凝练高校文化教育资源的宝藏。但在当前各高校的校史教育中，部分教师还停留在向学生简单地讲解和介绍高校的历史传统和光荣业绩，没有将大学精神和校史资源与学校的办学实情、学生的思想情况及教学现状紧密结合，大学生缺乏主动性、积极性，因此很难对学校的文化产生认同感，对学校的校史也缺乏敬仰与自豪。

同时，高校虽然也响应了国家支持仪式教育的政策，举办了一些基本仪式教育活动，但总体上来说对仪式育人教育的重视程度还不够。部分高校对仪式活动的策划和组织缺乏全面的统筹，对大学生的思想特点和心理特点缺乏有效把握，具体表现为仪式教育活动的前期宣传不到位、组织安排不合理、后期反馈评估不及时等问题。大学生更多的是去“走过场”，无法真正体会到仪式活动所传递的内容和意义，也无法引起情感共鸣，更无法体验互动的乐趣，进而无法真正发挥仪式的教育价值。

四、加强新时代大学生校史教育和仪式育人教育的途径

（一）丰富教育内容

知识经济时代已经离我们的生活越来越近，高校的校史教育必须要对学校文化价值、文化底蕴进行梳理和研究，不能局限于已有的校史资源，应当进一步丰富校史教育内容。比如修建建校史馆和文化建筑、普及校徽校旗校歌校训运用、依法大力丰富馆藏、编撰校史系列书籍、拍摄校史宣传片，整理校友资源库、增设校史文化课程、开发校园文创产品等，有意识地在大学生思政教育中结合校史资源，为大学生校史教育创造更好更丰富的校史资料及内容。

受新自由主义和后现代化的文化冲击，大学生价值观也趋于多元化发展，在尊重大学生个性和思想多样性发展的前提下，高校仪式教育必须结合时代要求将政治认同、文化认同、历史认同、价值认同等教育元素与仪式的特定环境、情境相结合，同时还要贴近大学生的思想变化和生活实际，通过案例式、互动式的仪式教育，最大限度地激发大学生的参与热情，在集体的师生互动中开阔视野，增强集体意识与情感。

（二）整合教育形式

健康向上、丰富多样的校园文化活动是育人的第二课堂，也是高校将校史教育和仪式育人教育完美结合的文化教育形式。高校可以充分考虑自身文化教育传统与办学特色，将校史精髓创造性地融入特定的仪式教育活动当中，从增强活动主题的多样性、内容的新颖性以及仪式的程序互动性入手，搭建一个与大学生进行文化交流的平台，唤起大学生对高校历史文化的记忆，激发起对高校的认同感。例如在课堂、会议、讲座等传统仪式教育形式中，高校可以通过校友前辈的先进事迹与优秀人才的成长历程来感染大学生，从而促进大学生良好道德品格的形成；在社会实践、校园氛围、实地参观、节假日庆典等新型仪式教育中，可以通过新生入学教育、参观校史馆、校史宣讲、主题宣讲、民俗纪念活动等学生喜闻乐见的方式去传递仪式背后的文化知识和价值观念，同时也让大学生更加立体地了解学校历史、感受内在文化、增强学校认同感。

（三）拓宽传播方式

新媒体环境下互联网的发展打破了时空限制，并为新时代的大学校史教育和仪式育人教育拓宽了思路和模式。新时代大学生的校史教育和仪式育人教育可以借助现代媒介，刺激受众感官，丰富教育传播方式，充分调动大学生的积极性。例如开展紧贴仪式内容的歌舞表演、带有浓厚校史元素的课堂舞台剧、多媒体多维度的场景互动、趣味知识问答比赛、主题征文演讲等活动，在轻松愉悦的仪式活动中让学生感受到传统文化和大学精神魅力，从而在这种特殊仪式情境中增强学生对仪式教育和校史教育的认可。同时，要充分利用微信、QQ 等互联网传播媒介及时直播仪式教育的过程与结果，也可以通过校史公众号、校史视频、校史馆 VR、网上主题党团课等渠道广泛传播校史文化。另一方面，对大众传媒话语权进行严格掌控、抢占网络话语高地。这样不仅能够更好地将校史教育和仪式育人教育融入大学生思政教育中去，还能有力地增强大学生思想政治教育的有效性，丰富育人途径和方式。

第六章　新时代大学生思想政治教育的基本方法*

高校辅导员作为开展大学生思想政治教育的专门力量、专业力量和骨干力量，是高等学校学生日常思想政治教育和管理工作的组织者、实施者、指导者，是高校育人工作的中坚力量。当代大学生思维活跃、视野开阔、精力旺盛、可塑性强，高校辅导员应该把对大学生的思想政治教育摆在突出位置。为了更好地帮助大学生成长成才，培养时代新人，总结已有研究成果，融合理论教育和实践教育,笔者凝练出五个新时代大学生思想政治教育的基本方法:理论渗透法、思想引领法、朋辈示范法、心理疏导法和实践锻炼法。

第一节　理论渗透法

理论渗透法是中国共产党思想政治工作的优良传统，也是高校用于思想政治教育工作的基本方法之一。坚持和创新理论渗透法，具有重要的时代意义和教育价值。

一、理论渗透法的内涵

“渗透”，字面意思为“渗入”“影响”和“熏陶”等，区别于教学法中的“注入式”或“填鸭式”方法，渗透既有润物细无声的滋养，又有水滴石穿的坚韧。这里的“渗透”就是指宣传教育、熏陶影响，强调的是以理服人，逻辑严密地将道理讲清楚讲透彻，从而征服广大群体。思想政治理论教育渗透法，是有目

---

* 本章编者简介：贺小芮，女，教育学硕士在读，西南政法大学辅导员教研中心工作人员。曾有多年企业管理工作经历和高校辅导员经验。主要研究方向为高校辅导员角色期望和辅导员课程设计与教学管理。

的地渗透马克思主义理论教育，通过对理论的学习、讲授、培训、研讨等方式，引领大学生的思想观念。在引领思想观念的过程中，防刻板、防僵化，以大学生易于接受的方式传递马克思主义理论。

二、理论渗透法的原则

（一）坚持社会主义意识形态不动摇的原则

马克思主义观点认为，在一种社会里，有三种社会意识形态相互依存且相互斗争。[①]因此，我们在开展大学生思想政治教育活动时，需要自觉地对大学生进行马克思主义思想体系的理论渗透，有目的、有意识地使社会主义思想体系在社会生活中处于主导地位，从而引导大学生的思想朝着社会主义方向发展。

（二）坚持社会主义意识从外灌输、向内渗透原则

“没有革命的理论，就没有革命的运动”，[②]中国共产党要推动社会的发展，要实现共产主义这一目标，首先要使人民群众掌握马克思主义理论，进而培养人民的社会主义和共产主义意识。但是，作为一种思想体系的科学社会主义不能自发地在工人、学生、群众中产生，只能从外面灌输进去。列宁同志“从外面灌输”这一思想，时至今日仍然可用于大学生思想政治教育工作。大学生关注自己所学专业较多，主动学习马克思主义理论者少，因此，高校辅导员需形成合力，将社会主义意识从外面灌输，向里面渗透。另外，由于网络的广泛普及，大学生不可避免地接触到许多有害信息和消极言论，所以，更需要高校辅导员传递主流意识形态，培养合格的社会主义建设者和接班人。

（三）坚持理论渗透方向的正确性原则

高校辅导员要通过思想政治教育帮助当代大学生树立与社会主义现代化建设、社会主义核心价值观相符合的世界观、人生观、价值观，教育的过程从本质上来讲就是传递马克思主义理论的过程。坚持理论的灌输和渗透能保证当代大学生接受马克思主义理论内容的完整性，更能保证思想政治教育的主路线紧

① 孙喜亭．教育问题的理论求索 [M]．北京：人民教育出版社，2004：12–15.

② 列宁．我们的纲领 [M]．北京：人民出版社，1976：203.

贴社会主义发展方向不偏离。

三、理论渗透法的主要路径

要充分发挥理论渗透法在思想政治教育中的作用和价值，就要坚持与时俱进，不断创新。

（一）坚持与时俱进，拓展渗透内容

思想政治教育灌输和渗透的内容必须要顺应社会和时代的发展，唯有这样，才能培育出时代新人，也只有这样，思想政治教育才能体现其时效性和实效性。针对大学生思想政治教育灌输和渗透的内容必须服从和服务于党的中心工作，高校辅导员要将爱国主义教育、民族精神教育、时代精神教育、道德教育紧贴时事政治，注入新的内涵，拓展渗透内容，保持渗透内容的科学性，实事求是，与时俱进，不断创新。

（二）将显性和隐形渗透相结合，实现渗透法的方法创新

理论渗透法是指教育者向受教育者传递既定的政治观点、道德观念，具有直接性和单向性。思想政治教育具有很强的理论性特征，如若采取单一模式进行理论渗透会导致学习氛围死板生硬，容易引起学生的逆反心理，使教育内容不能很好地内化为学生个体表现，严重影响教育实效。当代大学生思想教育研究领域就此方向提出了新的突破点——课程思政，将思想教育理论最大限度地融入日常的各门课程中，探索多样性的方法。不再将大学生思想教育拘泥于高校辅导员、党组织教育等固定的对象和方式中，而是从学生专业课、选修课等学习常态的各方面进行渗透，利用一切教育机会用润物细无声的形式进行最有效的思想政治教育。同时，因课程思政的教学方式对任课老师提出新要求，教师不可避免地要提升个人思想教育素养，主动地学习更多思想教育理论，创新课堂教学模式，这是一种推动性的教学创新，并且对于教师个人的思想更新起到了意想不到的效果。在进行课程思政时，教师必须具备扎实的理论知识，才可以将其游刃有余地用于课程实践中，这是当代教师面临的新挑战与机遇，也是将思想政治教育作用最大化的时机。简单化理解，就是将思想理论作为隐性教育与课程进行显性结合，用学生不自觉就接受的方式开展学生普遍兴趣低、

教育效果不佳的理论性教育，并达到教师的教学目的，就是理论渗透法的典型运用。所以，积极探索理论渗透法在思想政治教育中的使用，需要将传达的思想理论自觉自信、对优秀传统文化的辩证传承等隐性要素渗透到教育的载体中，营造教育的环境氛围，实现显性灌输与隐性渗透的结合，增强渗透教育的吸引力、感染力和说服力。

（三）合理利用资源，积极创新渗透法的载体

载体是桥梁和纽带，是思想政治教育过程中各个要素建立联系的枢纽。要增强理论渗透法的有效性，优化和创新渗透载体尤为重要。教师的形象，课堂中营造的有利于渗透大学生思想政治教育的环境，可以成为课堂主阵地的渗透教育载体。高校辅导员在学生的日常事务管理中融入对学生的真心真情，也能成为渗透思想政治教育的载体。从学校的规章制度到校园人文环境，都可以当作渗透思想政治教育的载体。所以，不能拘泥于传统的教育模式，要丰富思想政治教育的载体的使用，使一切可以利用的资源要素合理发挥作用，以时政热点、真人真事为切入口，创新思想政治教育载体。

第二节　思想引领法

大学生肩负着时代的重任与使命，新时代呼吁新型人才的培养。加强对新时代大学生的思想引领，多方位促进大学生的全面发展，加快各类创新成果转化应用，具有重要意义。加强思想引领能够进一步发挥好当代高等教育的实效，引领青年大学生群体成长为新时代背景下国家和社会发展需要的新型人才，契合国家人才发展战略要求。高校辅导员要以培养德智体美劳全面发展的社会主义建设者和接班人为己任，帮助大学生扣好人生的第一颗纽扣，把思想引领贯穿到育人的多方位全过程中。

一、思想引领法的内涵

作为高校思想政治工作的中坚力量，辅导员是否能够有效地开展大学生思想引领工作，影响到高校培养什么人，为谁培养人的问题。思想引领是指辅导员以习近平新时代中国特色社会主义思想为指导，坚持深入引导和培育学生践行社会主义核心价值观；引领学生深入学习“四史”和形势政策，增强学生对

习近平新时代中国特色社会主义思想的认识、理解与认同。辅导员要通过开展思想引领工作，增强大学生“四个意识”，坚定“四个自信”，做到“两个维护”，落实为党育人为国育才的教育大计。

二、思想引领法的基本原则

（一）坚持政治性原则

辅导员在进行思想引领过程中，要始终保持高度的政治觉悟和坚定的政治立场，对有建设性的观点和思潮要敢于捍卫和拥护，对可能误导大众的错误观点和思潮要敢于批判和反对，要树立坚定的正确的原则和立场，在与学生共同面对的大是大非问题面前，要敢于批评反驳，要能带领大学生主动抵制社会上各种错误思想的影响。

（二）坚持理论与实践相结合原则

在进行思想引领的过程中，辅导员一定要讲理论、讲道理，工作要讲技巧、讲艺术。思想引领工作要做到以思想政治教育理论为基础，将理论有机融合到学习与生活现实当中，通过举例子、摆事实、讲道理把理论说清楚、捋明白。学生领悟了，理解了，信服了，思想引领才能收到实效。如果仅仅是领悟到了理论，而没有令人信服的事例加以证实，引领效果可能会打折扣，这属于没有完成思想引领的全过程。思想引领要想入心入脑，就需要辅导员引导学生将他们所学到的理论知识与实践相结合，做到学以致用，要善于组织、带领学生开展理论与实践相结合的实践活动，这是思想引领活动的有效途径之一。

（三）坚持创新性原则

要做好思想引领工作，还应该积极深入研究剖析现在大学生的特点，针对学生的特点，创新思想引领工作理念，改变思想引领工作的方式方法，要始终把创新理念和创新方法贯穿到辅导员思想引领的工作实践中，不断修正完善工作方法，通过创新思想引领工作，让辅导员的思想引领工作永葆生机活力。

三、思想引领法的主要路径

习近平总书记对广大青年提出要求，即广大青年要勇敢肩负起时代赋予的重任，“坚定理想信念”“练就过硬本领”“勇于创新创造”“矢志艰苦奋斗”“锤炼高尚品格”[①]。

（一）坚定理想信念

习近平总书记强调青年要有坚定的理想，大学生要补足精神之钙，补足理想信念之钙。

高校辅导员要做好大学生的价值引领、信念引领、道德引领、文化引领。高校辅导员要引领大学生完整、准确地把握习近平新时代中国特色社会主义思想，增进对习近平新时代中国特色社会主义思想的认同感，以“四史”为内容，引导大学生形成正确的历史唯物观。

当代大学生往往把理想信念的追求定位在具体的人生目标上，没有开阔视野、上升高度地把对民族和国家的责任融入自己的人生目标中。高校辅导员要深入了解大学生的内心渴望和真实需求，运用科学的方法，分析和解读当代大学生现有的世界观、人生观、价值观，引领当代大学生树立适应新时代中国特色社会主义的“三观”。高校辅导员可以通过开展党团与班级建设的方式、带领大学生开展实训实践的方式，以社会主义核心价值观的理论知识、价值认同引导学生明确人生方向，帮助大学生坚定理想信念，提升思想境界，主动将个人发展与国家命运联系起来。

习近平总书记曾经在多个场合提到文化自信。高校辅导员要以丰富多样的形式将社会主义先进文化的精髓、中国红色文化与中国革命文化的精神内涵等优秀传统文化的继承与发扬传递给大学生，引导大学生坚定文化自信。

（二）练就过硬本领

习近平总书记指出，“梦想从学习开始、事业靠本领成就。”[②]为实现个人的人生理想，为担当起时代的重任，当代大学生必须珍惜青春时光，努力掌握科学知识，锤炼过硬本领。在科学知识的学习中，做到认知水平能够跟上甚至超过时代的发展，在本领技能上，以严谨、细致、精益求精的态度磨炼工作

---

① 习近平．在同各界优秀青年代表座谈时的讲话 [N]．人民日报，2013-05-05（02）．

② 习近平．在知识分子、劳动模范、青年代表座谈会上的讲话 [N]．人民日报，2016-04-30（02）．

技能。

高校辅导员可以从“抓学风，长本领”的学风建设中实现练就大学生过硬本领的引领。首先，要引领大学生具备放眼世界的格局和胸怀，将学习和掌握知识这一目标定位在人类命运共同体建设这一高度上。把个人发展与时代进步紧密联系起来，让大学生明确学习和掌握专业知识对个人人生发展以及社会进步的价值和意义。其次，要引领大学生树立实现中华民族伟大复兴的责任意识。将个人发展与民族责任相融合，在大学生心中树立起是中国人就应该为中华民族的复兴伟业奋力拼搏的意识。最后，要引导大学生运用科学的方法，练就过硬本领。向书本学习，与知识为友，尊重历史经验，掌握马克思主义的观点和方法，理论联系实际，不断加强自己的知识储备，掌握和提升专业技能，与此同时，结合专业理论知识自觉了解大政方针，加强政治理论学习，更新本领技能。

（三）勇于创新创造

创新不是空想，更不是口号。创新的前提是具备广阔且扎实的专业基础知识和科学的思维方法。高校辅导员要引导大学生总结借鉴前人的经验，积极转变学习方式，在自主学习、合作学习、探究学习中碰撞思维的火花，实现创新创造。高校辅导员要引导大学生主动参与实践实训活动，在活动中勇于尝试与创新，不断提升创造能力。面向大学生群体开设的各类创新创业大赛，也是培养大学生勇于创新创造的途径，高校辅导员要鼓励大学生积极参与其中并提供帮助与支持。随着互联网时代的到来，师生可以实时获得海量信息，高校辅导员可以借助这一新技术，为大学生搭建创造创新的平台，精准供给有益于大学生创新创造的信息资源，鼓励大学生把创新创造融入学习生活中。

（四）培养艰苦奋斗的精神和坚韧不拔的意志品质，锤炼高尚品格

“中华民族伟大复兴的中国梦终将在一代代青年的接力奋斗中变为现实。”[①] 高校辅导员要率先垂范，身体力行，向大学生展现不畏难不怕苦的精神，

① 习近平. 决胜全面建成小康社会　夺取新时代中国特色社会主义伟大胜利——在中国共产党第十九次全国代表大会上的报告 [M]. 北京：人民出版社，2017：70.

在与学生共同面对困难时，多找方法少找托词，以人格魅力引领大学生。高校辅导员要激发大学生艰苦奋斗的精神和坚韧不拔的意志品质，与困难作战亦是精神对垒，在关键时刻为大学生打入“试一次，再试一次”的心理强心针，提升大学生的抗压抗挫能力。在实践实训中，端正大学生的态度，有意识地磨炼大学生的意志品格。

人无精神不立，国无精神不强。大学生的精神风貌代表着国家未来的精神风貌。高校辅导员要结合历史与时政，引导大学生从“长征精神”“抗战精神”“抗疫精神”等伟大的中国精神中汲取力量，锤炼品格。

总体而言，思想引领法的实施过程有一个重要因素，即引领者本身过硬的思想政治素质。目前的各高校教学实践数据表明，高校思想政治辅导员是大学生思想政治教育过程中最重要的引领者，这代表着高校辅导员需对自己有更严格的要求。在日常的思想政治教育中，高校辅导员多采用言传身教的方式，言传对教师的要求是必须要有基础深厚的理论知识才能达到好的教育效果。辅导员只有随着党中央的政策与理论更新，与时俱进地更新个人知识库，才能保持先进性，保证传授给学生的理论不落伍，成为理论前言阵地的守护者。而身教则要求辅导员本身品行良好，就习总书记的话来说，做“四有”好老师，不仅要扎实学识，还要有道德情操，从个人做起，用一个践行终身学习理念的榜样形象带动学生一起学习，成为学生看齐的目标，才是教师的发展的方向。高校思想政治辅导员坚持学习党的思想政治理论，并将其内化于心，外化于行，影响学生的言行，潜移默化地提升学生的思想政治素养，就是真正的思想引领，也是国家和社会对高校辅导员提出的辅导员职业化、专业化的要求。

第三节　朋辈示范法

朋辈群体对个人健康成长具有十分重要的意义。新时代大学生具有很强的个体意识、平等意识，基于朋辈群体产生的朋辈教育与高校思想政治教育的结合符合新时代的要求与发展趋势，有益于高校思想政治教育工作的开展，提升工作实效。通过研究将朋辈教育示范与高校思想政治教育相融合，能更好强化大学生在学校管理中的作用、促进大学生在校的自我发展。

一、朋辈示范法的内涵

中华民族传统文化对朋辈以及朋辈教育的记载可以追溯到春秋战国时期。孔子对“独学而无友，则孤陋而寡闻”“三人行，必有我师”的论述，都与朋辈教育有关。在实际生活中，有人将“朋辈”理解为“同龄人”“同届生”“朋友”或是思想观念相似的人。由此可见，朋辈群体可以理解为：有着相似学习、生活和工作背景，大多年龄相仿，有相近的心理特征与行为方式，愿意实现信息交流的群体。

在思想政治教育中，可以利用朋辈主体性、互动性、渗透性的特征增强教育实效，使得教育内容能够被群体接受的同时，潜移默化地为个体所接受，并且实现个体的内化。朋辈教育融入思想政治教育，要获得科学系统且长效的发展，必须坚持正确的价值导向，必须尊重学生成长成才的发展规律，形成良好的教育体系，选择适当的教育路径和方法。

二、朋辈示范法的基本原则

（一）落实“以人为本”理念和正确价值导向

思想政治教育的终极意义是关注人的发展和实现人的价值。“以人为本”的教育理念，符合教育发展的趋势，更重要的是符合当前大学生主体观念加强的实际。“以人为本”的理念在教育过程中强调对受教育者既要引导也要尊重、关心。具体来讲，朋辈教育在融入高校思想政治教育时，首先需注意学生个体之间的差异性。以学生可接受为原则，进行适度教育，在教育过程中充分调动学生的积极主动性，从而推动受教育者的全面发展。其次需要教育者仔细倾听受教育者的需求和反馈，不排斥问题的产生，尊重受教育者内心最真实的声音，设身处地为受教育者考虑，真正做到“以人为本”。除此之外，需注意的是，在整个教育过程中，高校辅导员和朋辈示范者要扮演好引导者的角色，突出受教育者的主体地位，不能直接提出解决问题的方案，要花心思引导受教育者向朋辈寻求帮助、向优秀的朋辈看齐，提高自己解决问题的能力，实现受教育者在教育过程中得到自我发展、自我完善的能力。

朋辈教育融入高校思想政治教育要坚持正确的价值导向，即立德树人。朋辈教育的价值导向与高校思想政治教育价值导向具有一致性，具体来说是指朋辈群体之间要去除消极的、负面的影响部分，坚持积极的、正面的导向部分。朋辈群体，尤其是高校大学生，看似只是身处在和平和谐的校园环境里，其思想却不仅仅局限在这片天地，实际上他们随时都会受到社会大环境的影响，不管是物质层面还是思想层面。信息化时代下，网络信息的庞大复杂甚至还带来功利心态、怨恨心态、盲从心态等不良因素，腐蚀大学生们的思想和行为，从而使其产生自我否定、迷茫懒散等心理问题。在这样的情况下，朋辈群体之间的交往变得复杂。高校辅导员要坚守这一主阵地，坚持以社会主义核心价值观为导向，这对朋辈示范法融入思想政治教育具有指导意义。

（二）遵循大学生成长成才规律

高校辅导员将朋辈示范法融入思想政治教育中时，要尊重大学生成长成才规律，尊重客观实际。准确把握大学生成长成才的规律，才能强化朋辈示范教育的针对性和有效性。遵循受教育者成长成才规律是指把握具体教育对象实际的思想水平、认知水平以及自律能力，对其进行相应的教育。大学生的成长成才规律是一个复杂的系统，它既包含着大学生自身的生理、心理发展，还包含着大学生因社会化而产生的一系列社会关系的变化发展。简单来说，就是大学生自我发展的主观能动性和客观的社会环境能影响制约的因素。虽然这个规律很复杂，但具体来讲可以从家庭、学校、社会和个体自身四个方面入手，找寻规律的具体表现。比如说，首先大学本科生在学校四年的成长过程中，经过四年的大学生活、丰富的社团活动、扎实的知识积累以及难得的实践经验，在每个时间段，大学生自身的感受都是不一样的，其认知水平、思想水平、觉悟程度都会发生一定的变化。其次大学生自身的情况也不同，这里指大学生个体先天的品质和后天培养的素质，每个人都是独一无二的，受个体自身的家庭环境、社区环境、自身素质条件等影响，每个人对新事物接受的程度不一样，接受时长、接收方式也有所不一。最后大学生成长过程中被社会环境所影响，网络的发展使得信息传播迅速，社会上的事件也会在一定程度上影响大学生的发展，大至国家层面的方针政策，小至社区环境和家庭因素。正因为大学生发展规律的复杂，我们在进行朋辈教育时需要创新教育方式、优化教育内容，才能实现教育目的。在朋辈教育融入高校思想政治教育诸多教育方式中有一对一帮扶形式，由于朋辈帮扶者与帮扶对象双方的不断变化，比如帮扶对象已经成长至不再需要朋辈的帮助，或者两者之间由于性格等原因关系相处并不协调，又或者朋辈教育者自身不能胜任这份帮扶责任等。根据这些问题随时调整帮扶对象或者朋辈教育内容十分有必要，这样才能保证朋辈帮扶的真正效果。除了这里所说的帮扶形式，其他朋辈教育形式亦是如此。

三、朋辈示范法的主要路径

（一）课堂教学活动

习近平总书记曾指出，要“使各类课程与思想政治理论课同向同行，形成协同效应。”[①]将朋辈教育通过融入思想政治教育教学计划，与“思政课程”“课程思政”等形成合力，画好协同育人的同心圆。

首先，朋辈教育促进思想政治教育教学目标的制定。按照“课程思政”的要求，根据各门课程的教学目标，挖掘出本课程中的思政因素，结合专业知识对大学生进行思想政治教育。制定思想政治教育教学目标需要明确大学生的实际情况，这里的实际情况包括受教育者关于思想政治教育的需求以及与社会要求之间的差距。

其次，朋辈教育助力思想政治教育的内容扩展和延伸。朋辈教育活动的总结反馈促使互动过程不断完善，通过对活动的总结，可以尽可能全面了解大学生的思想动态，避免流于形式，也能避免思想政治教育内容与青年学生实际需求脱节。朋辈教育的具体内容有必要依据反馈总结及时调整。

最后，朋辈教育助力思想政治教育方式方法的丰富。教学方式的合理运用有利于坚持“思政课程”的主导地位不动摇，要实现“思政课程”与“课程思政”的协同发展最重要的是牢牢坚持“思政课程”的主导地位。在思想政治教育课堂的诸多类别中，采用课堂讨论形式，让学生以自身的经历和理解进行相互交流，由老师主导课堂进行总结，有利于教育内容的实施。特别是在心理素质教育课、生命安全教育课以及形势与政策课等课堂中，单以教师的讲解会显得教育内容过于苍白，而加入朋辈教育活动之后，能充分调动学生的积极参与性，使课堂

---

① 习近平在全国高校思想政治工作会议上强调：把思想政治工作贯穿教育教学全过程 开创我国高等教育事业发展新局面 [N]. 人民日报，2016-12-09（01）.

变得活跃。在职业生涯规划课等课堂中，专业教师能够给予理论指导和心理辅导，而在具体技能实践方面的指导更需要考虑到社会实际的就业现状与大学生的实际需求。社会就业现状复杂且多变，高校教师在具体实践方面显然不能把握社会就业情况的方方面面，这是一项似乎无法完成的工作任务。朋辈教育能够完美解决这个问题，请优秀毕业生参与职业生涯规划课，他们结合自身情况的讲授对于受教育者来说实用且符合自身实际，也达到了职业生涯规划课的教学目的。

（二）校园文化活动

校园文化环境的打造对高校思想政治教育和高校本身都尤为重要，重视校园文化建设，打造以文化育人的良好环境刻不容缓。校园文化活动对于校园文化氛围的营造具有十分重要的作用。校园文化活动多种多样，根据组织形式可以将其分为班级活动、院系活动和校园活动。由于班级的划分，同学之间有较强的交往，班级活动参与度、活动效率高；院系活动因其专业性，凝聚力强；校园活动覆盖面广，更具权威性。朋辈教育通过校园文化活动融入高校思想政治教育，显然增强了隐形思想政治教育效果。

首先，以班级活动为依托进行朋辈教育。班级活动中思想政治教育性质较强的是班会和党日团日活动。班级支部推选出先进模范，进行交流发言。班级人数相对比较少，同学之间相互熟识，可以运用榜样教育的方法。树立榜样，是朋辈教育融入高校思想政治教育中运用时间最长且运用范围最普遍的方式。树立榜样需要进行精心的选择，并不是在某一方面或多方面都特别优秀的就合适。榜样的选择除了从学生的需要出发，更重要的是注意与学生的实际距离，这种距离并不是单指空间上的距离，还有学生本身与典型之间品质、能力的差距。选择正确的榜样，才能真正发挥榜样的示范作用，激发其他学生的观察学习动力，提升朋辈榜样的激励效果。在班级树立榜样符合这样的观点，因为在自己班级征求大家的意见选出的“榜样”比较有代表性，“榜样”就是自己的同学，是自己身边经常能接触到的人，更加具有亲和力。

高校班级支部在大学教育中具有十分重要的作用，高校的自由使得高校班级凝聚力更强，要引导班集体的正确前进方向，学风班风的建设在其中尤为重要，通过依靠班级集体的力量开展朋辈活动，在班干部的示范作用中进行班风建设，助力良好班级学习氛围的形成。大学生朋辈教育有利于保障思想政治教育理论的教育引导的成果,还可以通过发挥班级的榜样示范作用,对其他班级产生影响,从而促进各院系各班级的共同进步。

其次，以院系活动为依托进行朋辈教育。以院系活动为依托进行朋辈教育，可以着重推动朋辈教育网络平台化发展。当前是信息化时代，高校大学生普遍使用手机、电脑等网络终端设备，日常生活更是离不开网络。网络平台内容丰富、信息传播迅速，还具有用户交互性的特点，院系充分利用网络这一载体，可以很好拓宽教育渠道，扩大教育范围。着力于将思想政治教育内容以非严肃的方式进行网络平台投放，这里所说的非严肃是指不以长篇大论单纯说理，而是用丰富的方式，比如设置话题、设置问题咨询、设置讨论论坛等，以诸如此类的方法将思想政治教育融入其中，一方面让同学们能够在平台中大胆表达自己的观点,另一方面平台建设者可以很全面、很准确地把握学生们的思想动态,清晰地了解学生在思想政治教育中的疑问和需求。

最后，以校园活动为依托进行朋辈教育。校园朋辈教育活动可以通过两种方式进行。一是由高校专门的思想政治教育者或是朋辈教育者负责，在大学生的生活区域，包括宿舍公寓、图书馆、自习室等地方，设置朋辈教育工作室，每个地方依据具体的区域大小和实际情况而定，设立专门负责该区域的朋辈辅导员,由朋辈辅导员对该区域的学生负责。朋辈辅导员下还可以设置宿舍负责人、小组负责人等，依次往上，逐级负责。朋辈辅导员的设置实际上就是为了更加全面了解学生的问题，及时发现问题、及时干预危机状况。将朋辈辅导员组织起来形成一个工作小组，定时进行工作总结反思，做到朋辈教育的全覆盖，从而在潜移默化中增加思想政治教育内容。二是由学校专门部门负责组织校园文化活动。校园文化活动作为校级活动，不能让学生自行摸索进行，而需要专门老师的带领。在专业老师的带领下，学生进行具体操作，这样一方面能够保证活动的顺利完成，另一方面锻炼了学生的能力。校园活动是打造良好的高校教育氛围和教育环境的重要方式。校园活动包括同学们亲身组织参与的活动，还包括学校特意组织的活动。同学们亲身组织参与的活动包括“感动校园人物”“争优创先先进个人”等优秀人物的评选活动。学校组织的活动包括组织观看相关电影，或是组织欣赏相关戏剧表演等，还有国庆节、国家宪法日等重要节日的活动。这些活动的开展不仅可以丰富校园文化，也可以反过来让校园文化的影响保证朋辈教育的教育效果。

（三）社会实践活动

社会实践活动是朋辈示范教育融入思想政治教育的重要的途径。学校组织的社会实践活动包括暑期“三下乡”、相关理论宣讲活动等，还包括相关的支教服务和志愿者服务等，在这些由相关老师带领负责、学生社团自行组织的社会实践活动中如何运用朋辈教育的力量，是值得探索的问题。朋辈教育只是一种看不见摸不着的教育方式和方法，所以要真正挥发作用需要物质力量。故此朋辈教育的实施在活动过程中需要通过朋辈教育队伍实现，需要朋辈教育示范者的扎实理论武装，使得知识传递更为便捷、广泛。朋辈教育队伍的打造需要相对专业的选拔、培训。朋辈教育者的选拔不用多说，这里主要讨论朋辈教育者的培训问题。经过严格筛选出来的朋辈教育者已经相当优秀，但还需要定期的短期培训，以巩固培训效果。培训内容需要经过周全的选择，除了增强思想政治教育内容的培训之外，还需纳入相关心理知识的培训。这不仅增加了朋辈教育对思想政治教育的效用，还能让朋辈教育者能够意识到自己的重要作用，在教育过程中用平等的方式进行人际交流，在具体实践里发挥换位思考的能力。

社会实践活动的成功进行离不开高校辅导员对整个活动过程的把握。必须做到以学生为主体，在具体实践活动中给予学生相应的支持，让学生自觉作为主角参与到社会实践活动中去，比如在“三下乡”过程中，由学生自行规划活动、自行组织活动、自行总结活动，而辅导员只在有错误的地方指出引导即可。在理论宣讲时，由学生负责理论内容的收集编辑、理论的宣讲，辅导员则负责从旁协助。坚持学生的主体地位是实现朋辈示范教育的重要理念，将思想政治教育辐射给朋辈教育者们，由他们在一次次活动中进行再次辐射，以传帮带的形式，提升育人实效。

第四节　心理疏导法

习近平总书记在2016年全国高校思想政治工作会议中强调：“要坚持不懈促进高校和谐稳定，培育理性平和的健康心态，加强人文关怀和心理疏导，把高校建设成为安定团结的模范之地。"①思想政治教育以帮助受教育者梳理正确的价值观、形成良好的思想政治素质为使命，心理疏导作为一种教育理念和教育方法，注重对受教育者在心理疏导的基础上进行价值引领。心理疏导法作为解决大学生心理问题频发的方法之一，是提升思想政治教育亲和力、针对性的重要举措，也是促进大学生身心健康发展的必然选择。

一、心理疏导法的内涵

（一）心理疏导法的概念

心理疏导从心理学中起源，是对认知心理学基础的深化。心理疏导有狭义和广义之分。狭义的心理疏导是心理理疗领域由专人帮助病患进行心理疏通引导，从而实现对疾病的治疗，使身体健康发展的治疗方法。②广义的心理疏导指心理疏导者用语言或非语言的沟通方式进行心理层面的疏通和引导。③心理疏导者利用心理学基本理论和技能，解决被疏导者心理问题，培养良好心态，提高适应力的目标，促使其人格健康发展。

心理疏导作为一种岗位技能，可以应用于管理、教育、医疗、社区工作等多个领域，甚至对于改善个人和家庭生活也是有价值的。从这个层面上来说，心理疏导是一种个人社交技能，它能够缓解和疏导个体出现的心理问题、发展困惑等，使得个体能够自我调节和自我发展，促使个人改善自我调控、协调人际关系的能力。

（二）大学生思想政治教育中的心理疏导

大学生思想政治教育中的心理疏导主要是指心理疏导者运用心理学理论和技巧，通过解释、说明、教育、支持、帮助等手段对大学生进行共情交流、思

① 习近平在全国高校思想政治工作会议上发表重要讲话 [EB/OL].（2016-12-08）[2021-06-09]. 人民网. http://dangjian.people.com.cn/n1/2016/1209/c117092-28936962.html.

② 宋劲松，王滨. 人文关怀与心理疏导——思想政治教育的创新指向 [J]. 天府新论，2008（02）：13-16.

③ 宋劲松，王滨. 人文关怀与心理疏导——思想政治教育的创新指向 [J]. 天府新论，2008（02）：13-16.

想交流、情感疏导，解决发展性问题。根据不同学生的心理状态，通过心理问题的疏导来改变和影响大学生的思想和行为，促进大学生的身心发展。

大学生思想政治教育中的心理疏导中，疏导主体是有心理学背景或者掌握心理学相关知识的思政教育工作者，不仅具备教育学、心理学、思想政治理论基础，还要熟练运用心理疏导的各种方法和技能，有效地引导和帮助教育对象解决自己的负面情绪，培养理性平和的心态。心理疏导对象具有广泛性。在日常学习、工作、生活中因为各种原因产生心理困惑、存在心理障碍的大学生是心理疏导的重要对象。心理疏导既要专注于解决这些学生面对的各种问题，又要帮助他们消除心理障碍，解决心理困惑，开发心理潜能，促进健康成长。心理疏导不仅要关注存在心理问题的学生，而且要关注全体大学生的心理发展。和心理咨询相比，心理疏导运用范围更广，专门的心理咨询场所不是必需的，在课堂、活动中都可以进行心理疏导。面向全体学生开展心理健康课程，举办各类心理活动，提供心理咨询服务，进行心理危机干预都是心理疏导的形式。

二、心理疏导法的基本原则

心理疏导的前期，要做到“价值尊重”。高校辅导员对大学生进行心理疏导时，要以真诚为基础，让接受心理疏导的大学生充分感受到真诚、信任和接纳。要充分肯定大学生在心理矛盾中的积极因素。在心理疏导的中期，要做到“心理沟通”，在对大学生进行情绪疏导、事理分析的同时，调动起被疏导者自身的力量，使其充分认识到原有价值观和应有价值观之间的差异，并积极探索寻求解决之法。在心理疏导的后期，主要采用“价值引领”的原则，帮助受教育者形成正确的价值观，提升被教育者思想政治素质与道德素质。

三、心理疏导法的主要路径

（一）强化大学生思想政治教育中心理疏导的理念

青年学生处于一个极易塑造又极不稳定的时期，这一时期，对扮演心理疏导者角色的高校辅导员正确关怀和引导学生提出了新的要求。对于每一位学生，既要了解他们入校前的学习及生活经历、入学的目的，以及入校后在学习、生活、未来理想等各方面的期望和想法，也要对每一位学生政治上不断成熟的想法和趋势有全面清醒的认识。高校辅导员要走到学生中去，拉进与学生之间的距离，理解学生的真实想法和诉求，以实践出真知，积累心理疏导的方法和经验。

（二）提高大学生主动接受心理疏导的意识

第一，要转变大学生对思想政治教育中心理疏导的错误认识。大学生的心理疏导，不单需要大学生自我学习以提高相关方面的认识，同时也需要教育者的帮助。加大心理疏导的宣传，拓展学生了解心理疏导的渠道。通过多平台宣传心理疏导，让学生正确认识心理疏导，正确看待心理疏导的地位和作用，突出心理疏导解决学生发展问题的特点，引导学生消除错误认识并接受心理疏导；定期组织学生开展心理疏导的集体活动，通过集体的力量让大学生加深对心理疏导的认同；引导学生了解心理疏导的理念是以学生为本，遇到心理困惑有向辅导员求助的意识，有主动诉说的想法；举办心理疏导相关的知识竞答活动，心理疏导者要用更加通俗化的语言，用贴近大学校园生活的活动主题来考察学生对心理疏导知识的理解程度，对关键问题进行点拨，有助于大学生接受心理疏导。通过一系列举措，转变学生对心理疏导的错误认识，强化对心理疏导以学生为本的理念的正确认识。

第二，思政教育者要抓准疏导时机。首先，抓住疏导的情绪时机。学生情绪的稳定对教育者的疏导工作十分重要，只有在情绪稳定状态学生才能接受新的事物和思想，而在情绪不稳定的混乱状态时进行疏导，反而会让学生产生抵触心理。其次，抓住疏导的事件时机。人在遇到困难时，往往需要借助外界的力量实现自我平衡。大学生在学习生活中遇到挫折和失败时，现实与理想之间的差异导致大学生情绪低迷、心灵脆弱并有倾诉的需求。教育者应抓住这个时机进行疏导，耐心倾听学生的心声，及时排解他们的疑惑、消减他们的顾虑。

（三）完善大学生思想政治教育中心理疏导的内容

1. 提高心理疏导内容的针对性

高校辅导员需要根据每个人的具体情况，具体问题具体分析，制定最适合的疏导办法，不能千篇一律，原封不动地照搬心理疏导理论，因为每个人的心理变化都有其自身的特点，具有特殊性，每个人的心理困扰的形成原因不同，程度深浅也不尽相同。

首先，高校要定期对心理疏导教师进行培训，拓宽从业教师的专业知识范围、强化其理论体系，并组织教师们参与公益活动，不止能够帮助那些或因社会、或因个人家庭产生一系列心理问题的个体，更可以丰富实践经验，运用到大学生疏导工作中。其次，高校进行的心理疏导既包括对学生因生活不适应而产生的心理问题的疏通，也包括学习、工作、恋爱、就业、专业发展等方面。每个人的问题背后的原因和环境不尽相同，因此必须根据每名学生的实际情况展开有针对性的疏导。

2．促进心理疏导内容与现实的结合

当今社会在经济、政治、文化等各方面都有着长足的发展和提高，大学生所面临的心理问题也更加多元复杂。面对新问题要有新思路，为适应社会需求，高校的思想政治教育心理疏导的理论体系就需要不断地创新发展。

大学生的思维处于一个成长高峰期，心理疏导工作要结合大学生的心理发展特点，选择最适合的方式方法进行疏导。心理疏导的内容不宜单一，疏导内容应尽可能地丰富起来，形式尽可能新颖起来。

目前，高校心理疏导的内容主要有情绪疏导、认知疏导、适应疏导等。疏导者开展心理疏导时，必须坚持理论与实践相结合。对于心理认知疏导，高校辅导员既要熟悉专业知识，也要让学生懂得自己在社会中的价值。大学生通过心理疏导，可能无法在短时间之内完全理解自己在社会中的价值，但通过学习和实践来提升自我，能更好地适应社会环境。适应性疏导的引导范围不限于校园生活，主要应引导学生毕业后适应社会。通过辅导员与学生之间的定期沟通，引导学生适应新环境。

3．实现心理疏导内容的多样化

心理疏导应大力发挥大学生的主体性。这就要求学生在心理疏导老师的指导下将自己的问题、需求向疏导老师倾诉出来，使疏导老师真正地了解其存在的问题，根据具体的问题，制定合适的解决办法。因此，心理疏导教育者们一定要有意识在工作中将大学生放在主体地位。发挥大学生在疏导过程中的主体地位，使大学生在接受心理疏导后，转变其原有的错误思想、消极思想，为他们树立一个正确的思想标杆，使其今后能以一种积极向上的态度更好地完成学习和工作。

（四）优化大学生思想政治教育中心理疏导的方法

对心理疏导方法中有价值的一面要进行肯定，对于已丧失存在价值的旧方法要用新方法代替。

1．激励疏导法

激励疏导法的特点在于肯定和鼓励人的正确行为，从而激发其主观能动性，调动人的积极性和创造力，为取得更大的成就做好充分准备。常用的激励引导方法有如下几种：

第一种是目标激励法。目标激励法是利用一定目标来不断刺激人们前进，激发大学生的积极性、主动性和创造性，从而达到教育目的的一种方法。一个鼓舞人心的目标更能让人们产生希望，产生催人奋进的效果，充分调动人们的主观能动性。值得注意的是，教育者在激励学生时应该引导学生制定正确的个人目标。

第二种是强化激励法。强化激励法是采取肯定或否定学生的行为，使其继续或终止该行为的激励方法。在加强奖励措施时应注意，强化行动要及时有效地进行，拖延则势必影响效果。疏导者应该做到大加赞赏学生们正确且积极的行为，批评制止错误的行为。

第三种是信任激励法。信任激励法是指通过对学生的信任、认可、尊重等方式激发学生的主观能动性，促使学生积极向上的一种方法。信任激励法能够让学生通过他人的认同、鼓励来增加自信和自尊心，提高其积极性，有助于学生健康人格的形成。

2．渗透疏导法

渗透疏导法是指通过运用无意识教育的原理，通过潜移默化的方式，把疏导工作渗透到对学生的培养过程中。渗透疏导法采用隐性教育模式，对学生的心理进行潜移默化的疏导。这就需要教师具备人格魅力，作风品行端正，教学气氛和谐；加强对每一位学生的重视，以及充分利用心理健康教育等一系列能起到渗透效果的活动课，这种做法对渗透疏导的开展很有帮助。从医学角度来讲，人的大脑在无意识状态下对行为的支配能力是很强大的。因此在开展心理疏导活动时应该采取渗透疏导。

教师要充分发扬其人格魅力，通过自身涵养与人品，潜移默化地影响学生的品格。身教胜于言传，学生将会从教师身上吸取优秀的个人品质，不断进取。不仅如此，还可以借助文化活动、体育活动等多种形式来进行学生疏导工作，这种做法不仅能缓解学生压力，更有助于培养学生的兴趣爱好，在轻松愉快的环境中启迪思想、陶冶情操。从心理学角度分析，在一个新颖的、丰富的、多样化的学习环境中，引起学生的兴趣与关注，能够大大提高他们的接受程度。

3. 体验疏导法

体验疏导，是指学生通过主动参与活动收获体验，在疏导教师指导下，学生之间互相交流、分享心得体会，并且提高认识。体验疏导法是指通过社会实践、班团活动、社团活动等学生活动，使学生充分释放内心压力，宣泄不良情绪，从而认识自我、解决问题的一种方法。学生流露真情实感，吐露真实的想法，随后在老师的帮助下，反思自己的行为，真正认识自己的内心。学生在轻松的集体活动中，内心的防备与枷锁就会摆脱，他们也就敢于说出心里的辛酸苦辣，有利于教师和学生间的良性沟通。

4. 互动疏导法

互动疏导法是建立一种师生平等、相互尊重的、彼此信任的关系的心理疏导方法。这种方法贴近学生生活，更容易被学生接受，师生间建立起一种平等的交流模式，在交流中师生相互启发、相互学习。在疏导过程中，随着老师对学生的关心和爱护增多，学生对老师的信任度也会增强。这样一种平等的沟通机制更加注重大学生的主体性、能动性，促进学生自我反思、自我教育。与传统的疏导模式不同的是，这一方法不再是老师说教的模式，而是以学生为主体。具体来说，心理疏导者要以学生为中心，耐心地倾听学生们的问题和需求，做学生的知心朋友。对于学生错误的思想和言行不做批评，避免抵触情绪带来的不良后果，在了解的基础上进行沟通引导，与学生在民主、平等的氛围中进行交流，使学生在交流中发挥积极主动的因素，实现自我成长。

（五）加强大学生思想政治教育中心理疏导的队伍建设

1. 推进心理疏导队伍专业化发展

一是要加强专业培训，提高心理疏导教师的专业水平。必须建立健全系统的培训制度，将心理疏导人才的培养贯彻到高校工作的各个阶段，工作之中提供相应的学习培训机会，力求在入职前和在职中都提供良好的学习培训条件。

二是打通疏通心理疏导教师晋升渠道。专职心理疏导教师的晋升渠道分为两大类：行政序列和教师路线。尽管很多高校非常重视专职心理疏导教师的发展，但仍然有一些高校没有把专职心理疏导教师列入教师行列队伍当中。这表明，被列入行政序列的专职心理疏导教师要想得到发展，就必须晋升行政职务，确定相应管理等级，否则就只能停留在当前阶段，毫无发展前景。教育部出台的一系列相关政策性文件，在高校增加了心理素质教育相关专业的教育工作者，并为其发展提供相应的政策支持。

三是要对心理疏导教师进行动态化管理。在心理疏导教师的资格认证、入职标准、绩效考核、队伍管理、专业培训等方面有针对性地制定一系列政策，以促进专职教师的培养和发展。

2．建立结构合理的心理疏导队伍

进行心理疏导需要精通思想政治理论体系、心理学、教育学等多学科内容，多学科背景和丰富的实践经验对心理疏导者提出了新的要求。目前大多数高校心理疏导者数量不足，导致心理疏导者承担了过于繁重的工作，不能满足高校对学生心理问题疏导的实际需求。为了改变师资力量缺乏的现状，高校需要在扩大心理疏导队伍数量的同时，也进行兼职教师队伍的建设，打造专兼职相辅相成的心理疏导队伍。从校内外挖掘、吸收具备一定心理学、教育学等相关专业知识的人员加入高校心理疏导队伍中来，如心理学、教育学专业的相关教师，高校辅导员，心理危机干预专家，心理咨询师，精神科医生等，这样易于形成多学科交叉融合的心理疏导队伍，基于多种角度，结合实践经验去分析、研究大学生的心理问题。另外，还可以在班级中设置心理委员，深入到学生中实时掌握学生的思想动态，传播正能量，将心理疏导工作渗透到学生学习和生活的方方面面，便于心理疏导工作的深入展开。

第五节　实践锻炼法

“中华民族伟大复兴，绝不是轻轻松松、敲锣打鼓就能实现的。”[①]“空

① 习近平．决胜全面建成小康社会　夺取新时代中国特色社会主义伟大胜利——在中国共产党第十九次全国代表大会上的报告 [M]．北京：人民出版社，2017：15.

谈误国，实干兴邦”，注重对大学生实践能力的培养在大学生思想政治教育中有着重要地位。习近平总书记在全国高校思想政治工作会议上强调，广泛开展各类社会实践活动，有助于做好高校思想政治教育工作。

一、实践锻炼法的内涵

实践锻炼法是指通过教育者有计划有目的地组织引导受教育者参加形式多样的社会实践活动，在实践实训中培养教育者的优良品德和行为习惯的教育方式。相较于传统意义上思想政治教育理论课而言，实践锻炼法的优势在于其以丰富的实践活动为载体、以亲身的知识体验为动力，调动大学生学习的主动性和积极性，促使大学生在实践体验中实现知行合一，在交往互动中健全人格，在实践中体会知识的价值，在学思践悟中实现全面发展。

实践锻炼法旨在通过丰富的实践活动，如劳动教育、社会服务、社会考察，来提高受教育者的思想道德品质和认识能力，在受教育者的成长中发挥着积极作用。

二、实践锻炼法的基本原则

坚持正确的教育原则是保障大学生思想政治教育实践教育活动有序开展的必要条件。把握好实践教育开展的正确方向，必须坚持思想政治教育第一课堂与第二课堂相结合的原则、实践能力提升和道德素质培育相结合原则、成长成才和服务社会相结合原则、国家政策导向和社会热点问题相结合的原则。

（一）坚持思政第一课堂与第二课堂紧密结合的原则

思想政治理论课第一课堂是指依据思想政治理论课课程大纲的要求和既定的人才培养方案，在一定的时间和空间内实施的课堂教学活动；第二课堂是除课堂教学以外的有专人组织引导、学生自愿参与的实践性教育活动。第一课堂和第二课堂在大学生思想政治教育过程中各有侧重，共同承担着促进大学生身心全面发展的重任。

第一课堂是大学生思想政治理论知识学习的主阵地，学生在课堂中可以接受系统的马克思主义理论教育，对大学生理论素养的提升具有重要的意义。只有通过课堂学习夯实理论知识基础，实践教育活动才能有科学理论的指导，才不会是简单的劳动训练。第二课堂以内容丰富、形式多样的实践活动为载体，把第一课堂延伸到生活场景之中，相较于第一课堂更具有灵活性和互动性，更能激发学生的参与和受教育的热情，有利于大学生内化课堂知识，并外化为自觉行为，促进大学生实现知行合一。

大学生思想政治教育以第一课堂与第二课堂相结合的方式进行，是其综合性的本质体现。反之，实践教育和课堂教学截然分开，使认识脱离实践，将会使大学生思想政治教育成为空洞的观念性教育活动。因此，必须坚持第一课堂和第二课堂相统一。一方面要加强对课堂教学的课程建设，推动课程体系和教学体系创新；另一方面，要充分挖掘实践教育活动中的思想政治教育资源，有效推动实践教育活动的开展。

（二）坚持实践能力提升与道德素质培育紧密结合的原则

能力的提升和道德素质培育是大学生思想政治教育不可分割的两个目标。能力的提升是指大学生认识社会、改造社会的能力，是大学生专业知识、个人才干的增长。道德素质提高体现在大学生正确的道德认知和道德判断的养成，是大学生良好的道德观的培育。

开展大学生思想政治教育实践教育，必须要关注其实践能力提升与道德素质培育两个目标的双向提高。实践能力的提升与道德品质的养成并不是此消彼长或是两个不同的培育过程，其实际是一体两面的、同时生成的。撇去任何一面而单谈另一面都是不合理且不符合实际的。一方面，德道素养的提升是在大学生在认识社会和服务社会的过程中，亲身体验劳动而实现的。另一方面，大学生实践能力的提升也是在不断提升团队意识、社会责任感的过程中实现的。

总而言之，实践能力的提升与思想道德素质的提高是相辅相成的，忽视了道德品质的提高，那么培养出来的是“有才无德”的废才，而脱离了能力素质的培育则培养出来的是“有德无才”的庸才。因此，大学生思想政治实践教育必须始终坚持能力素质提升和道德品质培育相结合，防止单兵突击、顾此失彼、畸重畸轻，违背人的全面和谐发展规律。

（三）坚持大学生成长成才与服务社会紧密结合的原则

大学生思想政治教育实践实训的开展要在满足大学生身心协同发展的基础

上实现社会价值，又促进社会对大学生的培育。大学生个体价值与社会价值在实践教育中起着相互促进的作用。社会为大学生的德智体美劳发展搭建了平台提供了资源，为大学生开展各类实践活动提供了环境与智力支持。

大学生思想政治教育实践教育活动的开展既要满足学生成长成才的发展需要，同时也要鼓励学生秉承奉献精神，担负社会责任，为社会做贡献。20 世纪 80 年代以来，大学生社会实践活动如火如荼地在社会上开展起来，以多种形式参与社会民生与建设，如开展社会调查、理论宣讲、送科技卫生文化下乡，其社会影响深远广泛。当前，进一步发挥大学生思想政治实践教育的个人价值和社会价值，还需要做到以下几点：一是要选题科学，要紧跟时代潮流，关注时代所需；二是丰富实践形式，应根据社会条件的变化以及学生个性化的需求而不断创新；三是提升实践质量，配备专职教师全程指导，提高学生奉献社会的意识，满足大学生和社会的诉求，充分发挥其个体价值和社会价值。

总之，大学生思想政治实践教育要坚持大学生成长成才与服务社会相结合的原则，在实践过程中既要满足大学生身心发展要求，促进大学生思想品德素质提高，又要凸显其社会价值，为社会服务，为人民群众服务，在实现社会价值的过程中走向全面发展。

（四）坚持国家政策导向与社会热点问题结合的原则

党的十九大以来，中央高度重视大学生思想政治教育工作，做出了一系列重大决策部署，为新时期开展大学生思想政治实践教育活动提供了政策导向。这些政策文件既肯定了实践教育对大学生思想观念、政治素养、道德品质等素质培育的重要意义，也为新形势下如何推动大学生思想政治实践教育有效运用指明了方向。

在响应国家政策导向的同时，大学生思想政治实践教育也应该具备时代性，要树立问题意识，着力解决社会存在的热点和难点问题。一个时代有一个时代的问题，一个时代有一个时代的使命，时代的热点和难点问题体现时代的聚焦点，关注社会热点难点问题，不仅可以促进大学生加深对当前国情社情的了解，紧跟时代步伐，还可以为社会热点、难点问题的研究和解决提供智力支持和行动力量，促进社会的发展。如当下，大学生思想政治实践教育应该助力国家乡村振兴战略实施，响应到基层锻炼的号召，激励青年大学生不忘初心，砥砺奋进，在奉献自我中实现人生价值。

三、实践锻炼法的主要路径

高校辅导员等思想教育工作者将思想政治教育与社会劳动结合起来，让大学生在实践中提高理论知识和思想认识水平。为更好地发挥新时代思想政治教育实践教育的育人功能，还必须不断地丰富和创新实践形式，利用新平台、新技术拓宽学生视野。

（一）关注学生心理，推行心理健康实践教育

当前，一些大学生在社会、家庭、学业等多方压力之下出现心灵脆弱、心理疾病频发等状况，在这一背景下，只有促使大学生保持一种健康的心理状态，才能在此基础上树立正确积极向上的价值观念。

因此，在大学生思想政治实践教育过程中要关注大学生心理健康状况，适时开展一系列面向大学生团体或个体的心理健康教育活动，通过轻松的氛围和开放的形式，让思想政治教育更能走进大学生的内心世界。学校可以建立心理健康教育三级网络，可以在校园内开展心理健康教育活动月，在活动月中通过布置温馨的校园环境、开展心理健康讲座、心理健康座谈会、心理团辅等心理健康体验活动、设置心理宣泄室等方式让大学生舒展心灵、减轻压力；在校外开展帮扶活动、吐槽大会等心理教育活动，助力学生宣泄压力、净化心灵，促进健康心态的形成。

丰富多彩的心理健康教育活动的开展，向大学生传播正能量，帮助大学生以健康的方式排解内心的压力，提高心理抗压能力，变压力为动力，为德育工作的进一步开展奠定坚实的基础。

（二）牢记初心使命，深化理想信念实践教育

对于大学生而言，坚定理想信念，补足精神上的“钙”关系到人生的发展方向和前景，特别重要。因此，要注重大学生理想信念的培育，适时开展理想信念实践教育。

脚下有信仰，心中有力量。理想和信念是紧密结合在一起的，脱离信念的理想就只能是一种空洞无力的设想和空想。开展理想信念实践教育，应该以树

立社会主义和共产主义信念为目标，加强马克思主义理论教育，加强爱国主义教育，加强中国共产党党史教育。结合当前时代特点，加强理想信念教育要充分利用红色资源，以红色资源为依托，开展各种实践性、体验性和情景式的教育活动，使大学生在了解党情国情的基础上，不忘革命先辈们的初心。使红色资源再次活起来，革命先辈留下的红色精神在任何时候都不会过时，传扬红色精神，开展“青年红色筑梦之旅”等铸魂育人活动。另一方面，还必须进一步完善和创新红色文化实践教育模式。一是充分利用高校所在地红色文化资源建立红色文化教育基地，并与其他地区建立共享机制，有计划地开展现场教学和实践活动。二是细化活动细节，增强活动的仪式感、现实感，可以还原历史场景、提供服装，增强学生的代入感。三是要抓住时机，利用重要节点进行活动策划，举办相应的爱国主义活动，增强学生体验感。

（三）磨砺精神意志，开展意志磨砺实践教育

磨砺实践教育是指在实践教育活动中创设一些艰苦条件，以培养大学生坚强意志、崇高理想、良好环境适应能力和心理承受能力的教育活动。当前，“00后”是大学生群体的主力军，他们享受着优越的物质条件，较少受到艰苦条件的磨炼，导致部分大学生缺乏艰苦奋斗精神，甚至出现“四体不勤，五谷不分”的状况。

当前，大学生思想政治实践教育中的一些磨炼教育的开展已卓有成效，如军事训练以军事化的管理培养了大学生服从命令、遵守纪律、勤劳自律的精神；勤工俭学培养了大学生艰苦奋斗、自立自强的精神；“三支一扶”号召和鼓励大学生到祖国边疆和偏远山区去支农、支教、支医和扶贫，使大学生在磨砺自我中提高身体素质和心理品质，在实现自身价值的同时为祖国建设贡献年轻人的力量。未来，大学生思想政治教育应该响应习总书记的号召，更加注重磨砺教育对大学生意志品格的培养，一方面，应不断创新磨砺教育新形式，针对大学生共性的问题，利用“互联网＋技术优势”，开展一系列有意义的磨砺实践教育活动。如越野夏令营、“穿越七十年代”、重走长征路等。另一方面，也要不断地完善磨砺教育各项机制，做好大学生磨砺实践活动的安全措施，循序渐进、由易到难地科学地开展实践活动，鼓励大学生在磨砺教育过程中坚持自我磨砺、注重全体磨砺、实现群体磨砺，在砥砺自我中不断前进。

（四）弘扬奉献精神，推进志愿服务实践教育

志愿服务是指不计报酬、不以功利为目的的服务社会、贡献力量的行为。开展志愿服务实践教育可以使大学生在传递爱心、奉献力量的过程中实现助人助己、乐人乐己、为人为己，是做好大学生思想政治教育的重要方式之一。

当前，高校充分认可大学生志愿服务实践教育，在社会中大学生志愿服务也受到了广泛的好评。今后做好志愿服务型实践教育，还必须加强规范、创新内容、丰富形式，不仅要吸引大学生主动参与教育，更要使学生在志愿服务实践中有所获、有所悟。一是要加强规范性。高校应建立一套志愿服务的组织、实施以及评价规范体系，避免活动流于形式，杜绝摆拍、不做实事等弄虚作假行为。二是要创新内容。志愿服务实践教育在我国已经推行多年，某些内容僵化、固定，虽然也能在一定程度上起到教育意义，但不能吸引大学生主动参与，因此，不仅要挖掘志愿服务实践教育新内容，更要创新旧内容，使一些传统的志愿服务重新焕发生机。三是要结合新时代特点，利用网络技术推动志愿服务实践教育的实施。互联网具有灵活性、开放性和广泛性的优势。因此实施志愿服务实践教育要充分利用网络科技，探索虚拟实践新模式。一方面，可以通过创设一组弘扬正能量的专题网站，将有共同兴趣爱好的大学生在虚拟社区中组成一个群体，给予每位大学生发起实践主题的权限，集中讨论，制定志愿服务计划，并在线下各自完成实践后在网络社区分享经验，总结反思。另一方面，还可以利用网络开展互联网公益，拓展“互联网 + 在线服务”、“互联网 + 公益慈善”的模式，通过线上宣传、监督，使大学生在公益活动中能够实现全程参与，形成线上线下公益的互动。

（五）加强校企合作，深化学生专业实践教育

高校与企业的深度合作，有助于学生在专业实践中将课本知识转化为实践经验。通过岗位服务，不断培养学生的集体意识、奉献意识；通过特长展示，增强学生的自信，促进学生综合素质的提升；通过学术活动，提升学生的专业素养。高校也应该整合资源，与政府、企业等携手建立高质量的实习实训基地，为学生的专业实践教育提供条件。

第七章　新时代大学生思想政治教育的主要路径*

习近平关于青年工作的重要思想，深刻阐述了我国高等教育发展的重大理论和实践问题，是我国高等教育实践的理论结晶，是做好新时代大学生思想政治教育的理论指南。2017 年《普通高等学校辅导员队伍建设规定》从思想理论教育和价值引领、党团和班级建设、网络思想政治教育等九个方面，确定了新时代大学生思想政治教育的基本方向。

本章主要围绕班级活动、校园文化活动、社会实践活动和新媒体平台四个方面融入思想政治教育的基本路径进行了全方位的论述，探索如何适应青年大学生的身心特点和成长规律，贴近学生、触摸生活，创新思想政治教育新理念、新思想、新方法，以期通过价值引领、德育感化、行为塑造、平台聚焦来教育引导大学生将社会崇尚的主流价值取向内化为自我的价值理念和精神追求，真正做到内化于心，外化于行。

第一节　价值引领：班级活动与思想政治教育相融合

一般而言，思想政治教育是社会或社会群体用一定的思想观念、政治观点、道德规范，对其成员施加有目的、有计划、有组织的影响，使他们形成符合社会所要求的思想品德的社会实践活动。

习近平总书记指出："核心价值观是一个民族赖以维系的精神纽带，是一

---

* 本章编者简介：周鹏，男，讲师，法学硕士，西南政法大学马克思主义学院教师，辅导员教研中心研究员。全球职业生涯规划师（GCDF 认证）、重庆职业心理咨询师三级、国家职业指导师二级。曾担任一线专职辅导员 16 年，主要研究方向为思想政治教育，主持、主研、参研省部级、校级课题多项。

个国家共同的思想道德基础。”[①] 通过理论创新、舆论宣传、教育引导、文化熏陶、实践养成、制度保障等途径，社会主义核心价值观在全社会逐渐像空气一样无处不在、无时不有，日益成为13亿多中国人的精神追求和自觉行动。[②] 由此可见，努力将中国特色社会主义核心价值观等主流价值观和各种普适性道德规范等社会规范内化为大学生德性和行为准则的过程，是高校思政育人的主渠道，同时，又是激活与唤醒大学生公民道德意识的过程。

一、班级的基本概念及形成阶段

（一）班级的基本概念

班级是为方便教学管理和日常管理而设立的组织，是把年龄和知识水平相近的有共同学习目标和任务的学生以固定人数聚集在一起的基本群体。无论是学前教育、基础教育抑或高等教育，都把班级视为学校教育的基本单元和学生活动的主要场所。

（二）班级的形成阶段

班级的形成和发展是一个比较复杂的过程，理解和把握其主要特点和基本规律对于加强班级建设和实现班级活动与思想政治教育的融合具有重要的理论和现实意义。一般而言，班级建设会经历相对松弛的“组合体”形态、严谨的“集合体”形态到最终的“共同体”形态三个不同的阶段。

1．松弛的“组合体”形态是班级形成的初级阶段

“组合体”阶段的班级具有从松弛、不紧密向逐渐聚合发展的基本特征。刚入校的新生承载着家长、教师和社会的期盼，对新校园、新老师和新同学的新鲜感和好奇心使学生对即将开始的校园生活充满期待和向往，班级成为其展现个性、放飞自我的舞台。班主任老师会给学生建章立制，提出班级纪律要求和作息时间，选拔和任命班级学生干部，明确工作职责，开展班级活动，激发班级活力，形成班级凝聚力，为班级建设和发展奠定基础。班主任在班级形成

① 习近平．在文艺工作座谈会上的讲话[N]．人民日报，2014-10-15（04）．

② 戴木才．让核心价值观的影响像空气一样无所不在——党的十八大以来社会主义核心价值观的培育发展[N]．光明日报，2017-09-27（10）．

和建设中发挥了主导作用，全体学生是在班主任统一领导下开展班级活动。在班级里，学生逐渐完成从个体意识向集体意识的转变，从个体自然性向组织社会性的转变，从生活作息习惯的个性化向有纪律意识的集体化转变。

2. 严谨的“集合体”形态是班级形成的发展阶段

随着学生对班级组织规范的适应、理解和认同，班级也由松弛的“组合体”变为严谨的“集合体”。这一阶段班级的主要特征体现为由班主任主导管理向班委会主导管理转变，班委会由班主任选拔和任命，并直接对班主任负责。具有各种才能的“班级领袖”开始出现，班级学生骨干力量日益成为班级管理的领导核心，成为班主任的重要助手。班级班风开始形成，班级成员逐渐认同由学习成绩、道德表现以及美术、体育、社会实践等方面构成的“德、智、体、美、劳”全面发展的主要评价标准，并认同以纪律约束个体行为的班级规范。班级目标和学风建设提上议事日程。班级成员的集体意识和集体荣誉感，学生干部的职责和管理意识，学生参与班级管理的主人翁意识开始萌芽。目前，绝大多数班级处于此阶段。

3. 完备的“共同体”形态是班级形成的高级阶段

这个阶段，班主任基本放权给班干部自我管理，重心主要放在加强班干部的教育和培养，逐渐由直接统一安排班干部工作和班级活动向征集班级成员意见后进行工作安排过渡，鼓励全班学生积极关心班级事务，共同参与班级管理的“参政”“施政”和“监督”等民主管理机制。班级管理和活动组织由竞选上任的班委会统一策划和安排，班级规范由全班同学一起制定、修改和完善，班干部的产生、任期以及换届选拔均由全体同学共同协商确定，班主任的角色由班级管理的“主角”（直接管理者）变为“守夜人”（间接管理者），形成了充分发挥学生自我管理的班级民主机制。“共同体”无论从形式到内容、从理念到实践，都区别于班级形成阶段的“组合体”形态和发展阶段的“集合体”形态，是班级建设的高级阶段。

二、班级“共同体”形态的基本特征

班级从严谨的“集合体”形态过渡到完备的“共同体”形态的是一个不断演进的过程。班级“共同体”的基本特征有四点。第一，主人翁意识和集体意识开始萌芽。每一个班级成员开始明白和理解自己完全可以进行自我管理，涉及班级共同利益的事务则需要班级全体成员共同商讨和决策来完成，班级成员的主人翁意识和集体意识开始萌芽，班级建设的“施工蓝图”由此展开。第二，共同体价值诉求的彰显。班级成员追寻的共同体价值意蕴包含在遵循班级共同体目标达成和建设过程中，应充分理解和尊重个人的思维独立和行为自由，为班级成员的成长和发展提供合理的空间，寻求班级共同利益的最大公约数，让每个班级成员都能感受到班级的集体自豪感和强大凝聚力。第三，合理定位个体角色。班级成员在班级中能发现自己的优点和缺点，扬长避短，妥善处理好个人利益和集体利益的关系。第四，目标规范的行动升华。在充分征询班级成员意见的基础上形成班级建设的共同目标和规范，以此作为班级成员的行为指南和价值追求，让他们在共同体价值基础上进行自我教育和自我管理，严于律己。

据此，班级的“共同体”形态，不仅是教育公平公正的需要，也是班级成员共同利益的基本诉求，需要班级成员携手共同努力才能达成。

三、班级活动融入思想政治教育的路径选择

大学班级是高等教育最基本的单元组织，是大学生价值观内化、行为养成和多元共同体形成的重要载体。良好的班风班貌和充满正能量的班级精神，是大学生躬行践履诚实守信、勤奋进取的优秀道德品质，夯实思想政治教育现实根基的重要抓手。

（一）推动教育者主导性与受教育者主体性共生共存，催生思想政治教育理念更新

苏联著名教育家苏霍姆林斯基说：“没有自我教育就没有真正的教育。”[①]因此，培养与重视大学生在教育中的主体性角色，是思政教育工作者不得不面对的重要问题。

马克思主义哲学尊重人的自然属性、精神属性和社会属性，使“人以一种全面的方式，也就是说，作为一个完整的人，占有自己的全面本质”[②]。尊重

① ［俄］苏霍姆林斯基．帕夫雷什中学［M］．赵玮，等，译．北京：教育科学出版社，1983：23．

② ［德］马克思．1844 年经济学哲学手稿［M］．北京：人民出版社，1985：80．

学生的主体性始终是教育的底色，以更加开放包容的态度对待学生的差异化是教育的底线。理解并认同学生的主体性和多元化属性，推动教育者主导性与受教育者主体性深度融合和良性互动，形成思政教育良好生态，为培育和造就富有远见和创新力的新时代大学生发挥至关重要的作用。

当然，我们也要看到，人的主体性也存在消极性，在个体上常常表现为被动性、依赖性、重复性等特性。因此，思政教育工作者要自觉尊重受教育者的主体性，把自我管理的主动权交给大学生，推动思想政治教育理念的更新，变一味说教和权威性主导为尊重学生的主体性，抑制消极性因素，对大学生多元化价值追求进行合理引导，激发大学生主观能动性。具体来讲，要利用班级活动助人自助，以真正为受教育者带来更加美好的教育体验为宗旨，实现教育者主导性与受教育者主体性和谐共生。

（二）提高班级活动参与性与互动性，增强思想政治教育的黏性和实效

如何适应大学生的身心特点和成长规律，在班级活动中丰富大学生思想政治教育的载体，提高班级活动的参与性与互动性，用班级文化氛围熏陶、教育和引领大学生不断成长，仍然是一个需要不断探索的现实课题。具体来讲，要坚持做到“三个坚持”，增强大学生思想政治教育的黏性和实效。

第一，坚持在“三全育人”工作新机制上下功夫，在建好第一和第二课堂“两个阵地”上下功夫，推动班级思想政治教育“活起来”“深起来”“实起来”，努力把班级思想政治教育成果转化为推动学生社会主义核心价值观培育和养成的不竭动力。

第二，坚持涵养环环相扣、阶梯上升的班级思想政治教育生态，避免千人一面，力求做到学生思想政治教育的具体化和个性化。通过举办班级文化风采展示等活动，构建团结、友善、包容为特色的积极向上的班级文化氛围，增强班级凝聚力，营造良好班风学风，让班级里每一个学生都能充分感受学校师生的关爱和认同，与班级共荣辱，与班级共成长，积极参与班级活动，在活动中增长知识，陶冶情操，接受教育，健康成长。

第三，坚持探索“班级主题教育”与“第二课堂”两个课堂相结合，强化思想政治教育专兼职队伍的相互协作，形成思想政治教育进班级、进宿舍、进

网络等一系列在新形势下开展思想政治教育工作的新机制、新方法。

（三）提升文化自觉、自信与自尊，促进文化育人，为大学生思想政治教育注入文化基因

大学以文化人、以文育人，增强师生文化自信。以文化育人是充实大学生精神家园的生动实践，必将丰富和拓展社会主义先进文化的时代内涵。

当下，我们正处于百年未有之大变局，青年一代肩负民族复兴的大任。而在全球科技激烈竞争和西方文化渗透的当下，提升民族文化自信和自尊的基本前提是文化的自觉。当前，以5G引领数字化、智能化的新经济蓬勃发展，深刻影响全球科技和经济发展。大学作为高等文化学府，是"全盘西化"和"文化孤立主义"两种思潮交锋的主要阵地。大学生群体对社会思潮比较敏感，兴趣爱好可塑性强，正成为霸权主义文化侵袭的重点人群。因此，班级要通过举办汉服秀等传统文化风采展示活动，围绕端午、中秋、春节等中国传统节日重要时间节点，培养学生的爱国爱家爱校情怀，构建以班级为单位的传统文化教育活动，形成朝气蓬勃、乐观向上的校园文化氛围。通过组织观看影视资料、参观文化古迹、举办征文和演讲比赛等各类主题班级活动来进一步增进学生对中华文明五千年灿烂文化的了解，培养学生的民族自尊、民族自信和文化自觉，激发他们为中华民族伟大复兴和国家富强而努力奋斗的决心。

第二节　德育感化：校园文化活动与思想政治教育相融合

在全国高校思想政治工作会议上，习近平总书记强调，要把思想政治工作贯穿教育教学全过程，实现全程育人、全方位育人。[①] 高校思政教育工作者要千方百计加强教育引导，让社会主义核心价值观之花在大学生心中美丽绽放。

一、组建大学生理论宣传团，让大学生讲好中国故事

遵循马克思主义大众化和大学生思想政治工作规律，依托马克思主义传播人才培养的专业特点，探索建立一支以学生骨干为核心的理论宣讲团，用大学

① 习近平在全国高校思想政治工作会议上强调：把思想政治工作贯穿教育教学全过程 开创我国高等教育事业发展新局面 [N]. 人民日报，2016-12-09（01）.

生的视角来宣讲习近平新时代中国特色社会主义思想和党的十九大精神，贴近学生，进一步增强理论学习氛围和思想政治教育的活力。

（一）立足新时代的宣讲内容

宣讲的内容是否具有时效性和精彩性，决定了理论宣讲是否真正能够达到思想政治工作的要求。因此，宣讲团要立足新时代新征程，跳出传统宣讲套路，从内容、形式、载体、方法、手段等方面，对贯彻落实习近平新时代中国特色社会主义思想和党的十九大精神进行全面解读。

（二）“双向互动”的宣讲方式

宣讲在形式上要讲究语言的规范和严谨，采用说理和案例启发相结合的方式，特别强调与学生的互动，变传统的“单向灌输”为“双向互动”；同时，宣讲还应着眼党和国家事业发展全局，高度负责尽责，提高贯彻落实的质量和水平。

二、精心谋划特色党建品牌活动，以党建活动为引领，推动思想政治教育高质量发展

精心谋划学生党建特色品牌活动，可以在主题党日中设置“学习强国”专栏学习、重温入党宣誓、过集体政治生日等环节，增强组织生活的仪式感、吸引力。组织开展“读《习近平谈治国理政》主题征文比赛”“党史百年知识专题学习”等一系列线上线下品牌活动，以学生党建活动为抓手，牢记“为党育人、为国育才”的使命，将思想政治教育融入人才培养的全过程，以党员为榜样，引导全体学生做“引路人”，育“德才兼备”的时代新人，做“追梦人”，与祖国同呼吸共命运。

三、创新党史学习教育方式，奏响党史育人“三部曲”

习近平总书记在清华大学建校110周年校庆日考察时强调：“广大青年要爱国爱民，从党史学习中激发信仰、获得启发、汲取力量，不断坚定“四个自信”，不断增强做中国人的志气、骨气、底气，树立为祖国为人民永久奋斗、赤诚奉

献的坚定理想。”①

（一）立德树人，奏响思政育人“初心曲”

牢记“为党育人、为国育才”初心使命，结合学生特点和学科特色，创新党史学习教育方式，将党史学习教育融入思想政治教育全过程。用好课堂主渠道，把党史学习教育融入思政课程和课程思政之中，组建党史学习教育宣讲团，组织优秀辅导员带领学生党员进校园、进社区、进企业、进农村，讲党史、讲社区治理，把党史学习教育同为人民服务结合起来。

充分利用红色文化主题教育基地，开展爱党爱国理想信念教育。在庆祝中国共产党成立100周年之际，在红色文化革命纪念馆等爱国主义教育基地举办开展学生新党员代表宣誓入党仪式等主题宣传教育活动，增强育人的仪式感。

组织学生实地参观学习打造“行走中的党史课堂”，推出“教授讲党史”“探寻家乡红色遗址，感悟家乡红色文化活动”等专题思政栏目，传承共产党人的精神谱系。在老师的指导下，通过寻访身边的老党员，深入探寻他们为国家做出的贡献，体会祖国发展的来之不易。深入挖掘典型人物事迹，用图片、文字、视频等方式真实再现和讲述在中国共产党领导下，身边老党员为党为国无私奉献的先进典型事迹，扎实开展“四史”学习教育，创新学习教育方式，引导学生学史增信、学史崇德，提升思想政治教育的实效。

（二）深学笃用，奏响思政育人“进行曲”

积极开展党史学习教育悟思想读书活动、办实事实践活动、育新人铸魂活动、开新局争先活动，把学习贯彻习近平总书记重要讲话作为党史学习教育的首要任务和根本遵循。灵活运用读、访、唱、研、讲五种学习方式，引导学生读原著、学原文、悟原理，在实践中学党史、悟思想、办实事、开新局，进一步坚定政治信仰。

（三）靶向发力，奏响文艺“协奏曲”

党的十八大以来，习近平总书记深刻论述了用文艺涵育社会主义核心价值

---

① 习近平在清华大学考察时强调：坚持中国特色世界一流大学建设目标方向　为服务国家富强民族复兴人民幸福贡献力量 [N]. 人民日报，2021-04-20（01）.

观的重要作用，提出了新要求新期待。社会主义核心价值观植根于我国优秀传统文化的重要源泉。任何核心价值观的培育和践行，都需要精神文化产品与文化氛围的涵养和支持。

文化熏陶，是培育核心价值观的无形手段。积极组织和举办合唱比赛、党史诵读比赛、师生歌咏比赛、红色经典诵读、书法绘画展示等一系列文化艺术活动，以文化艺术为突破口，靶向发力，突出重点，强化对学生的文化艺术熏陶，在学生心中种下“真善美的种子”。

第三节　行为塑造：社会实践活动与思想政治教育相融合

在社会实践这场思政大课堂中，加深大学生对“国家兴亡、匹夫有责”的理解，感受人民群众实现共同富裕后发自内心的喜悦和感恩，体会脱贫攻坚的不易，领会乡村振兴国家战略的伟大意义，与祖国同频共振，坚定要在祖国最需要的地方建功立业的信心，展现新时代青年大学生的责任担当。

一、社会实践活动与思想政治教育深度融合的现实意义

（一）丰富思想政治教育的新内涵

社会实践活动是大学生思想政治教育的重要平台之一，有利于大学生开阔眼界、增长见识，服务国家，回馈社会，磨砺品格，敢于担当，善于作为，增强社会责任感。因此，作为第一课堂思政教育的有益补充，社会实践活动能为大学生思想政治教育注入新的内涵。

（二）运用大学生雅俗共赏的教育方式

大学生对社会实践活动能够认同和喜爱与它具有的突出优势密不可分。第一，这是一个平等主体交流的舞台。参与社会实践活动不因身份和学习成绩好坏而有所限制，只需要付出真心和时间，保持对活动的专注即可。第二，这是一个自由交流的轻松场所。这里没有教师的权威言论和理论说教，大学生凭借兴趣和自身需要选择中意的社会实践活动，彼此坦诚相待，自由交流，求同存异，分享新知，收获快乐。第三，这是一个检验自我成长的地方。大学生在社会实践活动中可以认识社会，结交朋友，发现自己的优点和不足，收获成长

的快乐和幸福。第四，这是一个实践出真知的平台。大学生依据社会的需要和个人的偏好参加形式多样且充满挑战和吸引力的社会实践活动，锻炼能力，提升本领，增长见识。可见，社会实践活动融入思政教育将获得事半功倍的效果。

二、以高质量的社会实践活动为载体，拓展实践育人平台的宽度和广度

（一）赋予社会实践活动广阔的应用场景，增强大学生成为社会主义可靠接班人的历史使命认知力

社会实践活动要立足更加广阔的社会场景，以人民为中心，心系人民、讴歌人民。只有充分领略祖国的大好河山和风土人情，才能体会到家国情怀，认清国家发展的重大历史机遇和面临的各种困难挑战，增强成为中国特色社会主义可靠接班人的历史使命认知力。

开展以环境保护为主题的社会实践活动，倡导绿色文化实践教育。比如，针对2020年12月颁布的《长江保护法》，可以引导学生组建《长江保护法》返乡社会实践宣讲团，充分发挥学生主动性与创造性，鼓励采用情景剧表演、知识宣讲、问卷调查、法律知识问答等多种形式，编印《长江保护法》《长江保护法100问》等宣传资料，深入位于长江流域的学生家乡开展返乡普法宣传活动，用简明扼要的语言，深入浅出讲解群众身边的鲜活事例，提高他们对《长江保护法》的了解和认识，充分认识《长江保护法》出台的重大现实意义，不断增强保护长江的意识，共同维护长江流域的生态保护和环境修复，促进长江流域保护常态化。因此，大学生在社会实践中能够不断提升理论联系实际的能力，做到学以致用，肩负更多的社会责任，培养艰苦朴素、勤俭阳光的绿色消费行为，以实际行动践行习总书记的“两山”理论。

（二）提供多元化的社会实践活动载体，增强大学生的社会责任内驱力

“三支一扶”、人口普查等是当下大学生社会实践活动的主要形式，相对

比较单一和枯燥，缺乏创新。虽然在这些活动中，大学生的组织协调、团队合作、口头表达等各项能力也会获得提升，但对于担当新时代中华民族伟大复兴重任的青年大学生来说，还有很长的路要走，有很多的河要淌。伴随全球经济一体化发展和科技文化竞争越来越激烈，国家和社会对青年大学生综合能力的要求也逐渐提高。因此，尽可能给大学生提供更多的社会实践机会，提升他们奋斗的内驱力。

具体而言，可以结合党史教育和高校实际，开启一堂“行走的思政课”，让学生亲身感受多样化社会实践的魅力。比如，可以组建大学生乡村振兴社会实践团走进当地的特色乡镇，感受社会主义新农村建设的丰硕成果；可以到现代化智慧农业产业园参观和学习；还可以到乡村特色农产品电商直播间现场体验“直播带货”，亲身感受国家科技发展助力乡村振兴的成果，激励学生坚定永远跟党走的信念，将获取的养分化作实践观察的动力，投身于乡村振兴的奋斗之中。

（三）建立大学生社会实践育人共同体，为思想政治教育注入新的活力

《关于加强和改进新形势下高校思想政治工作的意见》（以下简称《意见》）强调，要强化社会实践育人，组织师生参加社会实践活动，完善科教融合、校企联合等协同育人模式，加强实践教学基地建设。因此，建立高校与政府部门、社会非盈利机构、街道社区、公司、律师事务所等社会实务部门联动育人培养机制十分必要。这种机制可以提供多元化实践锻炼平台，推动高校与社会实务部门形成大学生社会实践育人共同体，与企事业单位开启学生联合培养模式等方式，大力推进创新型、复合型人才培养力度。这一工作机制的建立还为高校、政府等社会实务部门联合建立教学社会实践基地提供了重要的顶层设计，为社会实务部门承担高校大学生人才培养任务提供了重要的机制保障，将有助于提高社会实务部门投身高等教育的积极性，开启大学生社会实践全员育人的新格局。

社会实践活动就是要通过隐性教育功能，潜移默化地将社会主义核心价值观等主流思想植入大学生的脑海，发挥润物细无声的涵育作用，坚定他们社会责任的意志力。

第四节　平台聚焦：新媒体与思想政治教育相融合

新媒体是科技进步和时代发展的重要产物，特别是在5G技术商用为代表的第四次工业革命浪潮冲击下，以AI、云技术运用为核心的人工智能时代已经来临。在此背景下，新媒体所具有的强大宣传和渗透功能，正在不断潜移默化影响着社会发展和我们每个人的思维方式，将有助于新时代高校思想政治教育模式的创新。新媒体时代语境下的高校思想政治教育将面临更多的挑战。虽然，新媒体传播及时性与信息的交互性、主体的个性化与身份的虚拟化、内容的海量性与语境的碎片化等特点为高校思想政治教育开辟了全新的时空场域，有效延伸了师生交流的广度和深度，但也给大学生的思想、学习生活和思政教育的话语体系等方面带来了不可忽视的影响。

一、新媒体的基本内涵及主要特征

（一）新媒体的基本内涵

新媒体是基于网络技术、数字技术等通信软件和视频播放平台，以流媒体、全媒体形式展现，以互联网为传播手段，以手机、电脑和数字电视等为终端设备，满足用户信息数据获取、交换和传播需求的新兴媒体形态的总称。

（二）新媒体的主要特征

1. 传播的及时性与信息的交互性

基于网络、数字技术等互联网传播渠道进行信息传输的新媒体具有传统媒体无法比拟的时效性和交互性特征。信息的获取、传递和交换不受时间、空间和距离的限制，具有即时性、平等性、双向性的特点。个人、家庭、政府部门或企业等社会机构通过接入互联网，依托手机、电脑等终端设备和QQ、微信、微博等即时通信软件，就可以编辑和发送文字信息以及图片、语音或视频文件等流媒体进行双向互动交流。

2. 主体的个性化与身份的虚拟化

区别于传统媒体传播主体的单一性和受众主体的广泛性、不确定性的特点，新媒体传播渠道下，信息传播主体的个性化和偏好得到充分的彰显。个体可以通过新媒体平台向特定对象或群体发布带有个性化特征的信息，增加信息交互的私密性。在新媒体中，信息传播主体可以隐藏自己的真实身份，以虚拟身份参与网络互动交流，以此避免真实身份给自己带来的不必要的麻烦，具有虚拟性特征。现实中，很多网友通过QQ、微信聊天交流时，可以匿名发送信息，当然，运用专业工具或者技术手段也可以查证其真实身份。新媒体的虚拟化和隐匿性的特征给信息交流双方随时随地自由交流带来了安全的体验感，是新媒体时代信息交互理念和模式重大革新的重要表征。

3. 内容的海量性与语境的碎片化

因信息传递不受时空和容量等客观因素的限制，新媒体具有传播内容的海量性特点。在新媒体时代，人们可以随时随地自由表达个人的看法和见解，分享自己的喜怒哀乐，由此延伸出新媒体时代互联网交流特有的话语体系（也被称为网络体语言）。这种特有话语体系的生成是新媒体时代个体自由思想和情绪宣泄通过语境碎片化来展示的生动写照。

二、新媒体给大学生思想政治教育带来的机遇与挑战

（一）新媒体给大学生思想政治教育带来的机遇

1. 有利于实现大学生思想政治教育方式的创新

当下，高校基本形成了学院、年级官微（或官Q）、辅导员官微等多层次的新媒体思想政治教育平台矩阵，通过线上线下开展党建团建活动、主题班会、学风建设等活动，与日常学生管理相互融合，突破线下地域限制，突出教育内容的新颖性，充分发挥专业教师、辅导员、党政管理人员等专兼职德育管理队伍立德树人的示范作用，做好大学生思想政治教育工作。

2. 有利于调动大学生思想政治教育主体的积极性

各类官方微信公众号和QQ等新媒体平台所带来信息传递的时效性、交互性、生动性的特征迎合了当下大学生追求自由和个性化的群体特征，突出发挥了网络思政育人正面的引领作用，这种“润物细无声”的隐性教育方式更能够充分调动大学生的积极性和参与性，让他们争做深度思想的学习者、正能量的传播者和创新领域的先锋者。

3. 有利于丰富大学生思想政治教育话语的新内涵

新媒体所打造的虚拟网络空间等一系列交流模式已成为大学生日常交际的

主流方式，有助于高校大学生思想政治教育话语向网络空间进行适当延伸。一方面，大学生可以在虚拟网络世界里拥有相对独立的话语空间，而不必受任何话语权威控制，塑造个性化的独立人格；另一方面，新媒体可以超越地域、职业、专业、年龄等交往范围，为大学生思想政治教育注入新的活力和动力，丰富大学生思想政治教育话语的新内涵。

（二）新媒体给大学生思想政治教育带来的挑战

1．大学生思想政治教育环境日益复杂化

在新媒体时代，大学生的思想政治教育和管理依托互联网信息化技术将变得更加的高效和便捷，突破时空和地域的限制，实现点对点、点对面多元化的信息传播和交互。新媒体的虚拟性和交互主体身份的隐匿性也导致教师很难准确掌握大学生线上线下截然不同的学习生活状态，毕竟隔着屏幕编辑文字和表情的线上交流方式很难与线下面对面的交流相提并论，缺少了温情和真实感。大学生乐于通过新媒体去获取各种资讯和分享个人见解，并进行信息的交换以获取不同的思维方式和价值理念，但虚拟的环境往往很难建立长久、真诚、可信赖的交往关系。可见，新媒体下的交流和舆论环境将变得更加复杂，置身其中的大学生思想状态将愈发失去有效的控制，这必然会削弱传统思想政治教育应有的作用。

2．大学生思想政治教育的传统理念受到冲击

大学生思想政治教育的传统理念具有多重优点，例如教师和交流对象真实身份的确定性，教育过程的可控性，教育目标和效果的可及性等。具体来讲，教师和学生通过传统的思想政治教育方式进行面对面交流，可以有效传递有价值的信息，避免信息失真，通过面部表情和语音语调的变化展开情感交流，进行共情，产生共鸣，以此达到预设的教育目标。新媒体环境下，大学生往往以虚拟的身份或者掩饰其真实思想行为的状态与教师进行线上交流，大学生线下真实的行为和言论很难被发现和追踪。显然，这种信息不对称的交流状态让老师很难开展针对性的工作。教师单方主导的传统思想政治教育理念受到新媒体下师生双向互动的思想政治教育理念的挑战。

三、新媒体与大学生思想政治教育相融合的实践路径

《意见》指出，要推进高校思想政治工作改革创新。要加强互联网思想政治工作载体建设，加强学生互动社区、主题教育网站、专业学术网站和“两微一端”建设，运用大学生喜欢的表达方式开展思想政治教育。

（一）树立大学生思想政治教育的新理念

高校新媒体工作者应当树立兼容并包、与时俱进的工作理念，以开放的姿态接纳和拥抱新媒体，全面、科学、客观看待新媒体给大学生思想政治教育带来的机遇和挑战，取其精华去其糟粕，降低新媒体的不利影响，激发新媒体的辐射力，挖掘其所蕴含的思政教育新动能，把握新媒体与思想政治教育融通发展的新规律。

（二）构筑大学生思想政治教育的新平台

为切实加强学生思想政治教育工作、提高思想政治教育水平，高校可以构建学校、学院、教师和年级官方微信公众号（或官方 QQ）“四位一体”的网络思想政治工作传播矩阵，坚持宣传“学校、学科、学者、学生”的先进事迹，树立师德师风先进典型。一言以蔽之，高校新媒体平台建设应注重在立好办网之魂、强化能力建设、巩固壮大阵地、改进传播方式等方面下功夫，充分发挥新媒体在提升思政工作质量、构建一体化育人体系方面的重要作用。

（三）探寻大学生思想政治教育的新方法

1. 研究高校思想政治教育工作者思想引领的新范式

传统思想政治教育模式中，高校思想政治教育工作者开展思想政治教育主要围绕两个课堂展开，即思政课教师讲授“两课”、形势与政策课等为内容的“第一课堂”；以辅导员等学生工作者组织开展党建团建活动、组织生活会、班会、校园文化活动等为载体的“第二课堂”。新媒体格局下，高校思想政治教育工作者思想引领应关注两个转变。

第一，“单一”向“多元”转变。即由传统“两课”理论知识传授的显性教育和舆论引导、活动渗透等隐性教育相结合的“单一”模式转向新媒体网络社区、微信、QQ、短视频等大学生喜闻乐见的信息交互形式，提供更加丰富“多

元”的思想引领素材和资源，成为思想政治教育主渠道的有益补充。

第二，由“主导”和“灌输”向“引导”和“对话”转变。新媒体时代更强调交流的自由平等，这对传统思想政治教育模式中教师的主导性和权威性产生了较大的冲击。因此，思想政治教育工作者在沿用传统“两课”教育主渠道的基础上要主动占领新媒体阵地，充分利用微信、QQ等新媒体平台具有的覆盖面广、点对面、传播即时性的特点，通过文字、图片、语音、视频等方式传播正能量信息，围绕学生关注的热点及时给予针对性的回复，引导学生认同和践行社会主义核心价值观，用中国梦筑牢大学生的共同思想基础，提高思想政治教育工作的辐射力、吸引力和渗透力。新媒体信息的发布者、传播者与接收者应融为一体，高校思想政治工作者与大学生在新媒体互动交流中不必太在意师生的身份界限，师生的思想交流更多是“对话”式的交流，是建立在彼此相互尊重、平等交流基础上的相互认同、求同存异，是逐渐产生共鸣，达成共识的过程。因此，要从单纯“灌输”和“主导”向“引导”和“对话”的思想政治教育方式转变，引导大学生铸就理想信念、锤炼高尚品格，成为堪当民族复兴大任的合格人才。

2. 夯实高校思想政治教育工作者全员育人互动平台

高校思想政治教育工作者是加强和改进大学生思想政治教育的重要力量。这支工作队伍主要包括学校学院党政、团委干部、“两课”专业教师和辅导员等。当下，虽然各高校非常重视全员育人的重要性，开展了教师、辅导员结对定期联络班级、寝室、学生等机制和活动，但由于缺少持续性和评价机制等原因而未能获得预期的效果，导致师生沟通不多，全员育人的美好愿景难以实现。因此，要因事而化、因时而进、因势而新，提高思想政治工作感染力和实效性，构建全员、全方位、全过程育人的体制机制。具体来讲，首先，要树立全员育人共同体意识和设计好“施工图”，大学育人并非只是学工队伍的工作职责，而是需要学校全体教职员工共同担负的职责，树立育人教师标兵称号，以榜样的力量带动营造全员主动参与育人的良好氛围。其次，适时出台教师参与全员育人的配套激励措施。在年度绩效考核和教师职务、职称晋升、评优评先等方面给予一定的政策倾斜，为鼓励更多教师参与全员育人提供制度保障。最后，努力探索建立学校党委行政、学工、团委、教务、工会组织等跨职能部门的育人联席工作机制，推动形成全员育人新格局，夯实思想政治教育工作队伍全员育人的互动交流平台和工作机制。

3. 构筑新媒体平台信息传递矩阵，增强网络思想政治教育的张力

高校思想政治教育者要充分利用网络快捷、互动性强、覆盖面广的特点，形成多层面、平等性的对话与交流的机制，有效避免传统思想政治教育只能面对面交流的尴尬，消弭学生心理隔阂，及时把握学生思想动态，有效解决时空等特殊原因导致的无法直接交流等“卡脖子”难题，强化新媒体平台与网络思想政治教育的连接，增强网络思想政治教育的张力。

当下，主题活动的开展和学习任务的组织可以通过建立网络班级、网络团支部、网络党支部，提高沟通效率，脱离传统固定班级的束缚，引导学生发挥主观能动性，组建以兴趣爱好为导向的“网络家园”，进一步增强班级的凝聚力和归属感，从而为思想政治教育工作者开辟隐性思想政治育人的新天地。高校思想政治教育者坚持网络发声，坚持正面引导，坚持撰写博文，调动学生参与的积极性，拉近师生的时空和心灵距离，将成为高校思想政治教育者听取学生心声，把握学生“思想脉搏”的重要途径。

第八章　新时代大学生思想政治教育评价*

作为高校思政教育工作的重点和难点所在，大学生思想政治教育评价无疑是目前阶段全面提升大学生思政教育整体质量的重要着眼点，对于提升教育实践活动的有效性，及时发现问题、解决问题，都有着不容忽视的重要现实意义。党的十八大以来，中国特色社会主义建设发展进入了新时代，习近平总书记站在为实现宏伟“中国梦”培养社会主义建设者和接班人的高度，高屋建瓴地为当代大学生思想政治教育做出了一系列重要讲话和指示，多次强调高校立德树人的根本任务。中共中央在2017年下发文件《关于加强和改进新形势下高校思想政治工作的意见》，明确指出各地高校要从本校的具体情况出发，认真开展调研工作，根据调研结果和本校实际，构建思政教育评价体系，建立健全一套更为科学的指标体系，切实加强思政教育的实效性，保证各项思政教育政策落到实处。习近平总书记的相关讲话以及政策文件，为我们探索大学生思政教育评价体系给出了科学的指引，是我们开展此项工作的重要理论基础和思想来源。

中国共产党的十九大报告中，提出了培养能够担当民族复兴重任的时代新人的要求。2017年，教育部下发的《高校思想政治工作质量提升工程实施纲要》指出，高校要建立、健全“十大”育人体系，从多个层次阐述了当前我国国民经济持续发展、多种社会思潮共同影响之下，高校思政教育工作开展的可行路径，并且提出要通过切实有效的评价和考核，保证教育工作的切实效果，而且还重点讨论了包括第三方评价主体引入在内的一系列相关问题。习近平总书记在2018年举办的全国教育大会上，给高校人才培养以及大学生思想政治教育评

* 本章编者简介：马飞飞，女，助理研究员，文学硕士。现任西南政法大学政治与公共管理学院一线专职辅导员。任职期间获得过实习优秀领队老师、辅导员素质能力大赛校市两级奖项、重庆市“稳就业、保居民就业”主题演讲比赛奖项、“西政好老师”等荣誉。

价指明了方向，指出“培养什么人，是教育的首要问题”①，并强调要根据社会发展的实际需求，要培养出兼具高知识水平和高道德水平的优质人才。这些育人体系、机制以及要求，为本文所开展的研究指明了前进的方向，为我们研究思政教育评价体系，扫清了思想上的障碍。

2021 年，中共中央、国务院总览思政工作全局，下发了《关于新时代加强和改进思想政治工作的意见》，指出要全面深化思想政治工作，构建一条更为切实可行、科学合理的考评体系，保证考核的公平性，并将考核结果纳入从严治党责任主体监督体系中来，真正意义上地“把‘软指标’变为‘硬约束’”②，这对于高校大学生思政教育评价工作的开展，无疑是有着重要的指导意义的。

可见大学生思想政治教育评价越来越受重视，基于以上要求和文件规定，本章节将从评价的原因、内容、方式方法等角度，对大学生思政教育评价的目标和内容、原则和标准、程序与方法加以针对性地研究、讨论。

第一节　新时代大学生思想政治教育评价的目标与内容

围绕“为什么评价”和“评价什么”，本小节中将分别讨论新时代大学生思政教育评价的主要目标以及具体内容，从而为高校开展思想政治教育工作扫清思想上的障碍。

一、新时代大学生思政教育评价的目标

客观上来说，处在新时代，我们所开展的思政教育评价工作，绝不能是“为了评价而评价”，而是具有重要意义。围绕“为什么评价”，根本要旨在于始终坚持和贯彻问题导向，发挥出评价对建设的指导作用，及时发现问题，及时给予改进，完善体制机制，具体主要目标如下：

---

① 习近平在全国教育大会上强调：坚持中国特色社会主义教育发展道路　培养德智体美劳全面发展的社会主义建设者和接班人 [N]. 人民日报，2018-09-11（01）.

② 中共中央国务院印发《关于新时代加强和改进思想政治工作的意见》[N]. 人民日报，2021-07-13（01）.

（一）助力思政教育守正创新和内涵式发展，推动思政教育的科学化规范化制度化，提升思政教育质量和水平

新时代以来，面对日益复杂多样的内外部环境，大学生思政教育工作同样面临着和以往截然不同的内部、外部环境，肩负着创新发展和内涵式发展的时代重任。上文中所重点介绍的习近平总书记针对当代大学生思政教育的系列讲话以及相继印发的一系列重要文件不断明确了新时代背景下，我国高校思政教育工作开展的新要求、新标准，并且创造性地提出了守正创新、内涵式发展等一系列更为贴近当代大学生群体特征的新要求。只有及时给予针对性的评价，才能够保证评价落到实处，并发挥出应有的作用。实际上，思政教育评价指标体系，一方面提供了重要的指引功能，为高校思政教育工作的深入开展指明方向、扫清思想上的障碍；另一方面也同样要针对性、科学性地找寻所存在的问题，从而为当代大学生的健康成长保驾护航。

（二）助力学生成长成才，更好地完成立德树人根本任务，提升人才培养质量

作为思想政治教育的受益者，学生的地位无疑值得我们给予应有的肯定和重视。而在某种意义上来说，进一步提升大学生思想政治教育质量，从本质上来说，根本目的仍然是帮助当代大学生更好地成长为栋梁之材，成为我国社会主义的建设者和接班人。而这也同样是当下我们开展思政教育评价工作的重要出发点，从整体上来看，可以有效地帮助当代大学生明确今后发展的方向，特别是在各种社会思潮激荡导致多元价值并存的形势下，处于“拔节孕穗期”[①]的学生的成长发展更需要科学的指引，而思政教育评价具有鲜明的价值导向性，可以有效指导当代大学生的成长。同时，也能够在客观上为当代大学生的全面发展需求的满足，提供全面的支持，对学生的成长发展提供科学引导，提升了学生的获得感，为学生、学校和国家的协调发展奠定了坚实的基础，展现评价的个体价值，最终为我国高校育人功能的顺利发挥提供了全方位的支持。

① 习近平主持召开学校思想政治理论课教师座谈会强调：用新时代中国特色社会主义思想铸魂育人　贯彻党的教育方针落实立德树人根本任务 [N]. 人民日报，2019-03-19（01）.

（三）助力营造良好育人氛围，提升思政教育的社会形象，加强实效性

当前阶段，思政教育工作，特别是对高校学生群体所开展的思政教育工作，已经得到了党和国家的高度关注，采取多种方式、方法，开展多方面的评价探索，不仅提升了思政教育的综合质量，对于当代高校教育立德树人根本任务的完成也同样有着不容忽视的重要现实意义，是提升思政教育社会形象、增进教育的针对性和时效性的有效举措。

（四）助力教育现代化、社会发展和国家发展现代化，满足党和国家事业的发展需要

为中华民族培育高素质人才，始终是现阶段我国开展思政教育的根本出发点和落脚点。在新的时代中，思政教育工作的开展，同样需要以这一目标为基础展开，具有一定的政治属性和战略意义。只有满足社会和人民发展的需要，满足党和国家事业发展的战略需要，从实际需求角度出发给予针对性的保障服务，才能够取得理想的教育效果。当代大学生思政教育评价，不仅要充分体现个体价值，还要实现社会价值，也就是要为广大人民群众服务、为党和国家事业发展服务、为中华民族伟大复兴服务。

二、新时代大学生思政教育评价的内容

明确评价的内容和侧重点，始终是大学生思政教育评价的关键所在，明确这一问题，不仅可以为评价工作的开展提供必要的参照，而且也为实践操作提供了新的可能。教育者评价、受教育者评价、教育过程评价以及教育结果评价，是新时代大学生思政教育评价的核心内容，下面将详细加以介绍。

（一）受教育者评价

全面推进大学生思政教育评价工作，核心在于受教育者接受思政教育质量的评价。

1. 受教育者评价有着重要意义

首先，学生是教育质量的直接体现者和最终体现者。学生的学习效果和接

受教育的好坏程度与教育质量的高低直接相关，对其他内容的评价归根结底都是聚焦于学生接受教育的好坏程度和最终效果上，受教育者评价始终是评价的重要方面和核心内容。其次，受教育者评价对学生有一定的约束和导向作用。这里我们所说的约束作用，集中体现于，将思想政治教育学习以及相关活动纳入评价体系中来，可以引导学生重视思想政治教育的相关学习活动。导向作用一方面表现为可以引导学生正确认识评价的实质和根本目的（即提升学生的思想道德素质和专业知识能力，助力其成长成才），从而正确对待评价工作，提高评价工作的真实性；另一方面表现为帮助学生把握学习重难点，有效提升他们学习的整体效率，从而为全面发展夯实基础。最后，受教育者评价对教育者也有一定的导向和参考作用。对学生接受教育的效果进行评价不仅是对教育者教育效果的一种反映和检验，同时还可以帮助教育者总结经验教训，在以评促改的基础上，及时采取有效的措施加以优化和完善。

2. 受教育者评价有着丰富内涵

受教育者指的是高校思政教育的对象及青年大学生。习近平总书记曾经多次强调了育人标准的相关问题，深度分析了当代大学生思政建设方面的实际要求，明确了对青年学生群体发展的期许。习近平总书记在 2014 年 5 月举办的北大师生代表座谈会上明确指出，当代青年应成为具有执着的信念、优良的品德、丰富的知识和过硬的本领的青年。2016 年年底，习近平总书记在全国高校思想政治工作会议上，对大学生思政教育的重要性和必要性做出了重点强调，并且要求各级教育部门、各地高校要以学生所处年龄段的生理、心理特征为出发点和落脚点，积极探索更具针对性的思政教育方式、方法。把学生培养成为高思想水平、高政治觉悟、高道德品质、高文化素养，德才兼备、全面发展的人才。次年，在考察中国政法大学的过程中，习近平总书记进一步指出：当代青年要自觉坚定理想信念，牢记历史所赋予我们的使命；勤学苦练，不断提升思维能力和解决实际问题的能力素养；要形成高尚的品德和完善的人格。习近平总书记在 2018 年的北大师生座谈会上，进一步提出了自己对当代大学生的新期许，鼓励广大青年要爱国、励志、求真、力行。同年 9 月，习近平总书记在全国教育大会上的重要讲话中，再一次高度肯定了高校思政教育工作对于当代大学生发展所具有的重要现实意义，指出当代大学生要坚定理想信念，树立爱国主义情操，通过多种方式、途径，进一步强化道德修养上的学习，并且从六个下功夫的维度对当代大学生应具有的素质提出了要求，2021 年 4 月习近平总书记在考察清华大学时，寄语青年大学生要立大志、明大德、成大才、担大任。这些讲话、要求、期许都为评价青年学生的素质提供了根本遵循。所以对受教育者的评价内容应符合新时代党和国家对高校人才培养要求，以及大学生成长成才的需要，主要包括受教育者的思想政治素质、道德素质、文化素质、身心健康素质四个方面。

思想政治素质表现为受教育者应树立坚定的理想信念，始终怀有一颗热爱人民、热爱党和祖国的心；具有良好的马克思主义理论素养，具有运用马克思主义去认知世界、改造世界、动手解决实际问题的能力；深入学习和掌握习近平新时代中国特色社会主义思想，将其内化于心、外化于行；增强“四个意识”、坚定“四个自信”、做到“两个维护”；正确认识中国的基本国情和实际情况，正确比较中国发展态势和世界整体环境等。

道德素质表现为受教育者具有良好的道德修养和正确的道德认知，能够自觉主动地践行社会主义核心价值观，并在日常的生活、学习、工作中坚定不移地信仰、传播社会主义核心价值观，真正意义上地做到“爱国、敬业、诚信、友善”，追求更高品味的人生，成为对社会、对民族、对国家有用的人。

文化素质主要体现在受教育者的专业知识水平、个人素养及能力等方面，有见识有学识，具体表现为文史素养、法律素养、科学素养、美学素养等。

身心健康素质体现为受教育者身体健康和心理健康。树立“身体是革命的本钱”的生活和工作理念，积极主动地参与各类锻炼活动，在锻炼身体的同时也能够磨炼意志，健全人格。有积极向上的心理品质和理性平和的健康心态，有自强不息的奋斗精神和乐观向上的人生态度，树立正确的“三观”，牢记历史使命，脚踏实地，确立远大抱负，成长为一名合格的社会主义建设者和接班人。

在对受教育者的这些素质进行短期效果评价的同时，需要将长远的关乎受教育者一生成长的影响纳入评价范围，重点关注到受教育者的成长发展需求。

（二）教育者评价

具体来说，思政教育队伍评价和领导管理评价，共同构成了教育者评价的主体内容，下面我们将对其加以详细论述。

1. 教育者评价包含思政教育队伍评价

当代大学生思政教育的评价，更要关注思政教育队伍的评价。思政教育教师队伍的建设，无疑是全面提升思政教育整体质量水平的关键所在，在某种程度上直接决定了能否完成这些任务以及能否有效实现思想政治教育的目标。

思政教育队伍评价意义深远。一方面，思政教育队伍评价可以有效挖掘出教育队伍发展和完善的内生动力。针对当代大学生思想政治教育工作所面临的一系列新挑战、新机遇，思想教育队伍的建设始终是全面落实立德树人根本任务的关键所在，是培养社会主义建设者和接班人应有的题中之意，更是中华民族实现民族复兴的必然选择。而对思政教育队伍质量加以客观、公正的评价，显然可以有效提升这支队伍的工作责任心和使命感，从而有效挖掘出开展工作、完善队伍建设的内生动力。另一方面，积极推动思政教育队伍评价，为教师内涵式发展提供支持。质量始终是内涵式发展的着眼点，具体体现在教师的教育理念、政治信念、理论素养、管理方式、实际效果等若干方面。但是从整体上来说，不仅要坚持结果导向，也要重视过程。所以我们在具体工作中，要进一步强化思政教育队伍质量的评价，及时找寻教师队伍建设中所存在的问题，可以帮助我们更有针对性地整改思想政治教师队伍，全面提升综合素养水平和政治站位能力。除此之外，积极推动思政教育队伍评价，利于提升思政教育工作的创新性和有效性。新时代的大学生思政教育特征更为鲜明，这是我们在具体工作和研究中必须重点把握的问题，立德树人任务更加突出，长效育人机制更加丰富，网络育人的重要地位更为人们所重视。所以我们必须做到从实际情况出发，做到“因事而化、因时而进、因势而新”①，有效提升工作的针对性和实效性，思政教育队伍评价极大地提升和改善了整体教育环境，是思政工作在高校环境下不断创新和发展的重要方面。

思政教育队伍评价内容丰富，维度众多。大学生思政教育队伍主要指学校党政干部和共青团干部，思想政治理论课和哲学社会科学课教师，辅导员和班主任以及心理咨询师等人员。他们不仅承担着宣传先进思想真理的重要历史使命，同样也是当代学生灵魂塑造的关键人物。习近平总书记在各大会议、座谈

① 习近平在全国高校思想政治工作会议上强调：把思想政治工作贯穿教育教学全过程开创我国高等教育事业发展新局面 [N]. 人民日报，2016-12-09（01）.

会上做了相关强调讲话，如成为有理想、有道德、有爱心、有学识的“四有好老师”，教师明道、信道的重要性以及四个相统一，政治强、情怀深、思维新、视野广、自律严、人格正“六要”的要求等。以上重要讲话和要求，为我们评价思政教育队伍提供了根本性的依托。这一维度的评价，涵盖了道德、业务以及思政三个方面的素质，如何采取更贴合这三方面情况的评价指标体系，始终是决定最终评价效果的关键，更是思政教育队伍建设的根本所在，理应得到我们的重视。

思想政治素质体现在，思政教育队伍具有正确的政治信仰和坚定的理想信念，以及爱国爱党的高尚情怀，有较高的马克思主义理论素养，有较强的政治敏感性和政治辨别力；具有“弘扬主旋律，传播正能量”的思想引领意识，坚定信仰、积极传播、模范践行社会主义核心价值观，坚持育人导向，突出价值引领；具有大局意识，提高政治站位，心怀“国之大者”，胸怀大局。所以，这一素质无疑是高校思想政治教育队伍所具有的原则性最直接也最主要的特征表现形式。

道德素质表现为纪律严、作风正；敬业爱生，甘于奉献，潜心育人，具有强烈的事业心和责任感；具有高尚的人格和道德情操，以身作则，以良好的道德修养对学生进行言传身教，起到良好的示范表率作用。此素质是思政教育队伍表率性的特征表现。

业务素质表现为熟练掌握本学科知识以及党的思想理论；具有广阔的视野；具备思想引导和价值引领能力；具有把握大势、着眼大事、以大局为重的工作理念与思维；善于守正创新，从时代发展所带来的新发展、新变化、新情况出发，与时俱进，不断调整思政教育的方式、方法；高度重视人文关怀，具有亲和力和针对性，为学生思想政治素养的提升做出更为积极的努力。可见，这一素质是思政教育队伍专业性的特征表现。

2. 教育者评价包含思政教育领导管理评价

当代大学生思想政治教育评价工作的推进，要求我们必须将思想政治教育领导管理评价纳入评价体系中来，并给予应有的重视。作为思政教育的关键所在，领导管理关乎思想政治教育最终是否能够取得预期效果。制度机制和顶层设计，共同构成了思想政治教育领导管理的主体内容，是影响思政教育实际效果的关键因素。

思想政治教育领导管理评价值得我们给予应有的重视和肯定。一方面，全面强化思政教育领导管理评价工作，是全面提升对思想政治教育领导管理质量重视程度的关键。如我们所了解的那样，时代的发展赋予了大学生思政教育工作以不同的内涵和外延，各项工作都面临着和以往截然不同的新环境，面对随时出现的挑战和机遇，特别是各类新情况新问题，各级领导管理部门必须迅速响应、合理应对，具有崇高的历史使命感和政治责任感，重点做好重大战略问题的科学分析和统筹，从实际需求角度出发，建立、健全机制体制和顶层设计。评价大学生思政教育领导管理质量，有利于各级领导管理部门重视并积极做好相关工作，为整体管理质量的提升打下坚实的基础。另一方面，全面强化思想政治教育领导管理评价工作，是改变教育管理评价单一问题的可行路径。在现实评价过程中过于单一具体表现为评价内容的单一性、评价标准的模糊性等问题。这些问题使得领导干部过分重视量性指标，突出管理部分，忽视了思政教育中的教育、指导等相关因素。基于此，只有开展多元化的大学生思政教育领导管理评价，才能够保证评价结果的科学性和有效性。

思想政治教育领导管理评价有着丰富内涵。思想政治教育领导管理是指管理工作由谁来领导和组织实施的问题,实际上是对管理的目标、方针、对象、方法、策略以及具体模式的统称。本书中所重点讨论的大学生思政教育领导管理评价，主要是指借助科学的方式、方法，在领导管理层面对其现状开展价值判断的系列活动的总和。对思想政治教育领导管理进行评价，需要参照系列重要讲话和相关文件提出的规定和要求，判断是否为思政教育的开展提供了具有针对性的领导和科学的管理。

习近平总书记同样对这一问题做出了高屋建瓴的指导，在全国高校思想政治工作会议上、《高校思想政治工作质量提升工程实施纲要》和《关于新时代加强和改进思想政治工作的意见》中都强调指出，党委组织需高度重视高校思想政治教育工作、发挥育人保障功能的重要意义，需积极完善体制机制，加强有效领导和科学引导，督促各部门齐抓共管，形成合力推进思想政治教育工作的良好局面形成。这为当代大学生思想政治教育领导管理评价提供了坚实的政策依据和必要的内容基础，也展示了评价内容的历史演变，为我们研究这一课题提供了根本性的遵循。评价大学生思想政治教育领导管理工作，主要内容包括影响全局的指导思想、工作定位及思路、领导体制与工作机制等多个方面的内容，下面将对其加以详细论述。

指导思想：习近平新时代中国特色社会主义思想，始终是思政教育领导管理评价的根本指导思想。同时，还要始终坚持和贯彻我党十九大、十九届二中至五中全会等重大会议精神，真正意义上做到“两个维护”，抓好后继有人根本大计，牢记教育人、凝聚人、培育人、激励人，培养造就接班人的要求。始终坚持立德树人的根本目标，坚定理想信念的同时，始终以社会主义核心价值观为引领，采取更为切实有效的方式、方法加强提高学生的思想水平、文化素养和道德素质，实现为党育人、为国育才、为民族育新人的目标。

工作定位及思路：根据我党对思想政治工作的客观要求，将当代思政教育工作纳入高校事业发展整体规划体系中来，并突出其重要地位；在实际工作中要始终坚持和贯彻“育人为本，德育为先”的基本理念，以立德树人为根本；积极打造“三全”育人格局，将思政教育贯穿于高校教育的各个环节，构建内容详实、任务明确的“十大”育人体系。

领导体制和工作机制：构建高校党委领导下的党政工团学齐抓共管的协同运行模式；构建一套符合相关法律、法规要求的保障机制体制；建立科学合理的管理制度和规定等。

（三）教育过程评价

对大学生思政教育过程的评价，也同样是我们评价新时代大学生思政教育工作的一个重要方面。正如上文中所强调的那样，教育过程是否沿着正确的方向高质量运行事关大学生思想政治教育最终的成果。面向未来，以学生的发展为着眼点，始终是大学生思政教育的重要目标，然而其工作效果的呈现通常具有一定的滞后性，必须要有一个持续发展和逐步提升的系统化过程，所以我们要对大学生思政教育的过程评价给予应有的重视和肯定，始终以动态的、发展的眼光去看待这一问题，重视其发展过程和长期效果。

1．教育过程评价意义深远

一方面，重点做好大学生思政教育过程评价，可有效改变目前不重视实践、不重视能力、不重视过程的错误导向。学生在情感需求、兴趣爱好、心理发展水平等方面必然有一定的客观差异，只重结果的评价会忽视这些差异，只注重理论知识的传授，不利于学生情感体验和能力的培养。注重对教育过程进行评价，有助于充分尊重学生的差异性，提升教育的针对性，让学生能够在学习的过程中收获良好的情感体验，树立正确的三观，为学生综合思想道德素养的提升提供有效的支持。另一方面，重点做好大学生思政教育过程评价，能够更好地了解教育过程中的一系列新问题，从而及时做出相应反馈调整。作为一个教育者和受教育者交流、互动的过程，教育的过程尤为重要。对教育过程进行评价，可以及时了解和掌握教育者和受教育者的最新进展动态，对教育过程中教育内容的接受情况、教育环境的影响、教育方法的效果、教育目的的实现情况等给出客观评价，针对发现的问题，及时做出相应的反馈与调整，为教育过程的完善和优化提供必要的支持。除此之外，重点做好大学生思政教育过程评价，也是我们动态地连续地全方位地评判思想政治教育的重要渠道，可以帮助我们更有针对性地开展大学生思政教育工作的创新型发展。单纯的结果，必然是静态而单一的，只能关注到当下可见的状态和效果。如果想要了解考察对象的原有基础、发展历程、发展潜力和趋势等情况，必须关注过程评价。开展过程评价利于从前后变化的对比视角进行纵向评价，更详细更具体了解思想政治教育的连续性的发展变化历程、真实水平和长期效果，从而更加有针对性地规范指导思想政治教育工作，推进思政教育创新发展。

2. 教育过程评价内涵丰富

如上文中所介绍的那样，大学生思政教育实际上是一种教育者和受教育者进行沟通、交流的双向互动过程，以一定要求和目的为指导，教育者以一定的方法手段有计划有组织地开展相关实践活动，从而对受教育者产生直接或者间接的影响，这一过程不仅受到主客体的影响，也关乎教学手段、教育环境等多方面的影响因素。此互动联结的过程是否完善且符合实际、合乎规律，必然会对思政教育带来巨大的影响，所以在评价体系构建的过程中应对这一问题给予应有的重视。

教育过程中各种因素、环节的具体发展情况是过程评价的重点所在，涉及的评价要素包括教育的内容、质量、环境、方式、方法等方面的内容，通过过程评价重点关注思想政治教育的动态变化和长远效果。评价的内容包括各评价要素在方向上是否协调一致的横向评价；每个评价因素是否做到了良性循环的纵向评价；过程整体可行性的评价。如思想政治理论课和日常思政教育的具体开展情况、是否构建了“三全”育人格局和“十大”育人体系以及开展情况如何等具体评价都属于过程评价的范畴。

（四）教育结果评价

结果评价显然是大学生思政教育评价体系中最为关键的一部分，需要我们给予最高的重视。

1．教育结果评价意义深远

一方面，积极评价思政教育的结果，是确保教育工作方向正确性的基础。如上文中所强调的那样，大学生思想政治教育关乎培养内容、培养方向以及为谁培养等关键性的问题，所以在实际操作过程中必须重点突出中国共产党的领导地位，始终坚持立德树人为核心的教育理念，为培养出一批掌握扎实学识并拥有崇高道德品质的大学生，做出更为切实的努力。而对结果加以针对性和客观性的评价，无疑是最终检验教育成果的必然路径，尤其是在西方各种资本主义思想侵袭我国青少年大脑的宏观背景下，结果评价可发挥价值导向作用，防止大学生思政教育偏离方向，保证教育工作始终按照马克思主义立场发展和完善。另一方面，积极评价思政教育的结果，也同样是我们找寻客观存在的问题并及时加以针对性改进的重要方面，这对于教育时效性的增强无疑是非常有意义的。客观上来说，有效评价思政教育的结果，不仅能够检验其最终成效，同时也能够较为全面、完整地展现教育过程的相关信息，发现和分析存在的问题，从而提出相应的对策，对思想政治教育进行加强和改进。

2．教育结果评价内涵丰富

大学生思政教育的最终目标是我们所需要达到的结果和一切工作的导向，是最终取得的实际效果。对教育结果进行评价就是用一定的手段，对大学生思政教育最终目标的实现程度、状况等加以评价和判断的系统过程。具体来说，主要涉及以下三个方面的内容：

大学生思政教育对受教育者的影响能力，包括感染力、凝聚力。根据我国相关政策文件，思想道德素养理论知识教育以及价值观引领，是当代思政教育的侧重点，要重点贯彻和落实习近平总书记的系列讲话，引导学生坚定“四个自信”；以立德树人为根本，为学生整体道德素养水平的提升提供支持，帮助学生树立正确的“三观”。所以检验和评判思政教育对学生思想和行为的影响程度显然是评价的重要内容，即马克思主义、习近平新时代中国特色社会主义思想是否入脑入心，是否转化为受教育者的思想自觉和行动自觉，特别是面对各种复杂的社会思潮以及复杂的社会现实环境，是否实现了理想价值、道德素养的高度统一。

大学生思政教育是否符合党的事业发展方向和国家建设的总体要求。如上文中所强调的，这一教育实际上涉及为谁培养人的问题，具有一定的政治属性和战略意义。只有满足社会和人民发展的需要，满足党和国家事业发展的战略需要，为其提供保障服务，才能够取得预期中的效果。所以，结果评价必须检验和判断这个结果是否实现了社会价值。

大学生思政教育是否可以为大学生个人成长提供足够的支持。培养德才兼备、拥有出色综合素质的高素质人才，无疑是大学生思政教育最为核心的价值导向。大学生的身心发展需要明确的方向指引，特别是面对当下各种西方资本主义思想的侵袭，思政教育的思想引导和价值引领可以为学生提供自身成长发展的正确方向和科学引导，助力其在新时代实现全面发展。而且结果评价应坚持以人为本的原则，把短期的即时效果和长远的关乎学生一生成长的影响结合起来，检验和判断这个结果是否实现了个体价值，是否让学生产生足够的获得感，是否能够满足其成长的实际需求等。

第二节　新时代大学生思想政治教育评价的原则与标准

为了提高评价结果的客观性和有效性，便于评价工作科学有效地开展，本节将围绕“如何评价”这一问题，重点分析大学生思政教育评价的基本原则和具体标准。

一、新时代大学生思想政治教育评价的原则

（一）坚持政治评价和业务评价相统一

1．坚持政治评价

这里我们所强调的政治评价，主要是指判断所开展的教育实践活动是否具有正确的政治方向，是否站在马克思主义的立场上，是否支持和贯彻习近平新时代中国特色社会主义思想，是否能够为党和国家培养所需要的德才兼备的高素质人才提供保障服务。坚持政治评价是新时代推进大学生思政教育评价工作

需遵循的最根本的原则，这是这项工作本身的特殊性所决定的，也是高校意识形态领域面临的严峻形势决定的。进一步创新和优化当代大学生思政教育工作，不仅是巩固中国共产党执政之基的客观要求，也是社会主义事业发展的重要保障。特别是在进入新时代之后，各种资本主义思想潮流激荡以及复杂的社会现实环境导致思想价值多元，各类新媒体的迅猛发展对高校意识形态影响越来越大，以及西方敌对势力在思想领域的破坏，严重影响了高校大学生思想的纯洁性。为了应对各类严峻形势带来的挑战，巩固中国共产党执政地位，保障意识形态安全，我国各大高校要始终坚持马克思主义的引导，保证正确的政治方向不动摇，以此为基础全面加强大学生思政教育工作。

2. 坚持业务评价

业务评价指的是评判教育实践活动所带来的具体效果，这是我们开展大学生思政教育过程中，立德树人的根本任务以及相应的具体任务所决定的。只有培养出符合时代要求的社会主义建设者和接班人，才能够保证思政教育的正确方向，所以在教育评价的过程中，也同样应以此为标准，判断是否突出德育，是否着眼于人的全面发展等等。思政教育具体任务在系列重要讲话和文件中有相关规定，如践行社会主义核心价值观，积极主动地构建“十大”育人体系等。这也在客观上为思政教育评价工作指明了具体的方向。思政教育在高校中的具体任务能否高效保质地完成，关乎最终的教育成果，所以业务评价原则是我们在评价过程中所必须重点坚守的基础性原则之一。

3. 坚持政治评价和业务评价相统一

新时代开展大学生思政教育评价，必须将坚持政治评价和坚持业务评价相统一，政治评价关乎性质和方向，业务评价关乎任务和内容，二者缺一不可。

（二）坚持客观评价和主观评价相统一

1. 坚持客观评价

客观评价指的是采取自上而下的形式，由第三方制定评价标准和指标，基于评价对象提供的相应支撑材料及自评报告，对评价对象开展的评价。相对于主观评价来说更为公平、公正，而且也具有较强的强制力和权威性，具有检查、督促、指导功能，可以凭借评优等形式调动评价对象的积极性、主动性和创造性，使之根据评价结果的反馈，确定下一步努力方向，不断获得提升。客观评价总的来说也可以认为是基于客观事实、数据、材料等客观依据进行评价，不论评价主体是第三方还是自己。

2. 坚持主观评价

主观评价指的是由自己制定评价标准自行实施的评价，以便更清楚地认识自我，发现自身存在的真实问题和困难，从而进一步提高第三方评价的针对性和有效性，实现自我的提升。主观评价总的来说可以认为是基于主观要素、主观感受、主观认知等主观依据开展评价的方式，不论评价主体是自己还是第三方，都有评价者主观因素的介入。

3. 坚持客观评价和主观评价相统一

保证评价主客观相统一，一方面要辩证看待客观评价的客观性。客观评价的客观性体现在评价标准制定的客观性、评价内容的客观性、评价方法的客观性。但客观评价并非有绝对的客观性，评价方法的实施过程中多少掺杂着评价主体的主观价值判断等主观因素，再者，评价的内容可以是被准备加工的，带有一定的主观性，所以在评价时对评价内容的真实性要增强辨别力。另一方面要正确对待主观评价的主观性。主观评价并非有绝对的主观性，因为任何评价都要基于一定的客观事实开展。再一方面要努力实现主客观相统一、相互印证。在具体的评价操作中，主观的感受判断应该和客观的事实材料相一致，如果不一致或者差距很大，就应该进行印证，提升评价的科学性公正性。

（三）坚持结果评价和过程评价相统一

1. 坚持结果评价

通过科学的方式、方法，评价思政教育的最终目标的实现程度的过程，就是结果评价。具体来说，就是评价思政教育所产生的影响力，评价教育实践活动是否能够为党和国家的发展提供足够的支持，是否能够满足大学生自身发展的客观需求。

2. 坚持过程评价

过程评价关注的主要是教育过程中各种因素、环节的具体发展情况，涉及的评价要素包括教育者质量、受教育者接受情况、教育目的、教育内容、教育方法和手段、教育环境、教育活动等，重点关注思政教育的动态变化和长远效果，如各个因素方向上是否协调一致，每个因素是否做到了良性循环。

3. 坚持结果评价和过程评价相统一

大学生思想政治教育工作效果的呈现通常具有一定的滞后性，需要一个逐步显现和不断提高的过程。所以不仅要开展结果评价，还要坚持用动态发展的眼光开展过程评价，强调整体过程和长期效果。评价思政教育实践活动，必须保证过程评价和结果评价的高度统一，从而做到动态评价和静态评价相结合，两者相辅相成，缺一不可。

（四）坚持定性评价和定量评价相统一

1. 坚持定性评价

定性评价一般是用语言描述的形式对评价对象质的规定性进行抽象地综合分析，从而给出确定性质的判断结论，适用于思政教育性质、效果、价值的评价。实际上，思政教育本身所具有的政治属性，决定了对其进行评价，就必然要评价其是否坚持了政治方向性和价值导向性，因此需充分采用定性评价。如学生的思想水平、道德品质等方面的变化情况，以及践行社会主义核心价值观和坚守中国特色社会主义的情况。

2. 坚持定量评价

定量评价一般是采用数值、指标统计形式对评价对象量的规定性进行具体地量化分析，做出定量结果的价值判断的评价。对大学生思政教育的一些具体业务内容所产生的实际效果一般需要对其加以定量评价。如出勤率、活动次数、活动参与人数和人员构成、提交入党申请书的人数等。

3. 坚持定性评价和定量评价相统一

定性评价侧重“质”的判断、抽象分析评判，定量评价侧重“量”的测量、具体测量评判，两者各有所长，优势互补，缺一不可。新时代开展大学生思政教育评价，必须坚持定性评价和定量评价相统一，根据具体的评价内容选择最适当的方法，尽量将两者融合，做出有价值的客观公正、科学准确的综合评判。

（五）坚持精准评价和模糊评价相统一

1. 坚持精准评价

精准评价指的是对评价对象进行科学严谨的评判，注重评价过程各环节以及结果的准确性。在大学生思政教育中坚持精准评价指的是在评价过程中精准地确定评价内容，制定客观的评价标准，制定严格的程序，采用科学有效的方法，提供兼具效度和信度的评价结果。对于思政教育中那些有可测特征，可以进行量化处理的，应精准评价。

2. 坚持模糊评价

这里我们所强调的模糊评价，主要是针对无法量化、只能定性的思政教育内容。不同人的思想道德水平、政治觉悟、道德品质、文化素养都是在不断变化的，对这些变化无法做到精准的评价，只能通过一定的方式、方法预测目标对象的政治觉悟观点、道德品质行为、身心状况的影响，从而总体把握大学生思政教育的质量状况。

3. 坚持精准评价和模糊评价相统一

两者的有机结合，可以极大地提升评价的客观性和全面性。其中，精准评价更为客观、精确，而模糊评价侧重主观性和相对性，两者紧密联系，不可分割，需深度融合。模糊评价不是绝对的、纯粹的模糊，而是在精准评价基础上的模糊，具有相对性，即在思政教育评价过程中精准地确定评价内容，制定客观的评价标准，制定严格的程序，在科学有效的方法基础之上进行模糊评价，这样模糊评价才科学。

二、新时代大学生思想政治教育评价的标准

评价中，除了总体宏观层面遵循一定的原则外，还需在具体微观层面参照一定的标准，客观、完整、可操作的评价标准可以为评价工作的开展提供明确的依据和重要手段，是促进评价规范化、科学化的重要举措。

全国范围内制定规范化的评价标准并实施测试开始于 2012 年，教育部联合中宣部等多部委，下发了《全国大学生思想政治教育工作测评体系（试行）》，明确了高校思政教育工作的评价指标，包括组织领导、队伍建设等六个一级指标，对应有二十个二级指标。此测评体系的制定将各地的测评与高校的测评相结合，为高校思政教育工作的有序开展提供了强有力的支持。

2017 年初下发的《关于加强和改进新形势下高校思想政治工作的意见》中明确指出，要结合实际情况，构建一套科学合理的评价指标体系，并将评价工作常规化、制度化。《意见》虽然明确了诸多宏观性的问题，但由于不同高校实际情况不同，评价标准在不同的高校情况不一，目前全国性统一的标准仍在

逐步落实规范的过程中。以上这些都成为了测评体系制度的基本遵循和参照。

大学生思想政治教育评价的标准应内含指标体系、基本标准、测评结果和测评方法，其中指标体系和基本标准的制定应根据相关政策、文件以及会议精神，而这一过程实际上简化了高校思政教育的基本内容和主要工作，其本质是评价内容的体现。针对这一问题，2017年下发的《关于加强和改进新形势下高校思想政治工作的意见》，从多个角度给出了具体的评价标准和评价内容，提供了指标体系的框架设想。此后教育部等部门围绕《意见》的具体要求，制定颁布了一系列规章制度，这些都是全面推动大学生思政教育评价指标体系构建的重要基础性指标，如教育部在2017年颁布的《普通高等学校辅导员队伍建设规定》和《高校思想政治工作质量提升工程实施纲要》中，都对高校思政教育评价指标体系做出了较为清晰的论述，给出了辅导员的九项主要职责、详细的“十大”育人体系，列明了十大体系的内容、举措、效果，旨在构建“全员全方位全过程”三全育人目标，进一步细化了日常思想政治教育的指标。

制定大学生思政教育评价体系，必须依照相关原则，如指标体系需体现政治性和业务性的统一，不仅要展现出评价本身的政治导向，也应当有据可循，来源于上位文件的规定与要求，保证有明确而具有可执行性的标准，各方面就评价的内容、主客体、范围等达成广泛的共识。基本标准需遵循可测性和简便性相统一的原则。可测性主要是指将具体评价任务要求转化为能够操作、可以表达的文本，从而为后续的评价结论的得出提供强有力的支持。所谓的简便性，主要是指将评价的任务要求以及评价的主要内容进行简明化文字处理，提炼关键可量化指标，通过关键指标推动某方面工作整体达到标准，符合要求。同时在明确标准项的过程中，要注意思政教育工作的发展性，要与时俱进，符合最新实际。

近年来，党和国家围绕大学生思想政治教育工作制定了很多重要文件，根据这些文件精神，从当前阶段我国社会、经济发展的总体态势，以及高校思政教育的客观需求和总体规律出发，以《全国大学生思想政治教育工作测评体系（试行）》（2012年版）作为范本，冯刚等人合著的《高校思想政治教育工作质量评价研究》给出了一套更具针对性和操作性的评价指标体系[①]，为我们提供了参考。

第三节　新时代大学生思想政治教育评价的程序与方法

本小节的研究将从“如何评价”这一角度，进一步讨论新时代背景下，我国高校大学生思政教育的具体评价方式、方法。

一、新时代大学生思想政治教育评价的程序

科学合理的运行机制是思政教育评价的关键，分工明确化、流程精细化是其内在属性。宏观来讲，评价前的准备、具体操作实施、处理结果反馈三个阶段缺一不可。评价之前，必须目标先行，明确评价任务，成立完整的组织架构，制定可行的评价方案与标准。实施阶段，要求对收集的信息资料深入分析，去伪存真、公正打分、做出判断；评价完成后，要进行效果反馈，直面问题并加以改进、发现亮点并加以发扬。这三个阶段环环相扣，且做到全面、协调、合理。

（一）准备阶段

前期准备工作无疑是当前阶段大学生思政教育评价体系构建的重要前提。首先要明确目标、内容，明确为什么评价、对什么进行评价，这样才能有的放矢；其次要成立评价组织机构，明确评价主体，既包含评价工作的领导负责主体，又包含评价工作的实施主体，做好分工，明确职责；最后制定评价方案，对评价全过程进行整体详细的策划安排，同时制定相应的评价标准，体现客观性，根据评价内容中具有可测性的部分进行制定，依据社会认可和能够接受的程度制定，能反映主流意识形态。

（二）操作阶段

操作阶段是大学生思政教育评价程序主体环节，是运用一定的手段和方法开展评价的具体实施阶段。首先是资料收集，这是关键步骤，收集的信息必须是与评价内容相关，且客观、全面、真实、准确的信息，只有满足上述要求，

① 冯刚，等. 高校思想政治教育工作质量评价研究 [M]. 北京：人民出版社，2020：292–297.

才能够保证所得到的数据具有良好的信度和效度。如上文中所强调的那样，多种因素都会对我们所构建的评价指标体系产生直接或者间接的影响，所以收集信息需要综合采用多种方法，了解更多的情况。其次是整理和分析，按照此前所制定的相关标准，对收集到的数据等相关信息进行细致的归纳、总结、分类、汇总等，并通过综合性的分析和对比，找寻内部隐藏的规律。同时，在分析时尽量融合定量分析和定性分析。最后是做出判断，在整理分析的基础上，做出定量结果和定性结论相融合的价值判断，反映大学生思想政治教育评价内容的实际情况。

（三）处理结果阶段

为了真正意义上地将思政评价工作的作用发挥出来，及时找寻问题并给予针对性的整改措施，我们就要对评价结果进行处理，主要是进行效果反馈。效果反馈一方面可以让评价主体对评价对象产生更为客观、真切的认知，从而及时采取更具有针对性的方式方法，为思政教育的优化和改进提供必要的支持；另一方面也能及时帮助评价对象更好地认识到自身所客观存在的问题，找寻下一步改进的办法途径，从而有所提升；再一方面有利于评价主体根据评价结果对评价标准和评价方法做出调整，以便保证后续评价工作的科学性和长效性。

二、新时代大学生思想政治教育评价的方法

作为一项长期、复杂的工程，思政教育的评价工作涉及多方面的内容，而评价要素复杂，评价主体多元，根据这两个方面的差异，采取针对性的评价方式、方法是非常有必要的。较为常见的方法主要有如下几种：

（一）访谈法

访谈法指的是以口头的形式进行交谈，并根据访谈对象的回答记录搜集客观的不受主观因素影响的事实材料，提供有效的支持。按照具体划分标准上的差异，我们可以将其划分为如下几种不同的类型：重点访谈，也就是侧重点鲜明的针对性访谈；深度访谈，即为了了解某种行为表现及背后的思想动机进行的访谈，透过现象看本质；座谈会，即面向多个受访对象一起访谈，受访对象应具有代表性；电话访谈，即通过电话就某一问题进行交谈，搜集事实资料的

访谈。大学生思政教育评价中用的较多的是深度访谈和座谈会的形式，深度访谈中教师可以了解教师的专业素养、职业技能、教师队伍建设情况、教学质量等，而组织学生进行座谈则可以获得学生作为主体对学校思政教育质量的定性评价。访谈法方便，可操作性强，不需要过多的外部辅助，但缺点是受访谈者和被访谈者双方的主观因素影响较大，会给结果的公平、公正性带来一定的负面影响。所以我们在实际操作中，可通过提前培训等多种方式，尽可能避免主观态度的影响，并且可以根据研究目标选择更具有代表性的访谈对象，或者更为科学合理的分析方式等等。

（二）观察法

观察法是指在明确的目标引导下，通过视觉、听觉等感官初步了解被研究者基本情况，必要时运用辅助设备获取更多的信息。观察法不囿于运用人体感官感知，还可以借助照相机、录像机、录音机等辅助设备。相对于其他方法来说，这里我们所重点介绍的观察法的优势在于能够对非语言资料进行细致、全面的收集，条件限制不严格，可重复观察，自然观察获得资料较真实，大量观察利于总结规律性认识。如通过对学校师生的精神面貌、衣着神态、行为表现等的长期的自然的观察，可了解到师生日常的真实状态，总结出学校校风状况。观察法的不足在于观察受环境、时间的限制，获得的观察资料中有效的、可以量化的、有支撑度的信息较少，且对大量的观察资料的后期整理工作量较大。在实际应用中为了尽量规避不足，可以采取以下措施：借用辅助设备，延长观察时间；缩小观察范围，对典型个案进行长期观察；选用结构性观察法，提前建立观察清单或量表，更易获得可量化的有效信息等。

（三）问卷调查法

问卷调查法是指在调查之前制作科学合理的问卷，在被调查者作答完成后对结果进行分析，收集相关资料信息。问卷调查法应用广泛，有以下优点：节省时间、人力，特别是网络调查问卷的兴起还节省人力、经费，可进行大规模长时间调查；大数据利于调查资料的统计分析，易量化总结，形成调查报告。缺点是缺乏弹性，预先设计好的问卷题目受主观因素影响有一定局限性，被调查者回答问题可能会受限，从而漏掉一些关键信息，特别是对于复杂的、不好量化的质性问题，如行为背后的思想动机，难以收集到准确真实的信息；另外受被调查者主观因素的影响，问卷的回收率和有效率往往会不太理想。所以在实际应用中为了规避这些不足，问卷调查的设计环节至关重要，题目设计、问题表述、信效度等需要反复斟酌。

（四）档案袋评价法

档案袋评价法在实际的应用过程中，主要依靠评价主客体收集和评价材料的方式，以考察目标对象在思想道德方面的实际成长情况，从本质上来说是一种非常典型的质性评价法。突出意义在于是对学生进行连续的、动态的、发展的考察评价，不仅有结果和定性的评价，还有过程和定量的评价，利于学生对自己的发展情况有一定认知，可以在自我评价中激发学习、向上的积极性和主动性。局限性在于档案袋内容丰富多元，导致评价工作量大，而且内容与评价目标不能做到完全一致，对评价效度必然会带来一定的负面影响。针对实际应用中出现的如重结果轻过程、评价主体单一等问题可以进行相应改进，提高这一方法的有效性。不过鉴于这种方法天然所存在的缺陷，加之互联网时代大数据技术的发达，可以与时俱进建立与学生有关的类型多样的网络档案，比如诚信档案、社团档案、党员档案、心理档案、就业档案等，为评价提供重要素材和依据。这些网络档案体系的建立是档案袋评价法在大学生思想政治教育评价中的典型应用。

第九章　大学生思想政治教育队伍建设*

大学生思想政治教育对于人才培养质量的重要性不言而喻。大学生思想政治教育是一个复杂、综合且有机的精密工程，必须最大限度地整合直接从事大学生思想政治教育的骨干力量，充分调动、激发其积极性。中共中央、国务院《关于进一步加强和改进大学生思想政治教育的意见》明确指出，大学生思想政治教育工作的关键力量是学校党政干部和共青团干部，思想政治理论课和哲学社会科学课教师，辅导员和班主任[①]。本章将以上三种主要力量统称为“大学生思想政治教育队伍”。

实践表明，高校思想政治教育队伍是大学生意识形态工作发挥实效的关键主体力量和重要组织保障。这支队伍全面负责大学生思想政治教育的目标制定、组织执行、过程监督以及结果评估，在思想政治教育的全过程、全方位发挥着重要作用。高校思想政治教育工作队伍的能力和素质关系到思想政治教育最终能否完成既定目标，实现效率最大化。新时期必须从准入机制、培训机制、激励机制、实践锻炼等方面入手，整体推进这支队伍的建设，确保这支队伍生机勃勃、发展壮大。

第一节　高校思想政治教育管理队伍建设

高校思想政治教育管理队伍，即在高校中主要负责意识形态工作的专职管理人员（后文简称高校思政管理队伍）。具体而言，包括高校党委班子成员，

---

* 本章编者简介：党红，女，法学硕士，西南政法大学辅导员教研中心综合办公室主任。曾担任一线专职辅导员 15 年，有较为丰富的理论和实践经验。主要研究方向为思想政治教育，主持、主研、参研各级思政类课题多项。

① 中共中央国务院发出《关于进一步加强和改进大学生思想政治教育的意见》[N]. 人民日报，2004-10-15（01）.

党委办公室等党委系统职能部门的专职干部，工会、团委等群众组织中的专职干部，以及各二级学院（系）的（副）书记等。这支队伍统一领导高校的思想政治教育工作，肩负着计划制定、组织执行、监督评价等重要责任。毛泽东同志指出："政治路线确定之后，干部就是决定性的因素。"① 高校思想政治教育管理队伍既是党的干部队伍的一分子，更是大学生意识形态工作的重要力量，这支队伍的能力高低与大学生思想政治教育实效性之间有着不可分割的紧密联系。

一、高校思政管理队伍建设的重要意义

（一）适应国内外新形势的需要

当前，国际国内形势发生了巨大变革，中西方之间在意识形态领域方面的斗争日趋复杂和激烈。一方面，2011 年以来，我国的经济总量在全世界位居第二位，成为实力雄厚的第二大经济体，对外开放的广度和深度前所未有。西方敌对势力大力鼓吹中国威胁论，抓住一切机会加紧对我国实施意识形态方面的影响和渗透，鼓动日本、越南、菲律宾、印度等周边国家与中国强硬对抗，大搞围追堵截。另一方面，深刻的社会变革对人们尤其是青少年的思想观念和价值取向产生了较为广泛和深入的影响，同时，网络媒体的发展和普及也使得思想政治教育的内外环境、渠道载体、方式手段等等发生了巨大变化。面对日趋复杂、变化多端的国际国内形势，必须继续提升高校思想政治教育管理队伍应对复杂形势、解决复杂问题的能力。

（二）大学生思想政治教育取得实效的需要

思想政治教育管理队伍在社会主义高校中有着十分特殊的地位和不可替代的使命。对于大学生思想政治教育而言，这支队伍是关键力量之一，承担着领导、统筹、组织高校大学生思想政治工作的神圣职责，也正是因为这支队伍的存在，大学生思想政治教育各个环节的工作才能够自上而下全面落实到位。新中国成立以来，高校思想政治教育管理队伍逐渐发展壮大，极大地推动了高校思想政治工作，但是，这支队伍也存在一些不足，离新时期党的教育事业的要求还有

① 毛泽东．毛泽东选集第二卷 [M]．北京：人民出版社，1991：526.

一定差距。为了确保思想政治教育取得实效，必须进一步加强高校思想政治管理队伍建设。

（三）迎接高等教育新挑战的需要

进入21世纪，高等教育面临着新的局面和挑战。一是高等教育的国际交流日趋广泛、频繁和深入。国际交流给我国高等教育带来了新的机遇，但同时也提出了不小的挑战，必然要求我国高校进一步提高自身的办学水平和人才质量。二是我国高等教育进入内涵式发展阶段。当前，我国的高等教育由过去关注“量的扩张”转变为现在重视“质的提升”，进入了全新时期，人才质量及管理质量的全面提升是新时期高等教育的主要特征。高等教育的新发展势必要求我们进一步加强高校思想政治教育管理队伍建设，使其具备全球眼光和发展视野，更好地有所作为。

二、高校思政管理队伍建设的现实困境

（一）队伍建设机制尚不完备

第一，激励机制不健全。现阶段我国部分高校仍未建立与工作实绩挂钩的激励机制，薪酬上“优秀”与“称职”没有区别，职称评定上也未实现双肩挑干部的工作业绩与科研教学条件之间的转化。相较于专任教师，党政管理干部的待遇偏低的情况在高校较为普遍，可以实事求是地说，此种现象或多或少影响了这支队伍的工作热情和干劲。

第二，发展机制不健全。相较于专任教师，高校思想政治教育管理队伍受到干部职数、发展平台等因素限制，上升空间较为有限，而且无法较为通畅地切换到专业技术岗位，从而容易产生职业倦怠。

第三，培养机制不健全。一是培训的针对性和系统性不够；二是培养方式比较单一，主要以参加各种学习培训为主，研修深造、挂职锻炼、多岗历练、国内外交流等途径仍然有限；三是各级干部的培养不均衡，一方面对处级及以上干部的培养较为完善，另一方面对科级干部的培养却不够重视，而管理干部大多数是从位于中间的科级干部成长起来的，这容易造成从源头出现干部能力素质偏低问题；四是针对后备干部队伍的建设力度不足，缺乏系统性、科学性

和针对性，有些高校缺乏前瞻性，在思想层面不重视后备干部队伍建设，更谈不上系统开展后备干部队伍建设，与之相关的组织机构尚未健全，干部队伍建设的源头性、基础性工作较为薄弱。

（二）队伍结构不尽合理

当前，因为缺乏整体思考和科学规划，部分高校的思想政治教育管理队伍在整体结构上没有达到最优状态，从而导致无法发挥最佳工作效能。主要表现在:

第一，不同职务职级的人员比例设置不尽合理，无法发挥最优职能；有些岗位的干部配备存在人岗适配性不强的问题，未做到“人尽其才、才尽其用”。

第二，干部“老龄化”，特别是中层年龄偏大的现象比较突出，未形成各年龄层次干部有机结合的合理梯队，不利于最大限度发挥各年龄层次干部的优势，也不利于队伍的健康持续发展。

第三，干部的知识、学历、学缘、职称等结构没有达到合理配置，影响了队伍专业化水平的提升，也不利于更加科学化地开展工作。

（三）素质能力有待提高

目前,我国高校思想政治教育管理队伍的整体素质能力尚不能适应新时代、新形势的需要，主要体现在以下方面：

第一，有些干部忽视政治理论学习，理想信念不够坚定，缺乏艰苦奋斗、乐于奉献的精神。

第二，有些干部的思想观念难以适应中国社会和经济的深刻变化，缺乏战略思维和开拓精神。

第三，有些干部的知识结构与理论更新速度难以适应新时期高等教育改革的飞速发展，缺乏做好高校思想政治教育管理工作的综合素养与统筹能力。

第四，有些干部的工作方式因循守旧，缺乏创新，不能够很好应对大数据和互联网时代带来的挑战和变化，缺乏与之相适应的新思路、新办法。

三、高校思政管理队伍建设的有效路径

（一）健全激励保障机制，增强岗位吸引力

第一，改革激励机制。要体现不同工作实绩收入不同，不同工作任务收入

有所区别；建立关怀机制，用真情实意关爱和爱护干部，切实有效解决干部遇到的突出困难；改革岗位聘任制度，畅通干部的发展渠道；建立联动机制，充分运用考核结果的导向作用，让其在干部晋升、职称评定、进修培训上发挥应有的作用。

第二，畅通干部流通渠道。拓宽干部转岗教学科研岗位的分流渠道，鼓励具有学术潜力的管理干部转做专任教师。积极向政府部门、事业单位、公司企业、科研机构、大中专院校推荐和输送优秀的干部。进一步健全完善干部的试用期制和任期制，建立干部的正常退出机制，形成“能进能出”“能上能下”的新局面。比如，对在民主推荐、民主测评中达不到一定比例、考核结果不称职的干部，予以免职；探索建立正确区分领导责任的机制，对因工作严重失误造成重大损失或恶劣影响的，予以免职；对拒不服从组织安排，长期不在工作岗位的，予以免职。

第三，建立后备干部队伍。第一，重视规划，建立健全后备干部的选拔和培养制度。第二，注重培养，灵活运用组织调训等多种形式加强后备干部的培养，优化知识结构，提升能力素质。第三，从重干部选拔转向重干部成长全过程，运用成长档案全面跟踪年轻干部的德、绩情况，并进行针对性管理和培养。第四，教育引导干部着力自我修炼，敢于坚持原则，严格遵纪守法。

（二）制定队伍建设的整体性规划

队伍建设的整体性规划必须建立在科学、符合实际和现实需要的基础上。因此，高校应该重视和加大有关队伍建设的调研力度，在此基础上，结合自身实际和学校发展的迫切需要，编制队伍建设的整体规划，队伍建设的具体目标和实施措施要力求科学和合理。打造结构合理的高校思想政治教育管理队伍，应该主要考虑以下因素：

第一，层次结构。在高校思想政治教育管理队伍的层次结构配置上，应该以中级职务职级为主，结合高级、低级组成合理的梯队。

第二，年龄结构。众所周知，每个年龄阶段的人都有各自的优势。其中，年轻人热情四溢、敢想敢干；中年人经验丰富、年富力强；年长者深谋远虑、见多识广。实践证明，中青年为主的干部队伍年龄结构，有利于老、中、青三代各自发挥年龄段优势，保证队伍的和谐稳定和动态平衡。

第三，学历结构。高校思想政治教育管理队伍在工作中直接面对的对象是学历普遍较高的群体，因此，为了更好地服务工作对象、提高工作效能，高校应该从自身实际出发，大力提升这支队伍的学历结构。

第四，知识结构。因为工作职责的特殊性，高校思政教育管理队伍首先必须掌握思想政治教育方面的知识，了解意识形态教育的特点、规律、方法等等。同时，作为高校管理干部当中的一分子，还应该掌握行政管理方面的知识。

（三）切实加强培养力度

党的十八大报告指出，要坚持和发展中国特色的社会主义，关键是要打造一支政治上坚定、能力上过硬、作风上优良、行动上奋发有为的执政骨干队伍。党的十九大报告强调，必须注重培养干部的专业能力，增强干部适应新要求的能力。新形势下，针对目前高校思想政治教育管理队伍的现状和存在的问题，应在以下几个方面加强培养：

第一，着力提升思想政治道德素养。高校思想政治教育管理队伍的底色必须要“红”、政治必须要硬，思想政治素养是这支队伍的核心素养，思想政治建设是这支队伍建设的关键所在。在高校思想政治教育管理队伍的培养中，应该坚持不懈地开展理想信念、宗旨意识等教育，不断提高这支队伍的政治领悟力和执行力。

第二，加强干部教育培训。高校应该制定年度思想政治教育管理队伍教育培训计划并严格贯彻执行，在年度财务预算中列入干部教育培训经费，在培训经费上保证足额投入；多措并举，创新干部培训形式，增强培训效果；建立学习档案，注重培训成效，将干部培训情况与考核、选拔、任用等相结合。

第三，拓宽干部实践锻炼渠道。通过选派挂职、校外学习培训、轮岗交流等形式为思想政治教育管理队伍提供学习锻炼机会。根据高校事业发展需要，选派符合条件的各级干部到兄弟院校、科研院所、大中型企业、地方政府、农村基层组织挂职锻炼和参加中短期培训，选派干部到国内干部培训机构、国（境）外大学学习深造。

第二节　高校思政课专任教师队伍建设

高等学校思政课是大学生思想政治教育的主渠道和主阵地。2016 年习近平总书记在全国高校思想政治工作会议上强调："要坚持不懈传播马克思主义科学理论，抓好马克思主义理论教育，为学生一生成长奠定科学的思想基础。"[①]。思政课专任教师是大学生思想政治教育的重要力量，肩负着用马克思主义理论武装大学生、推动社会主义核心价值观体系建设的重要使命。大力加强思政课专任教师队伍建设是大学生思想政治教育取得实效的应有之义。

一、高校思政课专任教师队伍建设的重要意义

（一）落实"立德树人"根本任务的需要

国无德不兴，人无德不立。党的十九大报告强调，高等教育要全面贯彻党的教育方针，落实"立德树人"根本任务。高等学校思政课是"立德树人"的关键课程。高校思政课教师队伍担负着奠定大学生科学的思想基础的重要使命，责任重大。当前，西方多元价值观的不断渗透和侵蚀，网络信息技术的迅猛发展，为高校落实"立德树人"根本任务带来了不小的挑战。为了有效应对这些问题，必须加强高校思政课专任教师队伍建设。

（二）思政课教师专业化发展的需要

道德教育是一个专门学科，有其特定的概念、方法、目的及研究领域。改革开放以来，随着马克思主义的中国化以及中国特色社会主义理论体系的创建，思想政治理论课的专业性日趋凸显，对高校思政课专任教师队伍的专业化提出了新要求。只有不断提高思政课教师的专业化水平，才能更好地发挥思政课的育人效果。高校思政课专任教师队伍建设是这支队伍专业化发展的必然要求。

（三）构建高水平人才培养体系的需要

教育是国之大计、党之大计。提高教育质量，教师是决定因素；人才培养，关键在教师。我国对高水平人才的定义是德智体美劳全面发展，其中，"德"是首要素质。思政课是塑造大学生正确"三观"的关键课程，在我国高校的高水平人才培养体系中居于核心地位。大力加强思政课专任教师队伍建设，有利

① 习近平：把思想政治工作贯穿教育教学全过程[EB/OL].（2016-12-08）[2021-03-21]. 新华网 . http://www.xinhuanet.com/politics/2016-12/08/c_1120082577.htm.

于更好地提升人才培养质量，更好地助力于高水平人才培养体系的构建。

二、高校思政课专任教师队伍建设的现实困境

（一）对思政课专任教师队伍建设的重视不够

部分高校不够重视思政课专任教师的队伍建设，没有专门研究和部署这支队伍的建设问题，缺少队伍建设的中长期规划和相应的政策机制，直接影响了这支队伍的成长和可持续发展。在思政课专任教师队伍建设的经费投入上，部分高校明显不足，导致教学和科研的软硬件水平不高，教师待遇较低，教学经费、科研经费、考察经费等较为短缺，直接影响了这支队伍的学历以及专业水平的进一步提升，使得这支队伍缺乏应有的活力，发展跟不上时代的需要。部分高校未按国家要求配齐配强思政课专任教师队伍，导致这支队伍超负荷运转，工作压力大。

（二）思政课专任教师队伍建设的相关机制有待完备

高校思政课专任教师承担着宣传党的理论、路线、方针和政策的重要使命以及引导大学生树立正确“三观”的重大责任，对其的任职标准应当有特别的要求。部分高校没有制定严格的思政课教师的任职标准和准入机制，对教师政治素养和道德素质的考察没有引起足够重视，在源头上没有把好“入口关”。

部分高校对思政课专任教师考评工作的重视程度不够，未充分认识思政课专任教师考评工作的特殊性，没有在某些政策上做相应的引导和倾斜，考评机制过于单一，考评结果与教师待遇脱钩严重，使得考评的效果大打折扣，未能很好起到调动思政课专任教师工作积极性的作用。

思政课是高校学生的公共必修课程，相较于其他专业课教师，思政课专任教师的教学任务普遍更为繁重，面临更大的工作压力，容易产生职业倦怠。有些高校重专业课、轻公共课，导致思政课专任教师的地位和待遇偏低，职业荣誉感、满意度和获得感不强。

（三）思政课专任教师队伍的素养能力有待提高

高校思政课专任教师队伍质量参差不齐，部分教师存在以下问题：政治修养不强，理念信念弱化，甚至对中国特色社会主义没有足够坚定的信念；道德

品质不高，奉献观念淡薄，敬业精神不强，自律意识较差；专业理论功底薄弱，知识面狭窄，上课照搬教材，教学内容既无法紧跟日新月异的社会发展形势，也不能联系不断变化的大学生思想状况，对绝大多数大学生关心的难、热点问题无法进行有效解答和回应；专业技能欠缺，教学手段和教学方式比较单一、僵化、陈旧，教学的针对性、实效性、灵活性和创新性不强，灌输有余，启发不足，削弱了大学生在思政课学习中的主体地位；教研、科研方面的能力薄弱，导致思想政治理论课的教研和科研缺乏成熟的教育理论研究支撑。此外，值得关注的是，为充实高校思政课教师队伍，除了马克思主义理论和思想政治教育专业人才，高校还从人文社科其他专业、行政管理人员、辅导员队伍等群体中引进了部分教师从事思想政治课的教学和科研工作。在某种程度上，这部分“半路出家”的高校思政课专任教师的素养能力更加需要提升。

三、高校思政课专任教师队伍建设的有效路径

（一）进一步加强对思政课专任教师队伍建设的重视

第一，高校要在思想上高度重视思政课专任教师队伍建设，科学制定思政课专任教师队伍建设的短、中、长期规划。在制定这支队伍的建设规划时，必须正确把握以下两个关键问题：一是“是什么”，即应当充分认识这支队伍的特定内涵和既定使命；二是“怎么办”，即应该在科学遵循队伍建设的一般规律的基础上，充分考虑这支队伍建设的特殊性。

第二，高校应该为思政课专任教师队伍建设提供坚实的组织保障，包括两个方面：一是思政课专任教师队伍建设的领导体制，即由高校党委全面领导、统筹规划思政课专任教师队伍建设工作；二是思政课专任教师队伍建设的工作机制，即由学校人事处、党委组织部等相关职能部门根据各自工作职责，分工协作，合力做好思政课专任教师队伍建设工作。学校党委和相关职能部门应该加强领导，统筹安排，及时分析和研判队伍建设中存在的问题并加以妥善解决。

第三，校、院（系）两级要加强对思政课专任教师的人文关怀，通过召开思政课专任教师座谈会、组织思政课专任教师填写问卷、与思政课专任教师一对一谈话等方式，了解思政课专任教师遇到的实际困难和内心诉求，第一时间妥善地进行解决，进一步提升思政课专任教师的工作热情和积极性。

（二）构建保障和促进队伍发展的长效机制

第一，严格选聘机制。坚持“德才兼备、以德为先”，把符合思政课教师“六要”新要求、新标准的优秀力量纳入高校思政课专任教师队伍。尤其值得注意的是，因高校思政课专任教师身份和使命的特殊性，相比于其他专业课教师，在进行选聘时，应该特别考察思政课教师是否具有坚定的理想信念，确保这支队伍在政治上的纯洁。思政课专任教师只有“真信”，才能最大限度地让信仰发挥应有的力量，让信仰真正深入大学生的内心。“有信仰的人讲信仰”是思想政治教育取得实效的重要保证。

第二，健全考评机制。对高校思政课专任教师的考评，要考察教学效果、科研能力，更要考察政治素养、师德师风，坚持教学、学术与政治的统一，在评价体系上必须坚持多元化，在充分考量多种因素的基础上，科学设定每种因素的权重。考评结果只有与激励相结合，才能发挥正向引导作用，因此应该将考评结果与思政课专任教师的评奖评优、职称评定等等结合起来，营造锐意进取、百舸争流的良好氛围。

第三，完善激励机制。通过设立专项津贴、专门项目和特别奖项，提高工作报酬和福利待遇，树立宣传先进典型等方式，提升社会地位和政治地位，进一步增强高校思政课教师的使命感、荣誉感、获得感和幸福感。

（三）健全培养体系，创新培养举措

第一，因地因校制宜，探索建立分级分类的专业化培训体系。在培训计划上，既要立足于解决当下之需，又要注重前瞻性、着眼未来，将近期安排与中长期规划相结合，实现培训的体系化、规范化。在培训机构上，充分依托三级思想政治理论课教师培训机构，即全国培训基地（教育部所设立）、省（市）培训基地、高等学校培训机构，实现培训的全方位、多级化。在培训方式上，将任前培训、各级研修、主题培训、理论大讲堂等多种方式有机结合，实现培训的全员化、立体化，满足不同培训对象的个性化需求。从思想建设、知识建设、技能建设、形象建设等多方面入手，全面提升思政课专任教师质量，切实增强队伍建设实效。

第二，坚持实践导向，积极开展高校思政课专任教师的实践培训。高度重视社会实践的重要功能，引导思政课专任教师积极开展实地调查、实地考察研究，